# 智慧酒店转型理论
# 与经营实践研究

刘丝雨 著

西北工业大学出版社
西安

**图书在版编目(CIP)数据**

智慧酒店转型理论与经营实践研究 / 刘丝雨著 . —
西安 : 西北工业大学出版社,2021.12
ISBN 978 - 7 - 5612 - 8068 - 3

Ⅰ.①智… Ⅱ.①刘… Ⅲ.①饭店-经营管理 Ⅳ.
①F719.2

中国版本图书馆 CIP 数据核字(2021)第 255265 号

ZHIHUI JIUDIAN ZHUANXING LILUN YU JINGYING SHIJIAN YANJIU
**智 慧 酒 店 转 型 理 论 与 经 营 实 践 研 究**
刘丝雨　著

| | | | |
|---|---|---|---|
| 责任编辑:万灵芝 | | 策划编辑:张　晖 | |
| 责任校对:胡莉巾 | | 装帧设计:李　飞 | |

出版发行:西北工业大学出版社
通信地址:西安市友谊西路 127 号　　邮编:710072
电　　话:(029)88491757,88493844
网　　址:www.nwpup.com
印 刷 者:西安五星印刷有限公司
开　　本:787 mm×1 092 mm　　1/16
印　　张:14
字　　数:341 千字
版　　次:2021 年 12 月第 1 版　　2021 年 12 月第 1 次印刷
书　　号:ISBN 978 - 7 - 5612 - 8068 - 3
定　　价:58.00 元

如有印装问题请与出版社联系调换

# 前　言

2015 年,国家旅游局(现文化和旅游部)提出了要"有序推进智慧旅游可持续健康发展,不断提升我国旅游信息化发展水平"。酒店行业作为旅游业的支柱产业之一,也开始响应号召,向信息化、智能化方向发展。我国科学技术的发展以及互联网的普及为智慧酒店的发展提供了条件,智慧酒店的发展为传统酒店的转型升级提供了新的契机。酒店的智慧化发展一方面能够降低酒店运行的费用,另一方面能够提升客人的入住体验。在这种背景下,笔者撰写了本书,其中关于智慧酒店的理论、技术与方案等有着重要意义。

本书分为十一章,对智慧酒店的相关内容进行细致论述。第一章对智慧酒店的内涵、形成与发展、发展现状和趋势等内容进行了阐述;第二章详细介绍了智慧酒店的系统构成,主要包括技术基础、宾客服务系统、营销系统、管理系统四部分;第三至六章分别对智慧酒店的管理模式、营销模式、物流与库存模式、成本与耗能模式的变革与创新等进行了系统的阐述;第七章介绍了智慧酒店餐饮信息管理,对智慧酒店餐饮中管理系统、服务信息管理、财务信息管理进行了论述;第八章介绍了智慧酒店的安防管理,包括安全管理体系的建设、安全服务体系的建设、会展活动的安全管理以及盗窃案件的管理四方面内容;第九章介绍了智慧酒店电子商务管理,对智慧酒店电子商务的基本内容、业务、网络营销以及电子商务的应用与发展进行了全面阐述;第十章介绍了智慧酒店文化体系与塑造,详细论述了智慧酒店文化管理的结构体系、心理契约范式与智慧酒店文化网的运作体系、智慧酒店文化的创意表达与塑造等内容;第十一章分析了智慧酒店所需的应用型本科酒店管理专业人才的培养方案,明确了应用型本科酒店管理人才培养模式的内涵、培养方案和培养条件保障。

本书在撰写过程中参阅了大量与智慧酒店相关的文献、资料,在此对其作者表示诚挚的谢意!

由于水平有限,书中难免存在不足之处,恳请广大读者多提供宝贵意见,便于日后修改和完善。

著　者
2021 年 10 月

# 目　　录

# 第一章 智慧酒店概述

## 第一节 智慧酒店的内涵

对于酒店业来说，顺应时代发展，以移动互联网应用为重点，以大数据应用为核心的大数据智慧酒店时代已经悄然来临。

### 一、智慧的定义

人们一般理解的智慧，是从狭义角度来说的，智慧就是高等生物所具有的基于神经器官（物质基础）的一种高级的综合能力，包含感知、知识、记忆、理解、联想、情感、逻辑、辨别、计算、分析、判断、文化、中庸、包容、决定等多种能力。

### 二、智慧酒店的定义

2013 年 5 月，国家旅游局（现文化和旅游部）发布的《饭店智能化建设与服务指南》中指出，智能化酒店是指整合现代信息技术，提升服务体验，降低能耗，打造节能高效、绿色低碳、安全舒适的新一代饭店。

从智慧酒店的关联技术和职能来看，智慧酒店在智能酒店基础上因应用物联网技术、云技术使酒店的管理更加智能化，同时采用移动互联网技术、借助便携移动终端等先进科学技术和产品，实现酒店数据的自动记录、及时共享、分类归整，做到酒店数据的科学化使用和深度利用。另外，智慧酒店的智慧营销平台具有的线上咨询、线上预订、线上支付和线下入住的功能，很好地实现了智慧酒店服务的智能化，使消费者享受便捷、安全、信息充分的入住体验。从智慧酒店的内涵层面来说，智慧酒店是配有一套较为完善的智能化、信息化体系，在科学技术、网络数字化的支撑之下实现酒店管理的数字化、智能化服务模式。智慧酒店借助网络化、信息化、数字化实现酒店管理智能化，这既是信息技术运用到酒店管理的创新，也是提高酒店资源利用程度的有效途径，并且能够满足酒店消费者个性化、高品质要求和多样化服务的消费需求。

综上，智慧酒店的概念可以总结为以下几点：

第一，智慧酒店对住客提供信息化个性定制服务，以住客体验为核心，满足住客的个性化需求。住客使用各种移动终端设备通过酒店的客户端连接入网，获取网络动态准确、高效的酒店信息服务。住客既可以被动接收推荐信息，也可以主动获取信息，并且可以多渠道分享入住体验。

第二,智慧酒店是现代化信息技术和酒店业融合发展的顶层设计。智慧酒店对新兴信息技术应用十分广泛,是多种技术集成在一个系统并综合应用、协同作用的结果。

第三,智慧酒店是酒店业可持续发展的必要途径。智慧酒店在提升客户体验、服务质量和管理水平的基础上,应用现代化信息技术达到节能降耗、低碳环保的目的,最终实现经济、社会、环境等方面的可持续发展。

通过分析总结,可以将智慧酒店概括为拥有一套完善的智能化体系,通过数字化与网络化实现酒店数字信息化服务,既能提升服务体验,又能提高管理效率、降低能耗的新型酒店。

### 三、智慧酒店的特点

第一,智慧酒店不同于智能酒店,智能酒店强调的是一种技术上的能力,强调酒店单方面依靠科技进步实现集约化管理和规范化服务。在这个过程中,客人处于被动地位。智慧酒店则是利用信息技术手段主动感知客人需求和积累历史数据,使宾客既可主动也可被动地获取准确的信息,并通过移动信息平台(如智能手机、iPad 等)实现宾客和酒店的互动,对信息集成技术、宾客自身智慧化素质及装备的依赖程度更高。

第二,智慧酒店体现以人为本,关注宾客体验的设计理念,注重优质服务的泛在化。这主要体现在宾客从搜索预订酒店到入住停留期间信息化服务的多种接收、发送方式和体验化的享受过程;酒店在设计宾客所享受的优质服务项目时,依靠酒店所获取的宾客个体喜好数据、在充分考虑客源市场所针对的宾客群体需求的基础上,使宾客获取的服务方式多样化、服务内容体验化和定制化。同时,酒店方面可以实时接受宾客对酒店服务的反馈,起到改进酒店服务质量的作用,努力使客人体验到现代科技带来的满意加惊喜服务。

第三,智慧酒店智于科技,慧于管理。信息技术应用程度的高低是智慧酒店与传统酒店的分水岭,智慧酒店促成酒店管理方式由简单粗放型向集约化、精细化管理方向的转变。智慧酒店利用云计算、物联网等现代信息技术,可实现对酒店内部人财物力资源与社会各生产部门资源的集约化利用,实现社会资源的优化配置,体现出智慧酒店管理模式的优越性。

第四,智慧酒店是酒店业产品升级换代的产物。作为智慧旅游的一部分,智慧酒店的建设,是中国酒店业进行产业结构调整、升级的重大契机和必然选择。智慧酒店遵循循环经济理念,包括经济发展、社会进步、与生态环境有机融合三个方面,追求这三个系统之间达到理想的平衡状态。在先进的管理理论和科技进步的基础上,智慧酒店全面协调酒店、人、环境三者互惠共生,强调可持续发展,最终实现经济高效、安全健康、环境友好、生态和谐。

# 第二节　智慧酒店的形成与发展

### 一、智慧酒店的形成

智慧酒店是在科学技术发展、人们需求提高的社会环境下逐渐发展起来的,经历了酒店信息化、酒店数字化的发展历程,最终走向智慧化发展,具体内容如下。

**（一）酒店信息化**

酒店信息化是企业信息化的一种，是利用先进的信息技术，对酒店内外的信息资源进行开发利用，促进酒店内外不同人员之间的沟通交流，实现酒店知识的共享，从而提升酒店的服务质量。在优化酒店的资源配置管理效率过程中，酒店应尽可能地发现人们的需求，并满足该需求，从而实现酒店经济与社会效益最大化。

我国酒店业信息化起始于 20 世纪 80 年代。1982 年，浙江省计算所开始研发中国第一套酒店管理系统的前台软件（Property Management System，PMS），并于 1984 年在杭州饭店试用（后来被香格里拉酒店接管并融入了国外技术）。虽然这套 PMS 的主要功能仅包括前台接待和排房处理，功能比较单一，但是它开了中国酒店业自主研发酒店信息管理系统的先河。1983 年，北京丽都假日酒店在全国率先引进假日集团 PMS 和基于电话网络的全球 HOLIDEX 预订系统。随后，酒店信息化建设主要经历了以下三个阶段。

**1."前台系统"普及发展**

第一阶段是"前台系统"普及发展阶段，为 20 世纪 80 年代。通过对酒店业务流程中的物流、资金流和信息流进行计算机化的输入、存储、处理和输出，利用计算机系统处理简单、琐碎、重复性的工作，从而提高了酒店前台的服务效率，避免人工失误，并且提高了服务质量与管理水平、降低了成本。在这个阶段，酒店业开始普及应用 PMS、中央预订系统（Central Reservation System，CRS）等前台软件，实现客房预订、前台登记、餐饮消费、客人挂账、前台收银等主要功能，房客统计、财务报表等烦琐的事务性工作和枯燥的手工劳动也逐渐被计算机系统取代。截至 20 世纪 80 年代末，全国共有 30 多家涉外饭店安装了 PMS 和 CRS。这一阶段的信息化建设不能从深层次改变酒店内部的传统管理流程。

**2."后台系统"普及发展**

第二阶段是"后台系统"普及发展阶段，为 20 世纪 90 年代。一方面，在公安、税务等政府部门的要求下，酒店开始普及后台管理的信息化。例如，公安部规定酒店必须设立入住客人身份信息的报送系统，财政部报表要求采用信息化系统。另一方面，酒店二线部门，如人事部、财务部、采购部等部门引入人力资源管理系统、财务管理系统、采购库存管理系统等信息管理系统，工程部、保安部、行政部等部门引入通信系统、暖通系统、给排水系统、供配电与照明系统的监控、火灾报警与消防联动控制、电梯运行管制、门禁系统。办公自动化与智能楼宇监控管理等方面的信息技术应用不断提高酒店整体的管理效率，并且可以降低行政开支。截至 20 世纪 90 年代末，几乎所有酒店都不同程度地实现了饭店后台管理的信息化与办公自动化。

**3."协同系统"发展**

第三阶段是"协同系统"发展阶段，开始于 21 世纪初。为了更好地整合、共享内外部资源，更快地满足客户的个性化需求，酒店纷纷以服务与管理的业务流程再造为基础，开始建设基于互联网提供在线服务与管理的信息平台，即通过建立网站打造实时预订平台、采购库管平台、收益管理系统，以及客户关系管理系统等。在酒店网站这个统一的信息应用平台上，客户、酒店员工、供应商与合作伙伴等各方能够实现跨地区、实时在线的、端对端的业务协同运作。例如，海航集团在2003年上线的网络版PMS、开元集团在2004年上线的网络版ERP(Enterprise Resource Planning，企业资源计划)系统、锦江集团在2005年上线的网络版CRS、金陵集团在2006年上线的网络版CPS(Central Purchasing System，中央采购系统)等。

### (二)酒店数字化

酒店数字化就是将酒店内外部复杂多变的信息转变为可以预测的数字、数据，再用这些数字、数据建立起适当的数字化模型，利用计算机技术对这一模型进行加工处理，从而更好地服务于宾客，实现酒店的社会效益和经济效益。

酒店数字化是随着社会信息化发展而逐步发展起来的。2006年11月，清华同方与北京贵宾楼大饭店正式签约，前者为后者提供客房的宽带互联网和互动电视服务。北京贵宾楼饭店是2008年北京奥运会接待总部饭店，位置和影响力都非常重要。清华同方借奥运契机，完善其楼宇智能信息系统，针对高端酒店行业研发、推出专门面向2008奥运会而定制的酒店客房宽带互联网服务和互动电视系统服务，为现代酒店的信息化、数字化服务提供先进的技术服务方案。自此，我国的酒店业逐渐从面向酒店管理及酒店经营的信息化，转向面向客人的数字化，重点向细致化和个性化方向发展。

信息技术的发展给我国的酒店行业带来了巨大的发展机遇。现如今，数字已经成为人们生活中必不可少的重要组成部分，酒店的经营管理者需要运用数字技术建立客房的数字环境，并且通过数字化手段来满足人们对数字服务的需求，酒店的服务建设开始由信息化管理向数字化服务转型，只有处理好酒店的数字化发展，才能在未来的发展中抢占先机，酒店的数字化发展已成为酒店管理者和业内人们的共识。2008年5月16日，国内首家酒店数字化服务解决方案提供商和服务内容运营商——安美数字服务集团，在北京举行揭牌成立仪式。

### (三)酒店智慧化

住宿服务是酒店的核心产品，客房管理也是酒店工作量最大、最重要的工作环节，因此酒店智能建设应以客房的智能化为重点。国家旅游局发布的《饭店智能化建设与服务指南》(LB/T 020—2013)、《旅游企业信息化服务指南》(LB/T 021-2013)等行业类规范，对客房智能化建设从智能电话、多媒体互动电视、顾客服务管理、智能化控制管理系统的配备上做出了相应规定，提倡酒店行业智能产品应用注重客房安全舒适环境的营造，核心功能是为客人提供便捷的客房设施，提供高科技体验感，同时应具备综合客房信息管理能力，提高酒店服务和管理效率。此外，我国于2020年3月1日开始正式实施《物联网——智慧酒店应用接口通用技术要求》，对智慧酒店接口建设工作提供了规范。

随着旅游电子商务和物联网技术的发展，酒店业的信息技术发展将出现以下6个特征：一是旅游者实时连接。客人通过新一代无线通信工具，将与酒店实现B2C的实时无缝连接。二是旅游者体验。通过更高效的网络服务，为旅游者提供更加个性化的信息和体验。

三是社交世界与 Web2.0 微博的普及。国际上通用的脸书、推特、网络论坛等将成为营销的主要工具。四是基于地点和内容的信息获取。例如通过谷歌地图来为顾客提供更充分的酒店信息。五是通过数据挖掘和存储等技术来丰富和延伸旅游信息,使客人获得更好的旅游体验。六是物联网环境下的酒店生活。随着物联网在酒店的普及,酒店的产品和服务将更加丰富。

"智慧酒店"作为一个综合概念的提出,给酒店业带来经营管理理念的巨大变革。国际商业机器公司或万国商业机器公司(IBM)提出,酒店智能化(智慧酒店)是以通信新技术、计算机智能化信息处理、宽带交互式多媒体网络技术为核心的信息网络系统,能为消费者提供周到、便捷、舒适、称心的服务,满足消费者"个性化服务、信息化服务"的需要,是 21 世纪新经济时代酒店业发展的方向。智能化的酒店管理使效益与效率大幅度提高,最终参与国际竞争,提高酒店核心竞争能力。

智慧酒店区别于一般信息系统或工程的核心技术为云计算、物联网、移动通信技术和人工智能,正是这四大技术的整合、集成后的应用,使智慧酒店成为可能。

## 二、智慧酒店的发展

### (一)智慧酒店理论研究发展

2013 年 11 月,国家旅游局发布《关于印发 2014 中国旅游主题年宣传主题及宣传口号的通知》(以下简称为《通知》),将 2014 年的宣传主题定为"智慧旅游年"。《通知》指出,各地要结合旅游业发展方向,以智慧旅游为主题,引导智慧旅游城市、景区等旅游目的地建设,尤其要在智慧服务、智慧管理和智慧营销三方面加强旅游资源和产品的开发和整合,促进以信息化带动旅游业向现代服务业转变,努力提升旅行社、旅游景区(点)、旅游酒店等旅游企业的现代科技管理水平和服务水平,创新发展模式,推动我国旅游业又好又快发展。

随之,智慧旅游的研究便逐渐进入业界学者的视线。酒店业向来是旅游业的支柱产业之一,因而作为智慧旅游一部分的智慧酒店的研究也自然而然地引起业界学者的关注。然而,关于智慧酒店的文献仍是少之又少,且研究关注点仍多数局限于技术层面,基于理论应用层面的研究仍相当匮乏。纵观有关智慧酒店的文献,总结出以下几个研究方向:

第一,智慧酒店的建设研究。互联网技术的发展,为智慧酒店的建设提供了良好的环境,但是酒店相关管理人员和技术人员等对智慧酒店缺乏深入的认识,如今智慧酒店的建设参差不齐。针对这一现状,我国学者展开了相关研究,明确了酒店管理、营销、系统等的智慧化发展趋势,为我国智慧酒店的建设提供了方向。

第二,智慧酒店的人才培养研究。人才是智慧酒店得以发展的基本保障,我国部分学者从人才培养的重要性、人才培养体系建设的重要性等方面进行研究,认为我国智慧酒店要想得到长远的发展,就需要根据各地的实际情况,建立对应的人才资本体系,加大人才培养的力度,提高智慧酒店内工作人员的技术水平。

第三,智慧酒店的技术应用研究。技术应用是建设智慧酒店的前提条件,包括服务、管理、营销、安防、客房等的智慧化技术。目前,我国相关学者分别就其不同方面展开了研究,对其技术运用展开了论述,为智慧酒店的技术应用发展提供了借鉴。

第四,智慧酒店的设计规划研究。设计规划是在技术应用上基础上发展的,是直接用于服务顾客的,例如酒店的智能照明系统、智能点菜系统、智能点餐系统等。我国关于智慧酒店的设计规划研究多为技术层面的,少数学者对智慧酒店的设计实践和理论进行了研究,为智慧酒店的云服务、智慧管理等提供了解决方案。

第五,智慧酒店的物联网方向研究。随着网络通信技术的发展,我国相关学者以网络信息技术为基础,对酒店的管理、住宿、餐饮、服务等方面进行了研究,展望其发展趋势,促进酒店的智慧化发展。

### (二)智慧酒店实体发展动态

由于智慧旅游热的兴起,智慧酒店的建设也随之风生水起,众所周知的杭州黄龙国宾酒店就是最好的例子,但是国内智慧酒店的建设更多还是注重智慧客房的设计,不像国外的智慧酒店已初具规模。随着计算机和通信技术的发展、社会信息化的进步,酒店的智能化程度也越来越高。目前,国外的高端酒店除了注重硬件设施、标准服务外,还加入顾客体验在内的智能技术,让高端酒店融入人类的智慧,从而形成与众不同的智慧酒店,例如位于美国拉斯维加斯的城市中心拉斯维加斯酒店(City Center Las Vegas Hotel)、迪拜的帆船酒店、泰国曼谷的苏坤 11 雅乐轩酒店等。

智慧客房的建设,主要围绕五个方面进行,包括照明电器控制、能源控制、互动娱乐、酒店电子商务和可视对讲。通过在酒店铺设一台联网的智能终端设备,就可以让客人自主地使用终端完成预订酒店、机票、景区门票、叫车、智慧退房、信息问询、交通路线、商品代购等服务。服务包含酒店的房型和设置展示、城市攻略、特色美食、当地特产、休闲娱乐、旅游景区、全国酒店预订、酒店周边、周边游和购物商场等功能模块,可以点击互动查询,里面有详细的内容介绍和路线查询,全面深入挖掘住店客人吃、住、行、游、购、娱的需求,为客人提供快捷、精准、便捷的解决方案。另外,酒店的管理系统也是智慧酒店建设中的一个重点内容,包括如酒店 ERP 系统、OA(Office Automation,办公自动化)系统、酒店中央预订系统、自助登记/入住系统、客房自助服务系统、智能点餐等各种系统。将自身的酒店智能化管理系统与城市景区、景点、交通等设施的物联网、互联网系统完全连接和融合,将数据整合为旅游资源核心数据库,提供智慧旅游服务基础设施,从而为住店客人提供更高层次的信息服务,打造一个安全节能、高效舒适、便利灵活并且人性化的新一代智慧酒店。

位于美国拉斯维加斯城市中心的拉斯维加斯酒店,于 2009 年底落成启用,是全世界最大的高级观光大饭店。它的智能系统会将个人偏好设定为程序模式,提升住宿的体验。当顾客来到客房时,会立即辨识是否为第一次光临,顾客进入房间后,"迎接"他们的是灯光开启,然后窗帘打开,让顾客看到城市的景观,电视将会打开显示出自动控制选项供顾客选择。位于迪拜的帆船酒店是世界上第一个七星级酒店,不仅其酒店客房布置极为奢华,其服务也高人一等。顾客进入酒店后,办理好入住手续,行李就会有专人送达客房,顾客打开房间后,就会有专人在门口等候,为顾客提供服务,酒店房间内的照明装置还可以引导顾客到达卫生间。如果客人夜间要去卫生间,只需要按下面板上的永久明亮的按钮,无论顾客走到哪里,附近的台灯都会慢慢变亮,房间内的照明系统会指引顾客前往浴室或是卫生间。位于曼谷的苏坤11雅乐轩酒店,顾客入住后拿到的不是传统的房间钥匙,而是一部智能手机,在手机上就可以完成开门、转换电视频道、呼叫客房服务等。此外,在手机上还可以查看机场航班信息、地图等,可以在陌生的城市中自由穿行。

作为智慧酒店最基础的智慧客房的建设,随着智慧酒店的发展进一步升级,顾客将享受"登记、入住、外出活动、互动体验、休息、就餐、退房"整个过程中科技带来的无穷便利和乐趣。以射频无线识别技术(Radio Frequency Identification, RFID)为例,客人在出行前可以登录旅游服务平台,了解酒店信息,在线完成预订;RFID能够帮助识别客人身份,简化入住手续;同时RFID和原有的酒店管理系统相结合,到达酒店后凭借手机二维码办理入住,完成入住流程的改造,缩短入住登记时间,或者采取自助入住机,客人可以自行完成入住宾馆的手续。此外,RFID和其他系统结合可以完成智慧引路的服务功能,即客人的房卡能够传递信息、控制电梯、实现导航;客人走出电梯后,楼层门牌指示系统会自动闪烁,指引客人至其房间。当客人在宾馆中移动时,如果遇到服务人员,服务人员可以向客人提供得体的服务,因为这些信息已通过酒店内部的智能信息系统传输到附近的服务生手中。入住期间,当客人离开卫生间或客厅时,红外扫描技术自动调节灯具开关;客人进出客房,空调系统可以自动调节温度,让客人在一个更加舒适的环境中休息和工作。

在结账方式上,除了继续使用传统的前台结账之外,酒店还开辟多途径的网上结算平台,包括支付宝或快钱等多种方式,实现游客B2C快捷交易支付。此外,利用基于RFID或二维条码等技术,使客人持移动终端就可以被智能终端系统识别,实现身份确认,支付享有优惠折扣,并实现手机结算。入住期间,互动电视和IP电话系统将显示客人入住信息,同时实现查询消费账单和通知前台预约退房等。再者,酒店之间以及产业链上、下的企业之间的B2B交易也将逐渐依赖线上交易,达到方便快捷的效果,从而实现智慧酒店结算方式的多样化。

2018年,万豪、洲际、香格里拉、君澜、华住、如家、锦江等各大国内外知名酒店集团均在"智慧酒店"这一领域推出全新举措。同时,腾讯、阿里、百度、万达、苏宁等诸多商业巨头凭借自身科技和资本的优势,纷纷跨界投入智慧酒店领域。如:洲际与百度合作,推出了AI智慧客房;万豪与阿里合作,在酒店入住服务办理中引入人脸识别技术;腾讯与香格里拉合作,在智慧运营、智慧服务及智慧营销三方面,依托微信生态,让酒店更智慧。

# 第三节 智慧酒店的发展现状和趋势

## 一、智慧酒店的发展现状

我国酒店业从1990到2000年经历了豪华酒店、中高端星级酒店、经济型连锁酒店的金字塔结构稳定发展阶段,到中产阶级崛起、政策红利释放的阶段。"黄金十年"(2001—2011年),再到2013年开始,行业整体成本上行、同质化竞争加剧,行业进入微利阶段。2016年开始,随着酒店品牌优势、文化优势、精细化定位和科技赋能、经营模式百花齐放的新阶段,如今共享住宿、智慧酒店为酒店行业增添了新元素。为了响应智慧城市、智慧旅游的建设与发展,国家在政策层面给予智慧酒店诸多支持。国内智慧酒店的发展历程如表1-1所示。

表1-1 国内智慧酒店发展历程

| 序号 | 时 间 | 内 容 |
|---|---|---|
| 1 | 1999 年 | 微软在中国推出"电视上网"是中国智能家居的开端、海尔推出第一代网络家电 |
| 2 | 2001 年 | 国内科研机构和公司开始研发智能安防控制系统和产品 |
| 3 | 2006 年 | 酒店智能电视系统开始被业内使用 |
| 4 | 2009 — 2012 年 | 智慧酒店在国内逐步进入初期推广阶段 |
| 5 | 2013 年 | 国家旅游局发布《饭店智能化建设与服务指南》 |
| 6 | 2020 年 | 《物联网——智慧酒店应用接口通用技术要求》 |

### (一)中国首家智慧酒店

2009 年 6 月杭州黄龙饭店与 IBM 合作以全方位的酒店管理系统与 RFID 等智能体系启动了中国首家智慧酒店。建成后的黄龙饭店为客户提供了超乎想象的世界领先的智能化入住体验。酒店为 VIP 客人提供远程登记服务,不仅节约时间,还可以使客人拥有高度的隐私,提高服务品质。酒店还设置了楼层智能指示系统指引客人从电梯到其房间。客房里的智能温控系统可按照客人的喜好设置房间环境,客人可以根据工作或休息的需要选择不同的模式调节房间温度和湿度。智能电话系统可甄别客人的母语并将其作为默认语言。当门铃响起时,访客图像将自动跳转到电视屏幕上,方便客人决定以什么形象去开门。

### (二)香港奕居酒店

在香港的奕居酒店中,酒店的工作人员可以借助特定的笔记本在任何角落为顾客办理电子化入住登记。当顾客退房时,无须到前台办理,可以直接通过客房的电视进行办理,顾客在入住酒店期间的账单和资料可以直接发送到客人的电子邮箱内,极大地简化了办理流程,此外还实现了无纸化办公。

### (三)河南省推广智慧酒店项目

2014 年 2 月,河南省旅游局下发通知,决定正式试点推广河南智慧酒店项目,将引进并安排投入资金不低于 5000 万元,对全省约 50 家四星级以上旅游星级饭店进行智慧化改造。河南智慧酒店项目系统是集酒店服务、资讯信息、一体化无线覆盖、智能化控制和休闲娱乐于一身的信息化智能平台,系统充分利用现代网络技术和移动应用,为酒店管理提供有效的信息技术手段。

然而,当前不少酒店对智慧酒店的概念依然模糊,甚至停留于装修和设备升级层面;试图通过简单复制、盲目跟从实现转型,建设水平参差不齐;服务和管理过度化而忽视客户隐私。在人脸识别、指纹识别等技术引入方面,还涉及与公安部门的协同。

智慧酒店新局面已经开启,云端智慧解决方案和技术供应商为酒店行业带来了新的想象空间,但如何让酒店真正变得智慧尚需更多探索。总体来说,智慧酒店突破传统走向终端智能化,是酒店行业未来获得竞争优势的新动力。

## 二、智慧酒店的发展趋势

未来智慧酒店建设,必定会以"绿色、创新、和谐"为建设理念,在"智慧管理、智慧营销和智慧服务"上下功夫,以现代科技为指引,真正实现酒店全方位的智慧化。智慧酒店的发展趋势主要分为运用手段、技术应用两点,具体内容如下。

### (一)运用手段

将来运用手段将更加信息化、数字化、智能化、网络化、互动化、协同化、融合化,在表现形式上充分体现平台化、个性化、支付手段多样化。通过科学技术平台、个性化服务平台以及综合服务平台打造核心价值体系,实现酒店产品的深度开发和信息资源的有机整合,实现酒店资源和社会资源共享与有效利用的管理变革,同时实现科技创新价值、产业支撑价值、经济效益价值以及社会拉动价值。

### (二)技术应用

在技术上将广泛使用超声波、人脸识别、智能穿戴设备、虚拟现实、遥感、卫星定位和精准导航(类似喵街)、3D打印、混合云、万物互联、人工智能(AI,包括机器人、语音识别、图像识别、自然语言处理和专家系统等)等高科技以及多样化的移动设备。应用 ERP 系统、前台人脸识别系统、公共区域内部导航系统、虚拟体验系统、收益系统、数据分析系统、经营决策系统、送物和交流及多项服务智能机器人。

# 第二章　智慧酒店系统构成

## 第一节　智慧酒店技术基础

对于智慧酒店来说,"信息"是智慧的核心,因此"信息技术"是支撑智慧酒店的核心技术。而信息技术的三大技术基础是:第一,通信技术。通信技术相当于让酒店拥有了神经系统。对于智慧酒店来说,拥有这样的神经系统,是实现智慧的最根本要求。只有通过流畅无误的通信,信息才能够通达。第二,互联网技术。虽然酒店拥有了信息技术,能够实现信息之间的传递,但其传递的范围受到了很大的限制。互联网技术彻底改变了以往人们获取和处理信息的方式,在社会上的每一个个体通过互联网都可以获取产品信息,互联网在酒店中的应用使得酒店能够更加贴近酒店的客户群。第三,嵌入式技术。从技术角度来看,智慧酒店里的各种各样的设备需要具备独立运算和联网的能力,嵌入式技术的发展使得这些成为可能,它使得智慧的能力从人扩展到物品。

### 一、计算机基础知识

### (一)信息技术

#### 1. 信息处理

信息,泛指人类社会传播的一切内容。人通过获得、识别自然界和社会的不同信息来区别不同事物,得以认识和改造世界。在一切通信和控制系统中,信息是一种普遍联系的形式。信息本身并不是实体,必须通过载体才能体现,但不随载体的物理形式的变化而变化。1948 年,数学家香农在《通信的数学理论》一文中指出,"信息是用来消除随机不定性的东西"。因此可以认为,信息是对人们有用的数据,这些数据将可能影响人们的行为与决策。信息处理能力正成为衡量一个国家综合国力的重要标志。

信息处理是人们获取、存储、传递以及发布信息等的一个典型过程。随着计算机科学的不断发展,计算机已经从初期的以"计算"为主的一种计算工具,发展成为以信息处理为主的与人们的工作、学习和生活密不可分的一种工具,计算机处理信息的过程与人处理信息的过程相似,如其信息的获取主要包括信息的感知、测量、识别、输入等,信息的存储主要是将获取的信息通过存储设备进行缓冲、保存、备份等处理,信息的传递是把信息通过计算机内部的指令或计算机之间构成的网络从一端传送到另一端,信息的发布就是把信息通过各种表示形式展示出来。

**2. 基本信息技术**

根据信息处理的过程,基本的信息技术包括信息获取与识别技术、计算与存储技术、通信技术、控制与显示技术。

20 世纪以来,现代信息技术取得了突飞猛进的发展。现代信息技术的主要特征为:以数字技术为基础,以计算机及其软件为核心,采用电子技术(包括激光技术)进行信息的处理。数字技术、微电子和光纤技术是当代电子信息技术的基础。

对于智慧酒店来说,"信息"是智慧的核心,因此"信息技术"是支撑智慧酒店的核心技术。

**3. 酒店信息化**

我国经济的发展以及科技水平的提升,促进了酒店行业的发展,信息技术与酒店的结合成为我国酒店行业发展的主要趋势。将我国的传统酒店与现代化信息技术管理有机地结合在一起,对我国酒店的进步发展发挥了重要的作用。酒店管理的目的是控制成本、控制运营,从而提升酒店的效率和效益。为实现这一目的,需要及时、准确、完整、有效地管理数据,而这也是信息系统的重要特点,因此,信息技术在酒店的信息化发展中发挥着重要的作用。

**(二)数字技术基础**

**1. 信息的基本单位**

信息在计算机中的基本单位是"比特"。比特是计算机和其他所有数字系统处理、存储和传输信息的最小单位。比特的英文为 bit,通常称之为"比特位",在不会引起混淆时也可以简称为"位",用"b"表示。

比特只有两种状态(取值):数字 0,或者是数字 1。比特既没有颜色,也没有大小和重量。比特仅表示状态。

较比特稍大的单位是"字节",英文是"byte",使用"B"表示。一个字节包含 8 个比特,即 1 B=8 b。比如,二进制数据 100101101110111110010011,在计算机中占用 24 b,也就是 3 B。如果一个字节用如下 8 个比特表示:

$$b7b6b5b4b3b2b1b0$$

其中,$b_i$($i=0,1,2,\cdots,7$)表示一个二进位,b7 和 b0 分别代表最高位和最低位。

计算机运算和处理信息时还经常使用"字"(word)。要注意的是,字长并不统一,不同的计算机字长有可能不同,有的由 2 个字节构成,有的由 4 个、8 个甚至更多个字节构成。

计算机在存储信息时,如果单纯使用字节或字长来描述存储容量显然不合适,需要使用更大的单位。常用的存储容量单位有:

千字节(kilobyte,简写为 KB),1 KB=$2^{10}$字节=1 024 B

兆字节(megabyte,简写为 MB),1 MB=$2^{20}$字节=1 024 KB

吉字节(gigabyte,简写为 GB),1 GB=$2^{30}$字节=1 024 MB

太字节(terabyte,简写为 TB),1 TB=$2^{40}$字节=1 024 GB

上述这些单位都是 2 的幂次,这样做有助于存储器的设计。

传输信息时,由于是一位一位串行传输,传输速率的度量单位是每秒多少比特。常用的速率单位有以下几种:

比特/秒(b/s)

千比特/秒(kb/s),1 kb/s=$10^3$ 位/秒=1 000 b/s(注意,这里的"k"表示 1 000)

兆比特/秒(Mb/s),1 Mb/s=$10^6$ 位/秒=1 000 kb/s

吉比特/秒(Gb/s),1 Gb/s=$10^9$ 位/秒=1 000 Mb/s

太比特/秒(Tb/s),1 Tb/s=$10^{12}$位/秒=1 000 Gb/s

### 2. 进制的转换

数据在计算机中用二进制表示,任意一个二进制数都可以用 0、1 两个字符组合的数字字符串来表示。除了二进制,经常还会用到八进制、十六进制。而日常生活中,主要使用十进制。这些进制的相互转换是这部分的主要内容。

(1)数制

所谓"数制",指进位计数制,即用进位的方法来计数。数制包括计数符号(数码)和进位规则两个方面。下面所说 $R$ 进制,其中 $R$ 可以是任意正整数,如二进制的 $R$ 为 2、十进制的 $R$ 为 10、十六进制的 $R$ 为 16 等。

一切进位计数制都有两个共同点:按基数来进位和借位;按位权值来计数。

①基数 $R$。基数是指计数制中所用到的计数符号的个数。以基数来区分不同的计数制,$R$ 进制的计数符号为 $R$ 个,是 $0,1,\cdots,R-1$,进位规律是"逢 $R$ 进 1,借 1 当 $R$";对于十六进制来说,大于 9 的部分,用 A~F 来表示。比如:

二进制包含 0、1 两个计数符号,它的基数 $R=2$;

八进制包含 0、1、2、3、4、5、6、7 共 8 个计数符号,它的基数 $R=8$;

十进制包含 0、1、2、3、4、5、6、7、8、9 共 10 个计数符号,它的基数 $R=10$;

十六进制包含 0、1、2、3、4、5、6、7、8、9、A、B、C、D、E、F 共 16 个计数符号,它的基数 $R=16$。

为区分不同数制的数,书中约定对于任意 $R$ 进制的数 $N$,记作:$(N)_R$。不用括号及下标的数,默认为十进制数。还有一种习惯表示,在一个数的后面加上字母 D(十进制)、B(二进制)、O(八进制)、H(十六进制)来表示其前面的数用的是什么进制。有时为了与数字"0"区别,改为在数字后面加"Q"来表示八进制数。比如,$(101010)_2=101010B$,$(103.6)_8=103.60=103.6Q$,$(AC)_{16}=ACH$,$255=(255)_{10}=255D$。

②位权值。数制的每一位所具有的值称为权值,也可称为权。一种数制中,各位指数符号为 1 时所代表的数值为该数位的权。$R$ 进制数的位权是 $R$ 的整数次幂。例如,十进制数的位权是 10 的整数次幂,其个位的位权是 $10^0$,十位的位权是 $10^1$,小数点后第一位的位权是 $10^{-1}$,小数点后第二位的位权是 $10^{-2}$,以此类推。

（2）$R$ 进制转换为十进制

任意 $R$ 进制数的值都可以表示为这样的十进制数:各位的数值与其权的乘积之和,例如,二进制数 101.01 转换为十进制数为

$$101.01B=1\times2^2+0\times2^1+1\times2^0+0\times2^{-1}+1\times2^{-2}$$

（3）二进制与十进制的转换

①二进制转换成十进制。除了可以用上述 $R$ 进制转换成十进制的方法外,还有一个常用的简单方法。

写出二进制数值。

以小数点为中心,向左写等比序列,1,2,4,8,16,32,…;向右写等比序列 0.5,0.25,0.125,…;每一个值都与二进制的每一位数值的位置相对应。

将位置上有 1 的值求和。

例:将二进制数 11100101.1 转换为十进制数。

解:　　1　　　1　　　1　　　0　　　0　　　1　　　0　　1.　　　1

　　　128　　64　　32　　16　　8　　4　　2　　1.　　0.5

128+64+32+4+1+0.5=229.5

因此,(11100101.1)2=(229.5)10

②十进制转换为二进制。与二进制转换成十进制的过程相反,方法如下:

以小数点为中心,向左写等比序列,1,2,4,8.16,32,…;向右写等比序列 0.5,0.25,0.125,…。(如果没有小数,则只要向左写整数部分)

找到序列中比该十进制小的最大数,减去该序列值,并在该数下方标 1。

将剩余的差重复第二步,直到为 0。

十进制转换成二进制还可以用以下方法(因为比较烦琐,不推荐使用):

整数部分:除 2 取余,逆序排列。具体步骤是:用 2 去除给出的十进制数,取其余数作为转换后的二进制数的最低位数字;再用 2 去除所得的商,取其余数作为二进制数的次低位;以此类推,直到商为 0 结束。

小数部分:乘 2 取整,顺序排列。具体步骤是:用 2 去乘给出的十进制数的小数部分,取乘积的整数部分作为转换后二进制小数点后的第 1 位数字;再用 2 去乘上一步乘积的小数部分,将乘积的整数部分作为二进制小数点后的第 2 位数字,以此类推,直到乘积为 0,或达到要求的精度为止。

这种方法也适用于十进制转换为任意 $R$ 进制,只要把 2 换成 $R$ 即可。

（4）二进制与八进制和十六进制的转换

①二进制转换成八进制和十六进制。方法如下:

以小数点为中心分别向左和向右划分小组,八进制是每 3 位为一组,用一个等值的八进制数字替代;十六进制是每 4 位为一组,用一个等值的十六进制数字替代;整数部分不足 3 位或 4 位时高位用 0 补满,小数部分不足 3 位或 4 位时低位用 0 补满。

②八进制和十六进制转换成二进制。方法如下:

把每一个八进制数字改写成等值的 3 位二进制数,把每一个十六进制数字改写成等值的 4 位二进制数,并且保持高低位次序不变。注意,最高位和最低位的 0 可以忽略不写。

表 2-1 列出了二进制数与八进制数、十六进制数之间的关系。

表 2-1 二进制数与八进制数、十六进制数之间的关系

| 二进制数 | 八进制数 | 十六进制数 |
|---|---|---|
| 0000 | 0 | 0 |
| 0001 | 1 | 1 |
| 0010 | 2 | 2 |
| 0011 | 3 | 3 |
| 0100 | 4 | 4 |
| 0101 | 5 | 5 |
| 0110 | 6 | 6 |
| 0111 | 7 | 7 |
| 1000 | 10 | 8 |
| 1001 | 11 | 9 |
| 1010 | 12 | A |
| 1011 | 13 | B |
| 1100 | 14 | C |
| 1101 | 15 | D |
| 1110 | 16 | E |
| 1111 | 17 | F |

3. 二进制数的运算

二进制数的运算分为算术运算和逻辑运算两种。

(1)算术运算

二进制数的算术运算主要是加法和减法。规则如下:

加法运算:$0+0=0$;$0+1=1$;$1+0=1$;$1+1=10$。

减法运算:$0-0=0$;$1-0=1$;$1-1=1$;$1-1=0$。

(2)逻辑运算

基本的逻辑运算有三种:与、或和非。

①"与"运算。用符号"AND""△"或"●"表示,运算规则如表 2-2 所示。

表 2 - 2 "与"运算规则

| 位 | 位 | 结果 |
|---|---|---|
| 0 | 0 | 0 |
| 0 | 1 | 0 |
| 1 | 0 | 0 |
| 1 | 1 | 1 |

②"或"运算。用符号"OR"或"＋"表示,运算规则如表 2 - 3 所示。

表 2 - 3 "或"运算规则

| 位 | 位 | 结果 |
|---|---|---|
| 0 | 0 | 0 |
| 0 | 1 | 1 |
| 1 | 0 | 1 |
| 1 | 1 | 1 |

③"非"运算。也称为"取反",用符号"NOT"或"－"表示,取反运算最简单,"0"取反后是"1","1"取反后是"0"。

当两个多位的二进制信息进行逻辑运算时,按位独立进行,即每一位不受同一信息的其他位的影响。这点与算术运算不同。

**(三)微电子技术概述**

1. 微电子技术

微电子技术是建立在以集成电路为核心的各种半导体器件基础上的高新电子技术,是发展电子信息产业和各项高新技术的基础。其特点是体积小、重量轻、可靠性高、工作速度快。它的发展有力地推动了通信技术、计算机技术和网络技术的迅速发展,成为衡量一个国家科技水平的重要标志。

2. 集成电路

集成电路是一种微型电子器件或部件,它采用一定的工艺把电路中所需的晶体管、二极管、电阻、电容和电感等元件及布线互连在一起,制作在一小块或几小块半导体晶片或介质基片上,然后封装在一个管壳内,成为具有所需电路功能的微型结构。其中所有元件在结构上已组成一个整体,在电路中用字母"IC"表示。

按集成度(芯片中包含的电子元器件数)分类,集成电路可分为小规模集成电路(SSI)、中等规模集成电路(MSI)、大规模集成电路(LSI)、超大规模集成电路(VLSI)和极大规模集成电路(VLSI)。

小规模集成电路:单个集成电路所含电子元件数目小于100;

中等规模集成电路:单个集成电路所含电子元件数目在100～3 000;

大规模集成电路:单个集成电路所含电子元件数目在3 000～10万;

超大规模集成电路:单个集成电路所含电子元件数目在10万～100万;

极大规模集成电路:单个集成电路所含电子元件数目在100万以上。

现在PC所用的微处理器、芯片组、图形加速卡等都是超大规模和极大规模集成电路。

## 二、计算机网络技术

### (一)计算机网络技术概述

#### 1.计算机网络的定义

按广义定义:计算机网络,是指将地理位置不同的具有独立功能的多台计算机及其外部设备,通过通信线路连接起来,在网络操作系统、网络管理软件及网络通信协议的管理和协调下,实现资源共享和信息传递的计算机系统。

按连接定义:计算机网络就是通过线路互连起来的计算机集合,确切地说就是将分布在不同地理位置上的具有独立工作能力的计算机、终端及其附属设备用通信设备和通信线路连接起来,并配置网络软件,以实现计算机资源共享的系统。

按需求定义:计算机网络就是由大量独立的但相互连接起来的计算机来共同完成计算机任务。这些系统称为计算机网络。

#### 2.计算机网络的功能

计算机网络的功能主要为实现计算机之间的资源共享、网络通信,提高计算机的可用性和可靠性。除此之外,计算机网络还具有集中管理计算机、均衡负荷、分布处理以及提高系统安全可靠性等功能。

第一,计算机的资源共享的内容主要有硬件资源、软件资源、数据资源、信道资源。硬件资源是指各种类型的计算机、大容量存储设备、计算机外部设备,如彩色打印机、静电绘图仪等。软件资源是指各种应用软件、工具软件、以系统开发为目的的支撑软件、语言处理程序、数据库管理系统等。数据资源是指数据库文件、数据库、办公文档资料、企业生产报表等。信道资源是指通信信道口,可以理解为电信号的传输介质。通信信道的共享是计算机网络中最重要的共享资源之一。

第二,计算机网络的网络通信功能是指网络通信通道可以传输各种类型的信息,包括数据信息和图形、图像、声音、视频流等各种多媒体信息。

第三,计算机网络能够提升计算机的可靠性和可用性,在网络系统中,各个计算机之间是相互联系的,彼此成为后备机。一旦这个网络系统中的某台计算机发生了故障,其他计算机即可迅速取而代之,保证计算机能够顺利完成任务,避免在单机环境下,某台计算机发生故障而导致整个系统瘫痪的现象发生,提高计算机系统的可靠性。当这个网络系统的某台计算机运行负荷过重时,可以借助网络将新任务分配给空闲时间较多的计算机,从而提升网络内每台计算机的可用性。

第四,计算机网络能够实现计算机的集中管理。在互联网缺失的条件下,每台计算机都是一座信息孤岛,如要对计算机的网络数据进行管理,需要分开逐个进行管理。而通过互联网,可以实现对该系统内的计算机以及整个网络的管理。如目前我们生活中常用的数据库情报检索系统、交通运输部分的订票系统、军事指挥系统等。

第五,计算机网络的分布处理功能是通过互联网将计算机内要处理的任务分配到其他计算机上运行,而不是将其集中在一台大型计算机中。计算机的这一功能降低了软件设计以及运行的复杂性,能够极大地提升计算机的工作效率,从而降低成本。

第六,计算机网络的均衡负荷功能是指当某台计算机的任务负荷过重时,可以借助互联网将其分布到其他计算机中,由多台计算机共同完成任务。

3.计算机网络的应用

计算机网络的应用主要包括信息交流、办公自动化、电子商务、过程控制、娱乐等功能。

第一,信息交流是计算机网络应用的主要内容,也是我们日常使用互联网最主要的目的,如收发邮件、浏览网站获取信息、在论坛上与他人沟通交流、与他人进行跨地域聊天、实现多媒体教学等。

第二,办公自动化。计算机网络在办公室中的应用,实现了办公自动化。人们可以在网络环境下使用文字处理机、智能复印机以及报表、统计文档系统等来处理工作中机械单一的工作内容,能够极大地提升人们的工作效率。

第三,电子商务。电子商务模式是指采用更为便捷、简单的电子通信方式,使买卖双方能够在线上进行商贸活动,从而降低成本。

第四,过程控制。过程控制多应用于自动化生产车间,使人们的生产方式发生了较大的变化。此外,其在军事作战、危险作业、汽车驾驶等领域也多有应用。

第五,娱乐。计算机网络的普及发展极大地改变了人们的娱乐方式,只需要借助手机、电脑、平板即可进行各种各样的娱乐。目前我们在互联网上常见的娱乐方式主要有打游戏、刷短视频、看电影和电视剧、阅读书籍等。

**(二)计算机网络的发展**

1.面向终端的计算机网络

终端可以处于不同的地理位置,它通过传输介质及相应的通信设备与一台计算机相连,用户可以通过本地终端或远程登录到远程计算机上。使用该计算机系统,远程用户可以在本地方便地使用计算机,这就产生了通信技术与计算机技术的结合。

第一代计算机的特征是由终端到计算机的连接,而不是计算机到计算机的连接,会给主机带来较大的负担。严格来讲,第一代计算机网络不算是现代意义上的计算机网络,该网络系统的建立只是为了实现远程通信,而不是为了实现资源共享。

2. 以共享资源为目的的计算机网络

20 世纪 60 年代后期,美国国防部高级研究计划局(ARPA),提供经费资助,由美国一些大学和公司合作,共同研究开发了这种新型的计算机网络。当时他们决定建设一个多点的分组交换网络,其由通信子网和主机组成。于 1969 年 12 月建成一个具有四个节点的实验性网络,并投入运行和使用,这就是著名的 ARPANET。

ARPANET 是计算机网络发展的一个里程碑,它标志着以资源共享为目的的计算机网络的诞生,是第二阶段计算机网络的一个典型范例。其贡献主要表现在它是第一个以资源共享为目的的计算机网络,它使用 TCP/IP 协议作为通信协议,使网络具有很好的开放性,为 Internet 的诞生奠定了基础。此外,它还实现了分组交换的数据交换方式,并提出了计算机网络的逻辑结构由通信子网和资源子网组成的重要基础理论。

3. 标准化网络

国际标准化组织于 1984 年公布了"开放系统互连参考模型"的正式文件,即著名的国际标准 ISO7498,通常称它为开放系统互连参考模型(OSI/RM)。OSI/RM 极大地推动了网络标准化的进程。从此,计算机网络进入了标准化网络阶段。网络标准化又促进了计算机网络的迅速发展,因此标准化网络也是计算机发展的重要阶段,有人把这个阶段的网络称为第三代网络。

4. 互联网

随着计算机网络的发展,在全球建立了不计其数的局域网和广域网,为了扩大网络规模以实现更大范围的资源共享,人们又提出了将这些网络互联在一起的迫切需求。国际互联网 Internet 应运而生。

### (三)计算机网络组成与逻辑结构

1. 组成

计算机网络主要由三部分组成,即计算机系统、数据通信系统、网络软件。

计算机系统主要负责收集、存储、处理和输出数据信息,提供各种网络资源。计算机系统在网络中具有不同的用途,根据其用途的不同可以将其分为两类,即主计算机和终端。主计算机也称为主机,主要由大型机、中小型机以及高档微机造成,是构成网络的主要资源,其主要任务是数据处理和网络控制。网络软件和网络的应用服务程序主要安装在主机中,在局域网中主机称为服务器。终端是网络中数值大、分布广的设备,是用户进行网络操作、实现人—机对话的工具。一台典型的终端看起来很像一台 PC,有显示器、键盘和一个串行接口。与 PC 不同的是终端没有 CPU 和主存储器。在局域网中,以 PC 代替了终端,其既能作为终端使用又可作为独立的计算机使用,被称为工作站。

数据通信系统主要由通信控制处理机、传输介质和网络连接设备等组成。通信控制处理机主要负责主机与网络的信息传输控制,它的主要功能是线路传输控制、差错检测与恢复、代码转换以及数据帧的装配与拆装等。在以交互式应用为主的微机局域网中,一般不需要配备通信控制处理机,但需要安装网络适配器,用来担任通信部分的功能。传输介质是传输数据信号的物理通道,将网络中各种设备连接起来。常用的有线传输介质有双绞线、同轴电缆、广线;无线传输介质有无线电微波信号、激光等。网络互联设备是用来实现网络中各计算机之间的连接、网与网之间的互联、数据信号的变换以及路由选择等功能,主要包括中继器、集线器、调制解调器、网桥、路由器、网关和交换机等。

网络软件一方面授权用户对网络资源的访问,帮助用户方便、安全地使用网络;另一方面管理和调度网络资源,提供网络通信和用户所需的各种网络服务。网络软件一般包括网络操作系统、网络协议、通信软件以及管理和服务软件等。网络操作系统是网络系统管理和通信控制软件的集合,它负责整个网络的软、硬件资源的管理以及网络通信和任务的调度,并提供用户与网络之间的接口。目前,计算机网络操作系统有 UNIX、WindowsNT、Windows 2000 Server、Netware 和 Linux。UNIX 是唯一跨微机、小型机、大型机的网络操作系统。网络协议是实现计算机之间、网络之间相互识别并正确进行通信的一组标准和规则,它是计算机网络工作的基础。在 Internet 上传送的每个消息至少通过三层协议:网络协议,它负责将消息从一个地方传送到另一个地方;传输协议,它管理被传送内容的完整性;应用程序协议,作为对通过网络应用程序发出的一个请求的应答,它将传输转换成人类能识别的东西。一个网络协议主要由语法、语义、同步三部分组成。语法即数据与控制信息的结构或格式;语义即需要发出何种控制信息、完成何种动作以及做出何种应答;同步即事件实现顺序的详细说明。

2. 逻辑结构

根据计算机网络各组成部分的功能,将计算机网络划分为两个功能子网,即资源子网和通信子网。这就是计算机网络的逻辑结构。

**(四)计算机网络的分类**

1. 根据网络规模划分

(1)局域网

局域网(Local Area Network,LAN)是指在某一区域内由多台计算机互联成的计算机组,这个区域一般是方圆几千米以内。它可以通过数据通信网或专用数据电路,与远方的局域网、数据库或处理中心相连接,构成一个较大范围的信息处理系统。局域网可以实现文件管理、应用软件共享、打印机共享、扫描仪共享、工作组内的日程安排、电子邮件和传真通信服务等功能。局域网是封闭型的,可以由办公室内的两台计算机组成,也可以由一个公司内的上千台计算机组成。

(2)城域网

城域网(Metropolitan Area Network,MAN)是在一个城市范围内所建立的计算机通信网。由于采用具有有源交换元件的局域网技术,网中传输时延较小,它的传输媒介主要采用光缆,传输速率在 100 Mb/s 以上。

MAN 的一个重要用途是用作骨干网,通过它将位于同一城市内不同地点的主机、数据库,以及 LAN 等互相连接起来,这与 WAN 的作用有相似之处,但两者在实现方法与性能上有很大差别。

(3)广域网

广域网(Wide Area Network,WAN)也称远程网,通常跨接很大的物理范围,所覆盖的范围从几十千米到几千千米,它能连接多个城市或国家,或横跨几个洲,并能提供远距离通信,形成国际性的远程网络。

广域网覆盖的范围比局域网(LAN)和城域网(MAN)都广。广域网的通信子网上要使用分组交换技术。广域网的通信子网可以利用公用分组交换网、卫星通信网和无线分组交换网,它将分布在不同地区的局域网或计算机系统互连起来,达到资源共享的目的,如因特网(Internet)是世界范围内最大的广域网。

2. 根据拓扑结构划分

(1)总线拓扑结构

总线拓扑结构是将网络中的所有设备通过相应的硬件接口直接连接到公共总线上,节点之间按广播方式通信,一个节点发出的信息,总线上的其他节点均可"收听"到。

优点:结构简单、布线容易、可靠性较高,易于扩充,是局域网常采用的拓扑结构。

缺点:所有的数据都需经过总线传送,总线成为整个网络的瓶颈;出现故障诊断较为困难。

(2)星形拓扑结构

星形拓扑结构每个节点都由一条单独的通信线路与中心节点连接。

优点:结构简单、容易实现、便于管理,连接点的故障容易监测和排除。

缺点:中心节点是全网络的可靠性瓶颈,中心节点出现故障会导致网络的瘫痪。

(3)环形拓扑结构

环形拓扑结构各节点通过通信线路组成闭合回路,环中数据只能单向传输。

优点:结构简单、容易实现,适合使用光纤,传输距离远,传输延迟确定。

缺点:环网中的每个节点均有可能限制互联网的发展,任意节点出现故障都会造成网络瘫痪,另外故障诊断也较困难。最著名的环形拓扑结构网络是令牌环网(Token Ring)。

(4)树形拓扑结构

树形拓扑结构是一种层次结构,节点按层次连接,信息交换主要在上下节点之间进行,相邻节点或同层节点之间一般不进行数据交换。

优点:连接简单、维护方便,适用于汇集信息的应用要求。

缺点:资源共享能力较低,可靠性不高,任何一个工作站或链路的故障都会影响整个网络的运行。

(5)网状拓扑结构

网状拓扑结构又称作无规则结构,节点之间的连接是任意的,没有规律。

优点:系统可靠性高,比较容易扩展。

缺点:结构复杂,每一节点都与多点进行连接,因此必须采用路由算法和流址控制方法。

目前广域网基本上采用网状拓扑结构。

3. 根据传输介质划分

(1)有线网

有线网指采用双绞线、同轴电缆、光纤等作为传输介质来连接的计算机网络。

(2)无线网

无线网采用一种电磁波作为载体来实现数据传输的网络类型。

4. 根据数据交换方式划分

(1)电路交换网

电路交换是指按照需求建立连接并允许专用这些连接直至它们被释放这样一个过程。电路交换网络包含一条物理路径,并支持网络连接过程中两个终点间的单连接方式。传统的语音电话服务通过公共交换电话网 PSTN(而不是 IP 语音)实现电路交换过程。电话公司在用户呼叫期间为用户呼叫号码设定一条特定的物理路径,该路径专用于两终点双方间的连接。

(2)报文交换网

报文交换不要求在两个通信节点之间建立专用通路。节点把要发送的信息组织成一个数据包——报文,报文中含有目标节点的地址,完整的报文在网络中一站一站地向前传送。每一个节点接收整个报文,检查目标节点地址,然后根据网络中的交通情况在适当的时候转发到下一个节点。经过多次存储—转发,最后到达目标,因而这样的网络叫存储—转发网络。其中的交换节点要有足够大的存储空间(一般是磁盘),用以缓冲收到的长报文。电子邮件系统(E-mail)适合采用报文交换方式。

(3)分组交换网

分组交换是一种存储转发的交换方式,它将用户的报文划分成一定长度的分组,以分组为存储转发,因此,它比电路交换的利用率高,比报文交换的时延要小,而具有实时通信的能力。分组交换利用统计时分复用原理,将一条数据链路复用成多个逻辑信道,最终构成一条主叫、被叫用户之间的信息传送通路,称为虚电路实现数据的分组传送。

分组交换是形成因特网的基础,它是统计时分多路复用的一种形式,允许多对多方式的通信。发送方必须将报文分割成一系列的分组。发送一个分组后,发送方在发送后续分组之前允许其他发送方发送分组。

分组交换网是数据通信的基础网,利用其网络平台可以开发各种增值业务,如电子信箱、电子数据交换、可视图文、传真存储转发、数据库检索。

5. 根据通信方式划分

(1)广播式传输网络

利用一个共同的传输介质把各个站点连接起来,使网上站点共享一条信道,其中任意一个站点输出,其他站点均可接收。无线网和总线型网络属于这种类型。其适用于范围较小或保密性要求低的网络。

**（2）点到点式传输网络**

由许多互相连接的节点构成，在每对机器之间都有一条专用的通信信道，一台计算机发送数据分组后，它会根据目的地址，经过一系列的中间设备的转发，直至到达目的节点，这种传输技术称为点到点传输技术，采用这种技术的网络称为点到点网络。采用点到点传输网络的拓扑构型主要有四种：星形、树形、环形和网状形。

**6. 根据服务方式划分**

**（1）客户机/服务器网络**

客户机/服务器网络又叫服务器网络，在客户机/服务器网络中，计算机划分为服务器和客户机。基于服务器的网络引进了层次结构，它是为了适应网络规模增大所需的各种支持功能而设计的。通常将基于服务器的网络都称为客户机/服务器网络。

客户机/服务器网络在大中型企业中较为常用，能够帮助企业实现数据共享，对财务、人事等工作进行网络化管理。

**（2）对等网**

对等网采用的是分散管理的方式，该网络系统中的每台计算机既是客户机也是服务器。在该网络系统下，每个用户都需要对自己计算机上的资源进行管理，通常由少数几台计算机组成工作组。

对等网由于自身简单、便捷且投资小的优势，非常适合家庭、校园和小型办公室使用。

## 三、数据库技术

### （一）数据库技术概述

**1. 数据库概念**

**（1）数据**
数据是描述现实世界事物的符号记录，是用物理符号记录的可以鉴别的信息。

**（2）数据库**
数据库是长期存储在计算机内、有组织的、可共享的数据集合。这种集合具有的特点为：最小的冗余度、应用程序对数据资源共享、数据独立性高、统一管理和控制。

**（3）数据库管理系统**
数据库管理系统是位于用户与操作系统之间的一个数据管理软件，它的基本功能包括以下几个方面。

第一，数据定义功能。用户通过数据定义语言，它可以方便地对数据库中的数据对象进行定义。

第二，数据操纵功能。用户可以使用数据操纵语言操纵数据，实现对数据的基本操作，如查询、插入、删除和修改。

第三，数据库的运行管理功能。数据库在建立、运行和维护时由数据库管理系统统一管理和控制，以保证数据的安全性、完整性，对并发操作的控制以及发生故障后的系统恢复等。

第四,数据库的建立和维护功能。它包括数据库初始数据的输入、转换功能,数据库的转储、恢复功能,数据库的重组织功能和性能监视、分析功能,等等。

(4)数据库系统

数据库系统一般由数据库、操作系统、数据库管理系统(及其开发工具)、应用系统、数据库管理员和用户构成。

### 2. 数据库技术的发展

数据管理技术经历了如下三个阶段:人工管理阶段、文件系统阶段和数据库系统阶段。

(1)人工管理阶段

这一阶段是指 20 世纪 50 年代中期以前,计算机主要用于科学计算,当时的计算机硬件状况是:外存只有磁带、卡片、纸带;没有操作系统,没有管理数据的软件。

人工管理阶段的特点是:数据不保存、数据无专门软件进行管理、数据不共享、数据不具有独立性、数据无结构。

(2)文件系统阶段

这一阶段从 20 世纪 50 年代后期到 60 年代中期,计算机硬件和软件都有了一定的发展。计算机不仅用于科学计算,还大量用于管理。这时硬件方面已经有了磁盘、磁鼓等直接存取的存储设备。在软件方面,操作系统中已经有了数据管理软件,一般称之为文件系统。处理方式上不仅有了文件批处理,而且能够联机实时处理。

文件系统阶段的数据管理特点是:数据可以长期保存、由文件系统管理数据、程序与数据有一定的独立性、数据共享性差、数据独立性差、记录内部有结构。

(3)数据库系统阶段

从 20 世纪 60 年代后期以来,计算机硬件和软件技术得到了飞速发展,为了解决多用户、多应用共享数据,使数据为尽可能多的应用服务,文件系统已不能满足应用需求,一种新的数据管理技术——数据库技术应运而生。数据库系统阶段具有以下特点。

第一,数据结构化。在描述数据时不仅描述数据本身,还描述数据之间的联系。

第二,数据共享性高、冗余度小、易扩充。数据可以被多个应用共享。这不仅大大减小了数据的冗余度、节约了存储空间、减少了存取时间,而且可以避免数据之间的不相容性和不一致性。

第三,数据独立性高。数据独立性包括物理独立性和逻辑独立性。数据的物理独立性是指当数据的物理存储改变时,应用程序不用改变。数据的逻辑独立性是指当数据的逻辑结构改变时,用户应用程序不用改变。

第四,统一的数据管理和控制。数据库对系统中的用户是共享资源。计算机的共享一般是并发的,即多个用户可以同时存取数据库中的数据,甚至可以同时存取数据库中同一个数据,因此,数据库管理系统必须提供以下几个方面的数据控制保护功能,即数据的安全性保护、数据的完整性控制、数据库恢复、并发控制。

### 3. 数据库的体系结构

(1)集中式系统

数据库系统和应用程序以及与用户终端进行通信的软件等都运行在一台宿主计算机

上,所有的数据处理都是在宿主计算机中进行的。宿主计算机一般是大型机、中型机或小型机。应用程序和数据库系统之间通过操作系统管理的共享内存或应用任务区来进行通信,数据库系统利用操作系统提供的服务来访问数据库。终端通常是非智能的,本身没有处理能力。

集中系统的主要优点是:具有集中的安全控制,以及处理大量数据和支持大量并发用户的能力。集中系统的主要缺点是:购买和维持这样的系统一次性投资太大,并且不适合分布处理。

（2）个人计算机系统

与大型系统不同,通常个人计算机(微机)上的数据库系统功能和数据库应用功能是结合在一个应用程序中的,这类数据库系统(如 FoxPro、Acssce)的功能灵活、系统结构简洁、运行速度快,但这类数据库系统的数据共享性、安全性、完整性等控制功能比较薄弱。

（3）客户/服务器系统

在客户/服务器结构的数据库系统中,数据处理任务被划分为两部分:一部分运行在客户端;另一部分运行在服务器端。客户端负责应用处理,数据库服务器完成数据库系统的核心功能。

这种模型中,客户机上都必须安装应用程序和工具,使客户端过于庞大、负担太重,而且系统安装、维护、升级和发布困难,从而影响效率。

（4）分布式系统

一个分布式数据系统由一个逻辑数据库组成,整个逻辑数据库的数据,存储在分布于网络中的多个节点上的物理数据库中。在当今的客户/服务器结构的数据库系统中,服务器的数目可以是一个或多个。当系统中存在多个数据库服务器时就形成了分布系统。

（5）浏览器/服务器系统

随着 Internet 的迅速普及,出现了三层客户机/服务器模型:客户机—应用服务器—数据库服务器。这种系统称为浏览器/服务器(Browser/Server,B/S)系统。

4. 数据库系统三级模式结构

数据库系统通常采用三级模式结构,这是数据库系统内部的系统结构。

（1）模式

模式也称为逻辑模式,是数据中全体数据的逻辑结构和特征描述,是所有用户的公共数据视图。

（2）外模式

外模式也称为子模式或用户模式,它是数据库用户能够看到和使用的局部数据的逻辑结构和特征的描述,是数据库用户的数据视图,是与某一应用有关的数据的逻辑表示。

通常情况下,外模式指的是模式的子集。外模式能够有效保护数据库的安全,在一个数据库中可以有多个外模式。在一个数据库中,每个用户只能看见和访问所对应外模式中的数据,而其他数据则不可见。

（3）内模式

内模式也称为存储模式,是数据物理结构和存储方式的描述,是数据在数据库内部的表示方式。通常情况下,一个数据库只有一个内模式。

### (二)数据模型

**1. 数据模型及其组成要素**

数据库系统的核心是数据库,数据库是根据数据模型建立的,因而数据模型是数据库系统的基础。数据模型通常是由数据结构、数据操作和数据完整性约束三个要素组成的。

(1)数据结构

数据结构研究数据元素之间的组织形式、存储形式以及数据操作等。数据结构用于描述系统的静态特性。在数据库系统中,通常按照其数据结构的类型来命名数据模型。例如层次结构、网状结构、关系结构的数据模型分别命名为层次模型、网状模型和关系模型。

(2)数据操作

数据操作用于描述系统的动态特性。数据操作是指对数据库中的各种对象的实例允许执行的操作的集合,包括操作及有关的操作规则。数据库主要有查询和更新两大类操作。

(3)数据完整性约束

数据完整性约束是一组完整性规则的集合。完整性规则是给定的数据模型中数据及其联系所具有的制约和储存规则,用以符合数据模型的数据库状态以及状态的变化,以保证数据的正确、有效和相容。

**2. 数据模型的种类**

目前,数据库领域中,最常用的数据模型有层次模型、网状模型和关系模型。

(1)层次模型

层次模型是数据库中最早出现的数据模型。层次数据库系统采用层次模型作为数据的组织方式。用树形结构表示实体类型以及实体间的联系是层次模型的主要特征。

层次模型的一个最基本的特点是,任何一个给定的记录值(也称为实体)只有按照其路径查看时,才能显出它的全部意义。没有一个子记录值能够脱离双亲记录值而独立存在。

(2)网状模型

在现实世界中事物之间的联系更多的是非层次关系的,用层次模型表示非树形结构是很不直接的,网状模型则可以克服这一弊端。

用网状结构表示实体类型及实体之间联系的数据模型称为网状模型。在网状模型中,一个子节点可以有多个父节点,在两个节点之间可以有一种或多种联系。

(3)关系模型

关系模型是目前最常用的一种数据模型。关系数据库系统采用关系模型作为数据的组织方式。在关系模型中,数据在用户观点下的逻辑结构就是一张二维表,每一张二维表称为一个关系。

### (三)数据库设计

**1. 数据库设计概述**

数据库设计的主要内容有数据库的结构特性设计和数据库的行为特性设计。数据库的结构特性设计起着关键作用。数据库的结构特性是静态的,一般情况下不会轻易变动。数据库的行为特性设计是指确定数据库用户的行为和动作。数据库用户的行为和动作是指数据查询和统计、事务处理及报表处理等。

### 2. 数据库设计的基本步骤

根据数据库及其应用系统开发的全过程,可以将数据库的设计过程分为以下几个步骤。

第一,需求分析阶段。需求分析阶段是数据库设计的基础,也是数据库设计中最困难、最耗时的一个步骤,需求分析阶段获得数据的好坏会直接影响数据库数据的质量,如果没有做好该阶段的工作,可能会导致系统返工重做。

第二,概念结构设计阶段。概念结构设计阶段是整个数据库设计的关键阶段,在该阶段,通过对用户需求进行综合、归纳与抽象,从而形成一个独立于数据库系统的概念模型,一般用 E - R(实体-联系)图表示。

第三,逻辑结构设计阶段。逻辑结构设计是将概念结构转化为选定的数据库系统所支持的数据模型,并使其在功能、性能、完整性约束、一致性和可扩充性等方面均满足用户的需求。

第四,数据库物理设计阶段。数据库的物理设计是为逻辑数据模型选取一个最适合应用环境的物理结构(包括存储结构和存取方法)。即利用选定的数据库系统提供的方法和技术,以合理的存储结构设计一个高效的、可行的数据库的物理结构。

第五,数据库实施阶段。数据库实施阶段的任务是根据逻辑设计和物理设计的结果,在计算机中建立数据库,编制与调试应用程序,组织数据入库,并进行系统测试和试运行。

第六,数据库运行和维护阶段。数据库应用系统通过试运行后即可投入正式运行。此外,在数据库运行过程中要不断地对其进行维护,对其进行评价、调整和修改。

### (四)概念模型

#### 1. 信息世界中的基本概念

(1)实体

客观存在并可相互区别的事物称为实体。实体可以是具体的人、事、物,也可以是抽象的概念或联系。

(2)属性

实体所具有的某一特性称为属性。一个实体可以由若干个属性来刻画,如以下几种。

主键:唯一标识实体的属性集称为主键。例如,学生学号是学生实体的主键,教职工号是职工实体的主键。

域:属性的取值范围称为该属性的域。例如,学生的性别域为(男,女),学号域为数字字符串集合等。

实体型:具有相同属性的实体必然具有共同的特征和性质。用实体名及其属性名集合来抽象和刻画同类实体,称为实体型。例如,学生(学号,姓名,性别,年龄,入学时间,入学成绩,籍贯)就是一个实体型。

实体集:同型实体的集合称为实体集。例如,全体学生就是一个实体集,全体教职工也是一个实体集。

联系:在现实世界中,事物内部以及事物之间是有联系的,这些联系在信息世界中反映为实体内部的联系和实体之间的联系。实体内部的联系通常是组成实体的各属性之间的联系。两个实体型之间的联系主要分为一对一联系(1∶1)、一对多联系(1∶N)、多对多联系(M∶N)三种。

### 2. 概念模型的表示方法

概念模型是对信息世界建模,所以概念模型应该能够方便、准确地表示信息世界中的常用概念。概念模型的表示方法很多,其中最为常用的是 P.P.S.Chen 于 1976 年提出的实体-联系方法(Entity - Relationship Approach,简记为 E-R 表示法)。该方法用 E-R 图来描述现实世界的概念模型,称为实体-联系模型,简称 E-R 模型。在 E-R 图中有如下四个成分。

矩形框:表示实体,在框中记入实体名。

菱形框:表示联系,在框中记入联系名。

椭圆形框:表示实体或联系的属性,将属性名记入框中。对于主属性名,则在其名称下画一下划线。

连线:实体与属性之间、实体与联系之间、联系与属性之间用直线相连,并在直线上标注联系的类型。(对于一对一联系,要在两个实体连线方向各写 1;对于一对多联系,要在一的一方写 1,多的一方写 N;对于多对多关系,则要在两个实体连线方向各写 N、M。)

## 四、移动互联网

### (一)移动互联网概述

#### 1. 移动互联网的定义

移动互联网,就是将移动通信和互联网二者结合起来,成为一体。是指互联网的技术、平台、商业模式和应用与移动通信技术结合并实践的活动的总称。

移动互联网是移动和互联网融合的产物,继承了移动随时随地随身和互联网分享、开放、互动的优势,是整合二者优势的"升级版本",即运营商提供无线接入,互联网企业提供各种成熟的应用。

移动互联网业务和应用包括移动环境下的网页浏览、文件下载、位置服务、在线游戏、视频浏览和下载等业务。随着宽带无线移动通信技术的进一步发展,移动互联网业务的发展将成为继宽带技术后互联网发展的又一个推动力,为互联网的发展提供一个新的平台,使得互联网更加普及,并以移动应用固有的随身性、可鉴权、可身份识别等独特优势,为传统的互联网类业务提供了新的发展空间和可持续发展的新商业模式。同时,移动互联网业务的发展为移动网带来了无尽的应用空间,促进了移动网络宽带化的深入发展。移动互联网业务正在成长为移动运营商业务发展的战略重点。

2. 移动互联网的特点

"小巧轻便"及"通信便捷"两个特点,决定了移动互联网与 PC 互联网的根本不同之处。可以"随时、随地、随心"地享受互联网业务带来的便捷,还表现在更丰富的业务种类、个性化的服务和更高服务质量的保证上,当然,移动互联网在网络和终端方面也受到了一定的限制。与传统的桌面互联网相比较,移动互联网具有以下几个鲜明的特性。

第一,便捷性和便携性。移动互联网的基础网络是一张立体的网络,GPRS、3G、4G 和 WLAN 或 Wi-Fi 构成的无缝覆盖,使得移动终端具有通过上述任何形式方便联通网络的特性。移动互联网的基本载体是移动终端,顾名思义,这些移动终端不仅仅是智能手机、平板电脑,还有可能是智能眼镜、手表、服装、饰品等各类随身物品。它们属于人体穿戴的一部分,随时随地都可使用。

第二,即时性和精确性。由于有了上述便捷性和便携性,人们可以充分利用生活中、工作中的碎片化时间,接收和处理互联网的各类信息。不再担心有任何重要信息、时效信息被错过了。无论是什么样的移动终端,其个性化程度都相当高。尤其是智能手机,每一个电话号码都精确地指向了一个明确的个体,使得移动互联网能够针对不同的个体,提供更为精准的个性化服务。

第三,感触性和定向性。这一点不仅仅体现在移动终端屏幕的感触层面,更重要的是体现在照相、摄像、二维码扫描,以及压力感应、磁场感应、移动感应、温度、湿度感应等无所不及的感触功能方面。而基于 LBS(Location Based Service)的位置服务,不仅能够定位移动终端所在的位置,甚至可以根据移动终端的趋向性,确定下一步可能去往的位置,使得相关服务具有可靠的定位性和定向性。

第四,业务与终端、网络的强关联性和业务使用的私密性。由于移动互联网业务受到了网络及终端能力的限制,因此,其业务内容和形式也需要适合特定的网络技术规格和终端类型。在使用移动互联网业务时,所使用的内容和服务更私密,如手机支付业务等。

第五,网络的局限性。移动互联网业务在便携的同时,也受到了来自网络能力和终端能力的限制:在网络能力方面,受到无线网络传输环境、技术能力等因素限制;在终端能力方面,受到终端大小、处理能力、电池容量等的限制。

以上五大特性,构成了移动互联网与桌面互联网完全不同的用户体验生态。移动互联网已经完全渗入人们生活、工作、娱乐的方方面面了。

**(二)移动互联网的发展**

1. 移动互联网的发展现状

移动互联网实现了互联网的便捷发展,将互联网放在人们的手上,能够使人们实现 24 小时随时在线。信息技术的发展极大地改变了人们的生活,人们能够随时随地查看各种新闻资讯、与他人沟通交流、进行娱乐。越来越多的人在生活之余习惯性地拿出手机,查看信息、位置,协同工作,等等。现如今,互联网已经成为多数人们生活中必不可少的重要组成部分,人们在移动互联网上所进行的交易、工作、交友等行为,使互联网成为如今推动社会发展的强有力力量。现如今,互联网已经开始与我们生活中的方方面面联系起来,新闻阅读、购物、出行等都可在互联网上实现,而软件在移动客户端上的下载数量超过了在 PC 客户端的下载数量,使人们开始认识到移动应用的重要性,各企业的发展也开始向移动应用市场发展。

现如今,世界各国都在建设自己的移动互联网,但是由于国家文化、国情等的差异,所建设的移动互联网也存在较大的差异,具有不同的特点。其中,有部分移动运营商采用了较好的商业模式,成功地将各种价值链环节整合起来,获得了一定的用户市场规模。

**2. 移动互联网的发展趋势**

二十世纪七八十年代,信息产业发生了较大的变化,个人电脑和桌面如今开始普及,PC 端开始走进人们的办公室,成为人们工作中的重要组成部分,这是信息产业的第一次浪潮;进入九十年代后,移动互联网的发展使移动数据流量获得了井喷式的增长,互联网开始渗入生活的方方面面,给人们的生活带来了巨大的改变。但是该阶段的互联网仍处于发展的早期阶段,革新仍是网络的主要发展趋势。可以将移动互联网的发展趋势概括为以下几个阶段。

(1)超越 PC 互联网引领发展新潮流

有线互联网是互联网的早期形态,移动互联网(无线互联网)是互联网的未来。PC 只是互联网的终端之一,智能手机、平板电脑、电子阅读器已经成为重要终端,电视机、车载设备正在成为终端,冰箱、微波炉、抽油烟机、照相机,甚至眼镜、手表等穿戴之物,都可能成为泛终端。

(2)和传统行业融合催生新的应用模式

在移动互联网、云计算、物联网等新技术的推动下,传统行业与互联网的融合正呈现出新的特点,平台和模式都发生了改变。这一方面可以作为业务推广的一种手段,如食品、餐饮、娱乐、航空、汽车、金融、家电等传统行业的 App 和企业推广平台;另一方面也重构了移动端的业务模式,如医疗、教育、旅游、交通、传媒等领域的业务改造。

(3)不同终端的用户体验更受重视

终端的支持是业务推广的生命线,随着移动互联网业务逐渐升温,移动终端解决方案也不断增多。不同大小屏幕的移动终端,其用户体验是不一样的,适应小屏幕的智能手机的网页应该轻便、轻质化,它承载的广告也必须适应这一要求。而目前,大量互联网业务迁移到手机上,为适应平板电脑、智能手机及不同操作系统,开发了不同的 App。

(4)商业模式多样化

成功的业务,需要成功的商业模式来支持。移动互联网业务的新特点为商业模式创新提供了空间。随着移动互联网发展进入快车道,网络、终端、用户等方面已经打好了坚实的基础,不盈利的情况已开始改变,移动互联网已融入主流生活与商业社会,货币化浪潮即将到来。移动游戏、移动广告、移动电子商务、移动视频等业务模式流量变现能力快速提升。

(5)跨平台互通互联

目前形成的 iOS、Android 两大系统各自独立,相对封闭、割裂,应用服务开发者需要进行多个平台的适配开发,这种隔绝有违互联网互通互联的精神。不同品牌的智能手机,甚至不同品牌、类型的移动终端都能互联互通,是用户的期待,也是发展趋势。

(6)大数据挖掘和营销潜力

随着移动带宽技术的迅速提升,更多的传感设备、移动终端随时随地地接入网络,加之云计算、物联网等技术的带动,中国移动互联网也逐渐步入"大数据"时代。目前的移动互联网领域,仍然是以位置的精准营销为主,但未来随着大数据相关技术的发展,人们对数据挖掘的不断深入,针对用户个性化定制的应用服务和营销方式将成为发展趋势,它将是移动互联网的另一片蓝海。

移动互联网的发展打破了传统的信息产业运作模式,形成了新的运作模式。互联网的发展给手表、相机、消费电子公司等产业带来巨大挑战的同时,也带来了机遇,他们也积极地参与到移动互联网的市场竞争中。

## (三)移动互联网的应用

### 1.资讯应用

能够及时有效地获取资讯信息是互联网时代的重要标志,通信行业的发展就是将各种各样的信息快速、有效地呈现在用户面前,用户在获得更多资讯信息的同时,也促进了通信市场和客户规模的扩大发展。常见的咨询应用主要有以下几种。

(1)新闻传播服务

利用移动互联网技术,能够实现对社会新闻、重大事件及时进行播报,还可以将新闻内容定制为人们易于接受的形式,满足用户的新闻需求。如今的新闻用户可以直接通过移动互联网技术中的 WAP 来订阅新闻,实现移动互联网技术的现实性应用。

(2)交通状况报告服务

移动互联网技术与交通信息播报系统和电子地图技术结合起来,为用户提供实时的交通状况信息,使用户及时掌握城市内的交通信息,根据实际情况制定和优化自己的出行路线,在提高交通资源利用率的同时,也为用户的出行提供了极大的便利。

(3)天气预报服务

移动互联网技术还可以和 GPS、天气预报系统结合起来,根据客户的需要,为用户提供特定位置的天气预报服务。如今有部分通信公司已经与有关气象部门合作,实时、短期、长期地为人们提供天气预报服务,扩大了移动互联网技术的应用范围,进一步挖掘了移动互联网技术的应用优势。

### 2.娱乐应用

(1)手机游戏服务

在移动互联网的基础上,传统的单机游戏能够实现互联互通,极大地增加了手机游戏的趣味性,丰富了手机游戏的内容。移动互联网在手机游戏中的应用,增加了游戏的功能,提升了游戏的运行速度,优化了游戏的画质,形成了具有较强特色的手机游戏市场。移动互联网给手机游戏带来巨大变化的同时,也进一步增加了移动互联网技术应用的市场认可和经济成果。

（2）娱乐资讯服务

娱乐资讯是人们在日常生活中调节生活的重要资讯,当前娱乐界的相关信息已经成为互联网企业和资讯网站的重点内容,吸引了人们的大量关注。通过移动互联网技术,通信企业可以根据用户的相关信息,为用户推送定制信息,大批量地将各种娱乐资讯和名人信息推送出去,使用户获得更为便捷、精确、多样的娱乐资讯体验。

3. 沟通应用

（1）QQ

QQ是由腾讯于1999年2月自主开发的基于Internet的即时通信网络工具,其全称为腾讯即时通信(Tencent Instant Messenger,TM或腾讯QQ),其合理的设计、良好的应用、强大的功能、稳定高效的系统运行,极大地促进了人们之间的交流沟通,获得了大量用户的肯定。

（2）微信服务

腾讯公司推出的微信软件是移动互联网技术的一个沟通应用软件,微信可以实现即时消息、短信、语音、GPRS和其他沟通方式,以确保用户不会离线。除了聊天软件的基本功能,微信还可以通过电脑、手机等终端登录,实现无缝实时电脑和手机之间的内部通信,用户可以实现手机和电脑功能的整合,以便用户在使用过程中获得更加完美的产品体验,满足用户的需求。微信能够满足用户以匿名形式进行文字和语言的沟通需求,在真正意义上为用户创造了一个自由、不受限制、安全沟通和交流的通讯平台。

移动互联网是移动通信和互联网结合起来的产品,是如今网络发展的重要趋势。移动互联网具有便于携带、互联网分享、开放和互动的优势,其中手机是主要的应用平台,除此之外,还有移动电视等。随着移动互联网技术的发展,未来将会有更多的移动互联网应用形式出现在我们的生活中。

**（四）移动互联网技术**

移动互联网技术由互联网技术和移动通信技术两部分组成。

1. 互联网技术

（1）互联网

互联网又称因特网(Internet),始于1969年美国的阿帕网。是网络与网络之间所串联成的庞大网络,这些网络以一组通用的协议相连,形成逻辑上的单一巨大国际网络。这种将计算机网络互相连接在一起的方法可称作"网络互联",在这基础上发展出覆盖全世界的全球性互联网络称互联网,即是互相连接一起的网络结构。

（2）互联网技术的基本知识

互联网技术简称IT,指在计算机技术的基础上开发建立的一种信息技术。互联网技术的普遍应用,是进入信息社会的标志。互联网技术由以下三部分组成:

第一,传感技术。这是人的感觉器官的延伸与拓展,最明显的例子是条码阅读器。

第二,通信技术。这是人的神经系统的延伸与拓展,承担传递信息的功能。

第三,计算机技术。这是人的大脑功能的延伸与拓展,承担对信息进行处理的功能。

(3)互联网技术的应用

互联网技术的应用可以分为传统行业应用、虚拟社会应用和智慧应用三方面来说明。

第一,传统行业应用,也可以称之为 IT 系统。此类系统的应用主要是为了提高工作效率、减少失误、降低成本,如办公 OA 系统、电子邮箱,支付方面的银联、支付宝、网银,ERP 仓储管理等系统。也有人称之为冷系统,就是说这些互联网技术是有固定模式的,所有流程都是固定的,不会出现隐性的、没有固定逻辑的因素在系统里,操作起来方便快捷。

第二,虚拟社会应用。到目前为止,成功且存活下来的互联网电商公司全是将线下搬到线上,通过互联网传播速度快、影响面广、成本低的特性使影响最大化,从而吸引大量网民。

第三,智慧应用。现在所说的物联网、互联网、移动互联网、车联网,其实最终都要发展成智慧应用,也就是技术可以识别我们的想法,替我们做需要做的事情。比如,运用物联网在车上就可以把家里的空调打开、烧一壶开水、打开电灯等。现在所谓的云商、云技术应该也是要实现这个概念。

## 2. 移动通信技术

(1)移动通信

移动通信是沟通移动用户与固定点用户之间或移动用户之间的通信方式,通信双方有一方或两方处于运动中的通信。其包括陆、海、空移动通信,采用的频段遍及低频、中频、高频、甚高频和特高频。

(2)移动通信组成及分类

移动通信系统由空间系统和地面系统两部分组成,即卫星移动无线电台和天线关口站、基站。

移动通信系统分类:按业务性质分为电话业务和数据、传真等非话业务;按服务对象分为公用移动通信、专用移动通信;按移动台活动范围分为陆地移动通信、海上移动通信和航空移动通信;按使用情况分,常用的有移动电话、无线寻呼、集群调度系统、漏泄电缆通信系统、无绳电话、无中心选址移动通信系统、卫星移动通信系统、个人通信。

(3)移动通信技术的发展

进入 21 世纪,移动通信逐渐演变成社会发展和进步必不可少的工具。它的发展主要经历了五个阶段,分别为第一代移动通信系统(1G)、第二代移动通信网络(2G)、第三代移动通信网络(3G)、第四代移动通信网络(4G)、第五代移动通信网络(5G)。

第一代移动通信系统(1G)是在 20 世纪 80 年代初提出的,它完成于 20 世纪 90 年代初,如 NMT 和 AMPS,NMT 于 1981 年投入运营。第一代移动通信系统是基于模拟传输的,其特点是业务量小、质量差、安全性差、没有加密和速度低。1G 主要基于蜂窝结构组网、直接使用模拟语音调制技术,传输速率约 2.4 kb/s,不同国家采用不同的工作系统。

第二代移动通信系统(2G)起源于 90 年代初期。欧洲电信标准协会在 1996 年提出 rGSM Phase2+,目的在于扩展和改进 GSM Phase1 及 Phase2 中原定的业务和性能。它主要包括 CMAEL(客户化应用移动网络增强逻辑)、SO(支持最佳路由)、立即计费、GSM900/1800 双频段工作等内容,也包含了与全速率完全兼容的增强型话音编解码技术,使得话音质量得到了质的改进。半速率编解码器可使 GSM 系统的容量提高近一倍。

在 GSMPhase2+阶段,采用更密集的频率复用、多复用、多重复用结构技术,引入智能天线技术、双频段等技术,有效地克服了随着业务剧增所引发的 GSM 系统容量不足的缺陷;自适应语音编码(AMR)技术的应用,极大地提高了系统通话质量;GPRs/EDGE 技术的引入,使 GSM 与计算机通信/Internet 有机结合,数据传送速率可达 115/384 kb/s,从而使 GSM 功能得到不断增强,初步具备了支持多媒体业务的能力。

尽管 2G 技术在发展中不断得到完善,但随着用户规模和网络规模的不断扩大,频率资源已接近枯竭,语音质量不能达到用户满意的标准,数据通信速率太低,无法在真正意义上满足移动多媒体业务的需求。

第三代移动通信系统(3G),也称 IMT2000,其最基本的特征是智能信号处理技术,智能信号处理单元成为基本功能模块,支持话音和多媒体数据通信,它可以提供前两代产品不能提供的各种宽带信息业务,如高速数据、慢速图像与电视图像等。如 WCDMA 的传输速率在用户静止时最大为 2 Mb/s,在用户高速移动时最大支持 144 Kb/s,所占频带宽度 5 MHz 左右。

首先,第三代移动通信系统的通信标准共有 WCDMA、CDMA2000 和 TD-SCDMA 三大分支,共同组成一个 IMT2000 家庭,成员间存在相互兼容的问题,因此已有的移动通信系统不是真正意义上的个人通信和全球通信;其次,3G 的频谱利用率还比较低,不能充分利用宝贵的频谱资源;最后,3G 支持的速率还不够高。这些不足点远远不能适应未来移动通信发展的需要,因此需要寻求一种既能解决现有问题,又能适应未来移动通信的需求的新技术。

第四代移动通信及其技术(4G)是集 3G 与 WLAN 于一体并能够传输高质量视频图像以及图像传输质量与高清晰度电视不相上下的技术产品。4G 系统能够以 100 Mb/s 的速度下载,比拨号上网快 2 000 倍,上传的速度也能达到 20 Mb/s,并能够满足几乎所有用户对于无线服务的要求。而在用户最为关注的价格方面,4G 与固定宽带网络不相上下,而且计费方式更加灵活机动,用户完全可以根据自身的需求确定所需的服务。此外,4G 可以在 DSL 和有线电视调制解调器没有覆盖的地方部署,然后再扩展到整个地区。很明显,4G 有着不可比拟的优越性。

第五代移动通信技术(5G)是具有高速率、低时延和大连接特点的新一代宽带移动通信技术,是实现人、机、物互联的网络基础设施。5G 采用全服务化设计,模块化网络功能,支持按需调用,实现功能重构;采用服务化描述,易于实现能力开放,有利于引入 IT 开发实力,发挥网络潜力。5G 支持灵活部署,基于 NFV/SDN,实现硬件和软件解耦,实现控制和转发分离;采用通用数据中心的云化组网,网络功能部署灵活,资源调度高效;支持边缘计算,云计算平台下沉到网络边缘,支持基于应用的网关灵活选择和边缘分流。通过网络切片可以满足 5G 差异化需求。网络切片是指从一个网络中选取特定的特性和功能,定制出的一个逻辑上独立的网络,它使得运营商可以部署功能、特性服务各不相同的多个逻辑网络,分别为各自的目标用户服务。目前定义了三种网络切片类型,即增强移动宽带、低时延高可靠、大连接物联网。

### (五)移动互联网的终端

#### 1.移动终端的概念

移动终端也称为移动通信终端,是指能够在移动中使用的计算机设备,广义范围内包含手机、平板电脑、笔记本、POS机以及车载电脑等,但通常情况下主要是指手机、平板电脑。如今的社会环境为移动终端的发展提供了良好的条件:一方面,随着集成电路技术的发展,移动通信产业开始走向真正的移动信息时代;另一方面,随着集成电路技术的飞速发展,移动终端的处理能力得到了极大的提升,开始由简单的通话工具转换为综合信息处理平台,为移动终端提供了更为宽阔的发展空间。

#### 2.移动终端的特点

移动终端,特别是智能移动终端,具有较强的特点,具体表现为以下几个方面。

(1)硬件体系

移动终端具备中央处理器、存储器、输入部件和输出部件,也就是说,移动终端往往是具备通信功能的微型计算机设备。另外,移动终端可以具有多种输入方式,诸如键盘、鼠标、触摸屏、送话器和摄像头等,并可以根据需要进行调整输入。同时,移动终端往往具有多种输出方式,如受话器、显示屏等,也可以根据需要进行调整。

(2)软件体系

移动终端必须具备操作系统,如Android、iOS等。同时,这些操作系统越来越开放,基于这些开放的操作系统平台开发的个性化应用软件层出不穷,如通信簿、日程表、记事本、计算器以及各类游戏等,极大程度地满足了用户的个性化需求。

(3)通信能力

移动终端具有灵活的接入方式和高带宽通信性能,并且能根据所选择的业务和所处的环境,自动调整所选的通信方式,从而方便用户使用。移动终端可以支持GSM、WCDMA、CDMA2000、TDSCDMAs Wi-Fi以及WiMAX等,从而适应多种制式网络,不仅支持语音业务,更支持多种无线数据业务。

(4)功能使用

移动终端更加注重人性化、个性化和多功能化。随着计算机技术的发展,移动终端从"以设备为中心"的模式进入"以人为中心"的模式,集成了嵌入式计算、控制技术、人工智能技术以及生物认证技术等,充分体现了以人为本的宗旨。由于软件技术的发展,移动终端可以根据个人需求调整设置,更加个性化。同时,移动终端本身集成了众多软件和硬件,功能也越来越强大。

#### 3.移动终端设备

(1)智能手机

智能手机,是指像个人电脑一样,具有独立的操作系统、独立的运行空间,可以由用户自行安装软件、游戏、导航等第三方服务商提供的程序,并可以通过移动通信网络来实现无线网络接入手机类型的总称。智能手机分为硬件系统和操作系统两部分内容。

硬件系统包括主控制器、传感器、地面传送器、电子罗盘。

主控制器:一部性能卓越的智能手机最为重要的肯定是它的"芯",也就是 CPU,如同电脑 CPU 一样,它是整台手机的控制中枢系统,也是逻辑部分的控制中心。

传感器:智能手机要实现自动旋转屏幕,就要依靠加速传感器也就是重力感应器了。距离感应器,能够通过红外光来判断物体的位置,手机将会具备多种功能,如接通电话后自动关闭屏幕来省电,此外还可以实现"快速一览"等特殊功能。气压传感器则能够对大气压变化进行检测,应用于手机中则能够实现大气压、当前高度检测以及辅助 GPS 定位等功能。光线感应器在手机中也普遍应用,主要用来根据周围环境光线,调节手机屏幕本身的亮度,以提升电池续航能力。

地面传送器:澳大利亚初创公司 Locata 制作了与 GPS 原理相同的定位传送器,不过是安装在建筑物和基站塔上。因为这种传送器是固定的,并且提供比卫星更强的信号,Locata 可以提供非常精准的定位。

电子罗盘:因为在树林里或者是大厦林立的地方手机,很有可能会失去 GPS 信号,而有了电子罗盘后可以更好地保障用户不会迷失方向,毕竟地球的磁场是不会无端消失的。更重要的是 GPS 其实只能判断我们所处的位置,如果我们是静止或是缓慢移动,GPS 无法得知我们所面对的方向,所以手机配合上电子罗盘则可以很好地弥补这一点。

目前我们日常生活中使用的操作系统主要是谷歌的 Android 和苹果的 iOS 两种。

谷歌 Android:中文名"安卓",是由谷歌、开放手持设备联盟联合研发,谷歌独家推出的智能操作系统。世界上所有手机生产商都可任意采用,并且世界上 80% 以上的手机生产商采用安卓。

苹果 iOS:苹果公司研发推出的智能操作系统,采用封闭源代码(闭源)的形式推出,因此仅苹果公司独家采用。

(2)平板电脑

平板电脑也称为便携式电脑,这一概念最初是由微软公司于 2002 年提出的。平板电脑是一种便于人们携带的小型个人电脑,其主要的输入设备为触摸屏,允许用户通过触控笔或数字笔来进行作业,此外还有部分平板电脑支持使用鼠标和键盘。在平板电脑中,用户可以通过内建的手写识别、屏幕上的软键盘、语音识别等方式进行输入。

## 五、云计算技术

### (一)云计算

#### 1. 云计算的概念

云计算(cloud computing)是基于互联网的相关服务的增加、使用和交付模式,通常涉及通过互联网来提供动态易扩展且经常是虚拟化的资源。云是网络、互联网的一种比喻说法。用户通过电脑、笔记本、手机等方式接入数据中心,按自己的需求进行运算。根据美国国家标准与技术研究院(NIST)的定义,云计算是一种按使用量进行付费的模式。这种模式提供一种非常方便、按需选择的网络访问,可以快速地提供如下资源:网络、云储存、服务器、应用软件等。用户只需投入很少的管理工作,或与服务供应商进行很少的交互。

简单来说,日常生活中我们从事"计算"工作时,一种典型的方式是通过 PC、平板或智能手机等智能设备本地完成,设备越高档计算能力越强。现在出现了一种新的"计算"方式,就是通过互联网使用远端服务器提供的"计算"服务,本地的智能终端只需要把计算任务通过互联网提交给远端的服务器去处理,等待计算结果就可以了,这就是云计算。

### 2. 云计算的特点

云计算是使计算分布在大量的分布式计算机上,而非本地计算机或远程服务器中,企业数据中心的运行将与互联网更相似。这使得企业能够将资源切换到需要的应用上,根据需求访问计算机和存储系统。其特点如下:

第一,超大规模。"云"具有相当的规模,Google 云计算已经拥有 100 多万台服务器,亚马逊、IBM、微软、雅虎等的"云"均拥有几十万台服务器。企业私有云一般拥有数百上千台服务器。"云"能赋予用户前所未有的计算能力。

第二,虚拟化。云计算支持用户在任意位置、使用各种终端获取应用服务。所请求的资源来自"云",而不是固定的有形的实体。应用在"云"中某处运行,但实际上用户无须了解,也不用担心应用运行的具体位置。只需要一个移动终端,就可以通过网络服务来实现用户需要的一切,甚至包括超级计算这样的任务。

第三,高可靠性。"云"使用了数据多副本容错、计算节点同构可互换等措施来保障服务的高可靠性,使用云计算比使用本地计算机可靠。

第四,通用性。云计算不针对特定的应用,在"云"的支撑下可以构造出千变万化的应用,同一个"云"可以同时支撑不同的应用运行。

第五,高可扩展性。"云"的规模可以动态伸缩,满足应用和用户规模增长的需要。

第六,按需服务。"云"是一个庞大的资源池,用户可以按需购买。

第七,极其廉价。由于"云"的特殊容错措施,用户可以采用极其廉价的节点来构成云,"云"的自动化集中式管理使大量企业无须负担日益高昂的数据中心管理成本,"云"的通用性使资源的利用率较传统系统大幅提升,因此用户可以充分享受"云"的低成本优势。

第八,潜在的危险性。云计算服务除了提供计算服务外,还提供了存储服务。但是云计算服务当前垄断在私人机构(企业)手中,而他们仅仅能够提供商业信用。政府机构、商业机构(特别像银行)选择云计算服务时应慎重。云计算中的数据对于数据所有者以外的其他云计算用户是保密的,但是对于提供云计算的商业机构而言毫无秘密可言。

### 3. 云计算的服务层次

云计算包括三个层次的服务:基础设施即服务(IaaS)、平台即服务(PaaS)和软件即服务(SaaS)。

IaaS(Infrastructure-as-a-Service):基础设施即服务。消费者可以通过 Internet 从完善的计算机基础设施获得服务,例如硬件服务器的租用。

PaaS(Platform - as - a - Service):平台即服务。PaaS 实际上是指将软件研发的平台作为一种服务,以 SaaS 的模式提交给用户。因此,PaaS 也是 SaaS 模式的一种应用。但是,PaaS 的出现可以加快 SaaS 的发展,尤其是加快 SaaS 应用的开发速度,例如软件的个性化定制开发。

SaaS(Software - as - a - Service):软件即服务。它是一种通过 Internet 提供软件的模式,用户无须购买软件,而是向提供商租用基于 Web 的软件来管理企业经营活动,例如云计算管理软件。

### 4.云计算的分类

(1)公有云 VB

公有云平台提供商通过互联网将存储、计算、应用等资源作为服务提供给大众市场。企业不需要自己构建数据中心,只需要根据使用量支付开支。

如果说传统 IT 设施是企业自己给每个部门准备一台发电机、铺电线,公有云就是企业从专业电力公司买电,基础设施的建设和管理完全交给电力公司,企业用多少电付多少钱,能够最高效、最经济地利用资源。

(2)私有云

私有云是每个企业或者组织独立运作的云基础设施。私有云建立初期需要企业投入更多资源,但更适于保存敏感数据。

(3)混合云

混合云就是私有云和公有云的组合,同时结合不同解决方案的优势。混合云既能提供公有云的低成本,也能通过私有云满足企业对核心业务极致安全性的需求。

### 5.云计算的发展

云计算是一种前所未有的工作方式。云计算的发展趋势主要有以下几个方面:

第一,广泛化发展。云计算几乎影响着每位消费者和每个商业领域。通常,消费者不会注意到云,因为云在不同的应用程序的背后提供支持。但云计算正变得越来越普遍。云计算正应用在各个行业,如医疗、酒店、零售等,借助于云计算分析医疗数据、顾客习惯、人流模式等。

第二,自助式发展。以往企业是在专用的硬件上运行一个集中式数据仓库。这种不够灵活、集中式的旧式数据仓库模式容易使企业陷入发展的困境。而云计算则彻底改变了这一困境,企业可以借助云服务资源,在云中创建自己的数据仓库,还可根据自身的需求和预算,选择数据仓库的规模和速度。按需运算也是云计算的显著特点。

第三,智能化发展。近年来,出现了各种智能化设备,如智能手表、智能衣服、智能电视、智能家居、智能汽车等。而绝大多数的智能设备的软件是在云端运行的。无论是家里的温控器、手腕上的活动跟踪器,还是超高清电视上的智能电影推荐,它们都由在云上运行的分析引擎驱动。由于这些智能产品的"智能"存在于云中,这也催生了新一代设备的出现,如飞利浦 City Touch。飞利浦 City Touch 是适用于整个城市的智能路灯管理系统。用户可以在城市地图上看到所有路灯的详细情况,包括每一盏路灯的型号及使用状态。而通过对简单的鼠标圈选,管理者就可以实现把城市灯光打开、变暗、关闭等多种操作,从而根据需要实现精确照明,对预防犯罪、提高能效等照明功能进行优化。City Touch 正在使用云作为后端技术来运行该系统,并从路灯上安装的传感器收集的大量数据中提取有价值的信息,这些数据使城市管理人员更好地了解天黑后城市的情况,并采用更有效的照明管理计划,避免过多的光污染对城市居民和野生动物造成不良影响。

第四,城市化发展。云计算能够利用城市环境信息来改善世界各地城市居民的生活条件。比如,芝加哥是首批在全市范围内安装传感器来永久监测空气质量、光强度、音鼠、热鼠、降水、风和交通的城市之一。来自这些传感器的数据流入云中进行分析,用于发掘改善居民生活的方式。人们还可以把犯罪数据和天气情况关联起来,帮助了解在炎热天气中是否会发生更多的入室盗窃案,以便更好地分配当地警力,或把就医数据与天气情况关联起来,发现其中的趋势和模式。在云的帮助下,这些数据开始向大众开放,以推动创新。

第五,物联网化发展。物联网时代和互联网时代的最大差距主要在于数据,比如飞机在飞行过程中产生数据,并被人们进行数据采集,便产生"大数据",人们再利用对大数据的分析和应用,最终制定飞行路径规划。从技术角度来讲,打通设备到企业管理数据流,产生的大数据,通过网络到数据中心进行运算,这就是云计算。这些创新,让数据变得更有价值,体现企业的商业模式,就是物联网时代到来的象征。

第六,安全化发展。由于云计算在各个领域应用的普遍性,云端数据的安全性和私密性变得至关重要。在存储和分析引擎中深度集成加密功能并让用户能够拥有密钥,确保只有这些服务的使用者有权访问数据。在未来,许多新的加密技术、安全协议会越来越多地呈现出来。

## (二)云存储

云存储是在云计算概念上延伸和发展出来的一个新的概念,是指通过集群应用、网格技术或分布式文件系统等功能,将网络中大量各种不同类型的存储设备通过应用软件集合起来协同工作,共同对外提供数据存储和业务访问功能的一个系统。当云计算系统运算和处理的核心是大量数据的存储和管理时,云计算系统中就需要配置大量的存储设备,那么云计算系统就转变成为一个云存储系统,所以云存储是一个以数据存储和管理为核心的云计算系统。

## (三)云计算平台

云计算平台也称为云平台。云计算平台可以划分为三类:以数据存储为主的存储型云平台、以数据处理为主的计算型云平台以及计算和数据存储处理兼顾的综合云计算平台。

### 1.服务特征

云计算平台的服务特征主要表现在以下几方面。

第一,服务无处不在。用户只需要一台具备基本计算能力的计算设备以及一个有效的互联网连接,就可以随时随地使用该服务。从这个意义来讲,任何联网的应用,都具备成为云计算平台的潜力。

第二,降低成本。用户具备使用该服务的需求,但是并不具备独立提供该服务的经济或者技术条件。比如某些企业需要定期地进行大规模的运算,但是并不值得专门为此购置一台具备大规模运算能力的计算设备。超算中心通过发展客户群让多个用户来分担超级计算机的成本,使得其用户能够在不拥有计算设备的情况下以较小的成本完成计算任务。

第三,用户自主选择。云计算平台提供计算能力(包括处理器、内存、存储、网络接口),但是并不关心用户的应用类型。用户利用云计算平台所提供的计算能力,并且充分考虑云计算平台所设定的(技术和经济)限制,开发出丰富多彩的应用。用户只需关心某项服务是否可用以及使用该服务所需要的成本。

**2. 国内外知名的云计算平台**

回顾过去 IT 大市场的变化,云计算的增长与爆发速度可谓突飞猛进。下面介绍几个国内外知名的云计算平台。

(1)Windows Azure

Windows Azure 是微软的云计算平台,它的主要目标是为开发者提供一个平台,帮助开发可运行在云服务器、数据中心、Web 和 PC 上的应用程序。云计算的开发者能使用微软全球数据中心的储存、计算能力和网络基础服务。Azure 服务平台包括以下主要组件:Windows Azure,Microsoft SQL 数据库服务、Microsoft. Net 服务,用于分享、储存和同步文件的 Live 服务,针对商业的 Microsoft SharePoint 和 Microsoft Dynamics CRM 服务。

(2)Google App Engine

Google App Engine 是 Google 提供的服务,允许开发者在 Google 的基础架构上运行网络应用程序。Google App Engine 应用程序易于构建和维护,并可根据访问量和数据存储需要的增长轻松扩展。使用 Google App Engine,将不再需要维护服务器,开发者只需上传应用程序,它便可立即为用户提供服务。

(3)亚马逊 AWS

亚马逊的 Amazon Web Services(AWS)于 2006 年推出,以 Web 服务的形式向企业提供 IT 基础设施服务,现在通常称为云计算。其主要优势之一是能够以根据业务发展来扩展的较低可变成本来替代前期资本基础设施费用。所提供服务包括亚马逊弹性计算网云(Amazon EC2)、亚马逊简单储存服务(Amazon S3)、亚马逊简单数据库(Amazon SimpleDB)、亚马逊简单队列服务(Amazon Simple Queue Service)以及 Amazon Cloud Front 等。

(4)VMware

VMware 通过提供虚拟化软件、软件定义的数据中心,混合云以及面向终端用户的云计算,将自己的业务渗透到云计算这一产业链各个层面的背后,成为运营 IaaS、PaaS、SaaS 层面云计算企业背后的科技型服务企业。

(5)阿里云

阿里云创立于 2009 年,是中国的云计算平台,服务范围覆盖全球 200 多个国家和地区。阿里云致力于为企业、政府等组织机构提供最安全、可靠的计算和数据处理能力,让计算成为普惠科技和公共服务,为万物互联的 DT 世界提供源源不断的新能源。具体应用有:在

12306 票务网站中承担 75％的余票查询流量、天弘基金与余额宝、蚂蚁微贷、蔚蓝地图、小咖秀等。

在国内云市场,阿里巴巴、腾讯、百度等互联网企业开始打造自己的云平台,中国电信、中国移动、中国联通三大运营商也在借助云计算实现企业转型。

## 六、物联网

物联网,英文名称:Internet of things(IOT)。顾名思义,物联网就是物物相连的互联网。这有两层意思:其一,物联网的核心和基础仍然是互联网,是在互联网基础上延伸和扩展的网络;其二,其用户端延伸和扩展到了任何物品与物品之间,进行信息交换和通信,也就是物物相息。物联网通过智能感知、识别技术与普适计算等通信感知技术,广泛应用于网络的融合中,也因此被称为继计算机、互联网之后世界信息产业发展的第三次浪潮。物联网是互联网的应用拓展,与其说物联网是网络,不如说物联网是业务和应用。因此,应用创新是物联网发展的核心,以用户体验为核心的创新 2.0 是物联网发展的灵魂。

### (一)物联网的关键技术

在物联网应用中,主要有传感器技术、RFID 技术、嵌入式系统技术三项关键的技术,具体内容如下:

第一,传感器技术,是计算机应用中的关键技术。传感器把模拟信号转换成计算机可以处理的数字信号。

第二,RFID 技术,这也是一种传感器技术,RFID 技术是将无线射频技术和嵌入式技术融合为一体的综合技术,在自动识别、物品物流管理方面有着广阔的应用前景。

第三,嵌入式系统技术,该技术综合了计算机软硬件、传感器技术、集成电路技术与电子应用技术。经过几十年的演变,以嵌入式系统为特征的智能终端产品随处可见,嵌入式系统正在改变着人们的生活。如果把物联网用人体做一个简单比喻,传感器相当于人的眼睛、鼻子、皮肤等感官,网络就是神经系统用来传递信息,嵌入式系统则是人的大脑,在接收到信息后要进行分类处理。

### (二)物联网的特征

与传统的互联网相比,物联网具有鲜明的特征。

第一,物联网是各种感知技术的广泛应用。物联网上部署了海量的多种类型传感器,每个传感器都是一个信息源,不同类别的传感器所捕获的信息内容和信息格式不同。传感器获得的数据具有实时性,按一定的频率周期性地采集环境信息,不断更新数据。

第二,物联网是一种建立在互联网上的泛在网络。物联网技术的重要基础和核心仍旧是互联网,通过各种有线和无线网络与互联网融合,将物体的信息实时准确地传递出去。在物联网上的传感器定时采集的信息需要通过网络传输,由于其数量极其庞大,形成了海量信息,在传输过程中,为了保障数据的正确性和及时性,必须适应各种异构网络和协议。

第三,物联网能够对物体实施智能控制。物联网将传感器和智能处理相结合,利用云计算、模式识别等各种智能技术,扩充其应用领域。从传感器获得的海量信息中分析、加工和处理出有意义的数据,以适应不同用户的不同需求,发现新的应用领域和应用模式。依托云服务平台和互通互联的嵌入式处理软件,强化与用户之间的良性互动,提供更佳的用户体验。可以说,智能控制是物联网的终极服务。

### (三)物联网中"物"的条件

物联网中的"物"要具备以下条件:有数据传输通路、有一定的存储功能、有 CPU、有操作系统、有专门的应用程序、遵循物联网的通信协议、在世界网络中有可被识别的唯一编号等。

### (四)物联网与云计算的结合

物联网的智能处理依靠的是先进的信息处理技术,如云计算。云计算是实现物联网的核心。运用云计算技术,使物联网中各类物品的实时动态管理和智能分析变得可能。云计算可以从两个方面促进物联网的实现:首先,云计算是实现物联网的核心。其次,云计算促进物联网和互联网的智能融合。

云计算的基本形态就是将数据计算从本地转移到服务器端,本地只是进行数据的传输与执行。而大量复制的计算过程则是放到服务器端利用服务器的计算功能来完成。这与物联网的整体理念是完全相符的。物联网强调物物相连,设备终端与设备终端相连,云计算能为连接到云上设备终端提供强大的运算处理能力,以降低终端本身的复杂性。

物联网与云计算的结合必将通过对各种能力资源共享、业务快速部署、人物交互新业务扩展、信息价值深度挖掘等多方面的促进带动整个产业链和价值链的升级与跃进。

### (五)物联网与移动互联的结合

物联网和移动互联有三种融合模式:第一种模式,物联网直接连接移动终端;第二种模式,物联网直接跟移动互联网交换数据,移动终端再去云端获取数据;第三种模式,物联网既可以直接跟移动互联网交换数据,也可以跟移动终端联系。物联网的应用在与移动互联相结合后,发挥了巨大的作用,可能产生新的商业模式。

两者融合需要的技术支撑:要有全面的无线技术,主要用在智能终端上,比如 RFID、NFC、Zigbee、蓝牙、Wi-Fi、3G、4G 等,还有就是嵌入式的软件和硬件技术。

## 第二节　智慧酒店宾客服务系统

智慧酒店建设是一个复杂的系统工程,不仅需要信息技术与智慧管理的有机结合,同时也要实现各组成部分的共同协助。因此,智慧酒店的内容框架主要可划分为"智慧服务""智慧营销"以及"智慧管理"。

酒店的智慧服务是指顾客入住酒店过程中所能享受到的一切服务,酒店通过智能化的系统为顾客从踏入酒店第一步开始到其踏出酒店的最后一步提供个性化、便捷化的服务,从而增强顾客的体验性。这也是智慧酒店建设中最重要的一部分。智慧酒店宾客服务系统主要包括以下几点内容(见图 2-1)。

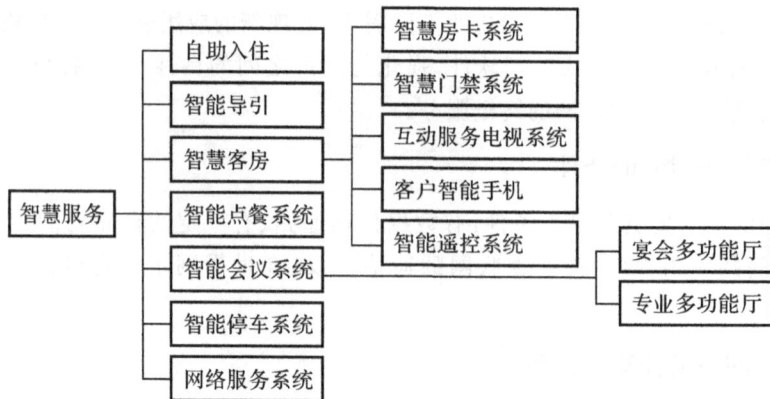

图 2-1 智慧服务建设框架

## 一、自助入住

自助入住这项服务不仅能够节省客人办理入住的时间,同时还能有效减少酒店前台的人力资源。在智慧酒店中,自助入住主要表现为两方面:一方面,顾客可以在到达酒店前就预订好房间,到达酒店后可以凭借预订信息直接到达所订的房间,然后按照酒店管理系统所给出的提示操作即可,避免了在前台办理手续的环节。另一方面,顾客可以通过酒店大堂所配备的自助办理系统,自行选择自己喜欢的房间类型和朝向,办理相关的入住手续,而无须排队等候。

## 二、智能导引

智能引导也是智慧酒店的一大特色,顾客办理完入住手续后,不必担心找不到自己的房间。顾客在进入电梯时要刷房卡,电梯系统会根据顾客的住房信息锁定目标楼层,到达所在楼层后,楼层的指示牌就会根据顾客的信息指引顾客到自己的房间。

除此之外,部分酒店还引进智能服务机器人为顾客提供服务。早在 2014 年,喜达屋旗下的雅乐轩酒店就首先应用了基于安卓系统的 Botlr 服务机器人为酒店客人提供服务。2016 年,希尔顿酒店集团和 IBM 合作开发的礼宾机器人"康尼"向客人介绍当地的景点、餐厅、酒店设施等。日本的海茵娜酒店是全球第一家完全由机器人运营的酒店,从前台办理登记到自动行李运送和客房服务等,酒店均部署了功能性手推车机器人,护送酒店客人并携带行李箱等。2018 年,阿里巴巴未来酒店菲住布渴(Fly Zoo Hotel)是一家"无人酒店",人工智能设备和智能机器人帮助完成了酒店客户登记入住、向导服务、餐饮服务、客房服务等一线服务工作。2020 年新型冠状病毒在全球范围内的爆发也加速了机器人在酒店行业的发展,极大地降低了人与人接触所产生的病毒传染风险。Bowen and Morosan(2018)预测,酒店业 25% 的"劳动力"将被机器人所取代。

## 三、智慧客房

顾客入住酒店后,多数时间都是在自己的客房度过的。因此,除了公共场所的建设,智慧客房的建设显得尤为重要,是智慧酒店建设能够成功的关键。

## (一)房卡系统

顾客进入酒店,成功办理入住之后,便可拿到属于自己的一张独特的房卡,该房卡兼具传统的开门取电功能,同时,它还可以成为客人身份的识别卡,只要客人随身携带房卡,那么无论他在酒店的任何地方经过,只要碰到酒店服务人员,都能够得到专属于他的最亲切的问候。同时,他的需求也会得到最及时的回应。因为这张房卡内设的芯片已经将顾客的喜好特征通过酒店内部的感知系统传输到了服务人员手中的移动终端上。只要客人靠近,酒店员工手中的移动终端就会立刻显示该名顾客的基本信息。通过这样一张神奇的房卡,客人在酒店内将能够得到最完善的服务,从而增强体验性,提高客人的回头率。并且,这张卡还可作为客人的贵宾卡、会员卡、优惠卡等,甚至是客人的消费卡,仅用这一张卡就能实现购物、娱乐、停车等多项功能,从而实现一卡通。

在酒店中,该系统主要用于以下几个方面:顾客身份识别,顾客消费记账管理,顾客消费历史记录,打折优惠管理,顾客个性化服务管理,酒店安全保卫、门锁控制。通过这一系统,能够达到以下几个目的:对顾客的服务与管理可以做到更人性化、更个性化;对高级顾客可采用非接触式射频卡,使顾客在不知不觉中享受到严密的跟踪保卫;可把高级客房区控制起来,使没有射频卡的人进入以后得到监控,无法随便行动。

## (二)门禁系统

传统酒店的门禁系统就是简单的猫眼,当有人敲门或是按门铃,客人需要走到门前,通过猫眼来确定来访人员,然后再决定是否开门。在智慧酒店的客房服务系统中,来访人员可以通过门口的图像直接跳转到房间内的电视屏幕上,客人可以直接通过电视屏幕查看来访人员,增强了用户的个性化体验。

## (三)互动服务电视系统

智慧酒店客房内的电视将不再是简单地供客人看看电视,它除了能够收看多个频道的电视节目,可以进行 VOD 点播之外,还能为客人提供所在城市的各类信息,例如旅游信息、天气情况(客人入住城市的天气情况以及客人祖国的天气情况),以及车站和机场的时刻表,方便客人合理安排时间,并且客人还能够在酒店的商务中心打印登机牌,免去去机场排队等候的麻烦。同时,对于酒店内部而言,互动服务电视系统还能够为客人提供点餐服务。此外,该电视系统还能够提供多国语言,它能够自动选择客人的母语来欢迎客人的入住。

## (四)客房智能手机

在智慧酒店中,每位入住的客人均可配备一台智能手机,号码就是客房的电话,不仅能够满足顾客在酒店内的各种需求,还可支持用户全球范围内拨打电话,实现全球漫游,为出差在外的客人,尤其是国外客人提供了极大的便利。

**案例 2-1:东京半岛酒店的智慧电话**

半岛酒店是一个浪漫、充满魅力和时尚的代名词,在东京半岛酒店入住的人将会享受到优质的服务。该酒店追求细节的完美,意在为入住的宾客提供极佳的入住体验。酒店内拥有全程无可比拟的美景,皇宫花园和日辟谷公园就在眼前。知名室内设计师桥本夕纪夫选用大地色、木材、漆器和大理石进行混搭,并在设计中充分考虑到设施的功能性,诠释出日本丰富的文化遗产,为宾客营造奢华舒适的居住环境。

酒店最大的亮点之一是酒店设有内部研发部门,20 名工程师为客人开发最人性化的智能科技服务。无所不在的按钮以"润物细无声"的方式,将酒店华丽的风格融入其中,只要客人按下房间走廊的一个按钮,小屏幕上即可显示室外的天气和温度,为人们的出行提供贴心的建议。同时酒店还拥有智能电话接听系统,会根据顾客来自的地方,将电话设置为母语显示,当电话响起时,房间内的广播和电视将变为静音,只需要按下按钮即可接听。此外,如果顾客要去当地进行参观,可以带着客房电话出门,只需要其中一个按钮即可联系到酒店的工作人员,不用担心自己在纷繁复杂的街道上迷路。

### (五)智能遥控系统

智慧酒店的客房将不再需要很多的遥控器,只需一个就能解决房间所有设备的控制。它通过酒店客房的感知系统,不仅能够调换电视频道、进行 VOD 点播,还能够调节房间空调的温度、灯光的明暗度。只需这一个遥控设备便能将房间里的设备调节到顾客需要的状态,这极大地节省了酒店的运营成本,而且对顾客而言,也更加便捷。

## 四、智能点餐系统

当顾客走入酒店的餐厅,借助点餐系统进行点餐时,酒店餐厅会根据顾客的常住地信息、以往的饮食体验,自动发送酒店所能提供的符合用户口味的菜肴和点餐系统,能够将酒店的菜品清楚明了地呈现在客人面前。除了菜品的名称、图片外,还会标明食物的成分,顾客可以清楚查看食物中是否有自己易过敏的成分,便于顾客对食物进行搭配。此外,此系统还可语言切换,便于不同国籍的顾客点餐。客人点餐提交完成后,餐厅服务员可通过智能终端接收顾客所提交的信息,然后将其发送至厨房,让厨师开始准备饭菜。同时顾客的菜单也会直接到达收银系统,自动打印单据。

**案例 2-2:南京金陵酒店集团个性化餐厅**

金陵酒店集团是民族酒店业的一面旗帜,现拥有全资、控股、参股企业 25 家,包括管理高星级连锁酒店 64 家。先后荣获"全国最佳五星级饭店""全球酒店集团 50 强""中国最佳商务酒店""中国十大最受欢迎酒店"等称号。

金陵酒店十分注重客人的感受,对酒店内的每一个服务细节都进行标准化管理。其中最为经典的就是餐饮制作过程,非常注重客人的微小细节,诸如就餐的客人是"左撇子客人",系统会将其录入系统,客人在二次就餐时,就会为其摆放特殊的筷子位置。为顾客提供这种细节服务,并不是靠服务员的记忆,而是将客人的信息录入酒店系统。

基于这样的一种理念,金陵的信息化开发和应用水平一直走在全国同行的前列,还创造了好几个"全国第一":在全国同行中第一个请专业咨询公司制定 IT 长远规划;第一家与合作伙伴共同开发并实施中央预订系统,并真正实现与成员酒店无缝对接;国内第一家拥有真正意义上的呼叫中心的酒店;创建连锁集团中央采购业务模式,开通国内第一家具有实时订单管理功能的 B2B 的中央采购平台和供应商管理系统。

金陵集团拥有的销售、网上采购、餐饮研发、培训、财务、质检、工程、人力资源八大信息系统在支撑着连锁酒店的无缝连接;菜肴研发中心每个月把菜肴研发的配方、材料以及操作方法等直观图像通过网络发到成员酒店,共享研发成果;"在线采购"业务的开通,不仅消除了以往采购过程中的暗箱操作,还通过集团性采购争取到采购价格的最大优惠。细节管理已经渗透到酒店管理的各个层面——哪一款菜肴经常被客人点,哪一个员工销售了多少菜肴,系统都一一记录在册,客户满意,员工的积极性也很高。

酒店行业具有较高的开放度和竞争性,金陵酒店所面临的竞争不仅有来自本土的酒店品牌,还有来自国外的酒店品牌。与进入我国的国外酒店品牌相比,金陵酒店将自身的优势定位在本土文化中,包括对中国餐饮文化的理解;与我国本土的酒店品牌相比,金陵酒店则将自身的优势定位在信息技术与国际接轨和对本土文化的理解上。

## 五、智能会议系统

举办商务会议是如今酒店的一项重要职能,对于星级酒店来讲,举办会议还是酒店利润增长的重要动力。因此,在智慧酒店的建设过程中,要注重对智能会议系统的建设。先进的会议系统是如今酒店内多媒体会议设施的重要组成部分,是衡量酒店接待能力的重要参考依据。根据用途的不同,可以将酒店内的会议厅分为宴会多功能厅和专业多功能厅,不同的会议厅由于功能的不同,其设计也会表现出较大的差异。

### (一)宴会多功能厅

宴会多功能厅是商务型酒店的主力豪华多功能厅,代表着酒店的形象,主要举办餐饮招待会、音乐招待会、嘉年华会、鸡尾酒会、婚宴招待、新闻发布等重要的宴会。宴会多功能厅的系统设计多侧重于选用美观、先进、音质优美的声光像系统。

### (二)专业多功能厅

专业多功能厅主要用来接待多媒体会议、网络电视会议、学术交流、新闻发布、国际交流等较为正式的会议。该类多功能厅代表着酒店接待会议的先进形象。酒店的会议系统通常采用最为先进的通信和展示技术,一般情况下需要包括以下功能或措施:

第一,良好的无线通信网络,能够满足与会人员的网络需求,能够随时上网调用资料。

第二,多媒体渠道来源。与会人员能够根据自己的需要随意切换音视频源。

第三,会议自动签到系统,可以将与会者的信息直接汇总传达到会议主办方。

第四,良好的投影系统。大小屏幕能够结合起来,为会议的进行提供良好的条件,便于与会者即时获取现场的信息。

第五,远程会议系统。能够进行异地内外部演示与会议。

第六,中控系统。会议主办方能够对专业多功能厅进行集中控制管理。

第七,灯控系统。会议室的灯光能够根据会议主办者的需求自动调节。

## 六、智能停车系统

停车场对于酒店必不可少,特别是商务型的酒店。对顾客而言,肯定是希望得到便捷快速的停车服务,这就要求智慧酒店的停车系统要最大限度地满足客人的个性化需求。因此,该系统应能够提供智能卡计时、计费或视频车牌识别计时计费服务,在车库入口处能显示空闲车位的数量,并能为顾客提供电子化寻车、定位、导引服务。这一智能系统不仅能够增强顾客的个性化体验,同时也能为酒店节省人力成本。

## 七、网络服务系统

随着互联网的普及发展,网络服务系统已成为酒店必不可少的组成部分。现如今,不论是有线网络还是无线网络,都是人们外出时的基本诉求,因此,酒店的网络服务系统建设要能够满足顾客的需求。智慧酒店的网络服务系统要能够满足用户的需求,人们在使用网络时是畅通无阻的,前台员工不会因为网络不好而被投诉,能够提高酒店的服务水平,也能够增强用户的体验。

**案例 2-3:杭州黄龙酒店的客房智慧运用**

杭州黄龙酒店位于美丽的西子湖畔,是我国第一家智慧酒店。以打造中国第一家五星级智慧酒店为目标的杭州黄龙酒店与 IBM 合作,量身定制出"商务生活全解码"的智慧酒店解决方案。黄龙酒店的智慧运用主要在客房上,包括智慧门禁系统、智慧灯控系统、人性化的功能特色、客房背景音乐娱乐系统的智慧应用。

1. 智慧门禁系统

顾客在打算入住黄龙酒店后,在前往酒店的路上即可在移动设备上完成入住手续的办理,顾客到达酒店后,门口的接待人员将直接辨别出顾客的身份,无须排队等待就可拿到入住房间的房卡。黄龙酒店拥有全球第一套电视门禁系统,当有人敲门来访时,门上的摄像头将直接将门口的视频信息切换到电视屏幕上,顾客无须前往门口就可查看来访人员。

2. 智慧灯控系统

黄龙酒店采用快思聪的智能灯光系统,该系统采用大量的模块化结构设计,通过快思聪简单明了的触摸屏界面,即可控制房间内或某一区域内的灯光。此外,快思聪智能灯光系统的设置,还省去了墙面安装各种开关面板、调节面板的麻烦,使客房内的墙面更加干净整洁。

采用快思聪的智能灯光系统,可以根据酒店的实际情况定制各种安装方案,能够实现复杂系统功能的流水作业控制和自动化控制。在该系统下,人们只需要按一下按钮就可改变整个房间的室内环境,此外,该系统还会根据房间内的实际情况自行调节,如当室内光线较暗时,灯光将会自动启动。快思聪家庭系列中的智能灯光控制系统实现了灯光调整、控制、窗帘开关与其他所有系统的无缝集成。

整个方案的灯光控制首先可以按照房间、走廊和公共区域进行划分,通过设在房间内的触摸屏/按键面板(嵌墙/无线)进行本地控制或同安防监控、消防系统配合,实现灯控与安防、消防联动。

3. 人性化的功能特色

(1)系统在保留普通开关的功能和特点的同时,响应电话远程控制、集中控制、无线遥控、电脑控制、定时控制、网络控制等各种控制方式,同时在对各种灯具的微观控制上还具有以下优点:

第一,一键场景控制。顾客只需要一次触碰操作即可实现多路灯光场景进行转换。

第二,灯光软启。当顾客打开或关闭房间内的灯光时,房间内的灯光会缓缓地亮起或熄灭,减少了光线周边对人的眼睛所产生的刺激,在保护人们眼睛的同时,也降低了电流的灯丝温度带来的冲击,延长了灯具的使用寿命。

第三,亮度调节。房间内灯光的亮度可以随意调节,满足各种家庭场景的设置,营造各种场景氛围。

第四,记忆功能。灯光系统将会自动记忆前一次打开灯光的效果,提高了照明系统的人性化。

第五,场景功能。在该系统中,设置有适合多种场景功能的模式,如欢迎模式、离开模式、会客模式、影院模式等,顾客只需要按下按钮,就可得到自己想要的灯光组合场景。

(2)在为人们提供舒适服务的前提下,可通过设置灯光场景实现地毯节能、节省成本等目的,例如在非主要活动区域,对灯光进行设置,使其实现"人在灯开,人走灯灭";顾客根据自己在不同环境内不同的需要设置不同的场景,主要有以下几种。

在卧室时,顾客根据自己的需要设置的场景主要有以下几种:

第一,深夜场景。当顾客深夜起床去洗手间时,可以在床边的控制面板上按下"深夜场景"的按钮,整个卧室的灯光将会逐渐进入深夜场景模式,床头的灯光将会柔和地打开到30%亮度,此外,房间的落地灯以及前往洗手间的走道上的灯光也会逐渐打开至30%亮度,洗手间内的暗藏灯带也将会逐渐达到70%亮度。在该场景模式下,避免了强光对人眼睛产生的伤害,让人感到舒适,睡意不会消退。

第二,阅读模式。当顾客在睡前想要看书时,只需要按下"阅读场景",台灯将会逐渐达到100%亮度,为人们的阅读提供足够的阅读亮度,同时暗藏的灯带也会打开至30%亮度,为人们的阅读提供一定的背景灯光。此外,顾客还可以设置背景音乐,实现边阅读、边享受优美音乐。

第三,睡觉场景。顾客睡觉时,只需要按下"睡觉场景"按钮,就可关闭房间内的全部灯光,避免了传统逐个关灯的烦琐操作。

在客厅时,顾客根据自己的需要设置的场景主要有以下几种:

第一,休闲场景。此场景可作为一般日常生活中的灯光应用场景,如看电视、聊天、听音乐等。在此场景下,房间中央的大灯将会关闭,暗藏的灯带亮度也将会降低至50%,同时客厅的窗帘将会打开,加上轻松的背景音乐,给人以自由、轻松的感觉。

第二,会客场景。在该场景模式下,房间的灯光将会变得柔和,将注意力集中在谈话区域,房间上方的暗藏灯带将会下调至10%,中央吊灯调节至50%,位于会话区域的沙发上方的灯光将会调节至80%,为人们的交流创造良好的氛围。

第三,聚会场景。该模式通过房间内灯光电器的设置,能够为用户营造良好的聚会氛围。在该模式下,房间中央的吊灯将会打开至100%,四周的壁画射灯也会打开至100%,关闭房间的窗帘,开启轻快的音乐,营造聚会氛围。

第四,浪漫场景。该场景下的暗藏灯带、壁画射灯亮度将会下调,打开其艺术射灯至 70%亮度,然后播放较为经典浪漫的背景音乐,为顾客营造浪漫的氛围。

4. 客房背景音乐娱乐系统的智慧应用

在杭州黄龙酒店中,快思聪的智能系统解决方案不仅能够设置不同的灯光场景,还能够对房间内的背景音乐系统进行调节。采用快思聪智能酒店技术的背景音乐娱乐系统方案,能够使顾客在酒店中欣赏自己喜欢的音乐,房间内的数字环绕立体声能够给顾客提供良好的体验。在该系统下,顾客不需要进行复杂的操作,只需要放松心情欣赏音乐即可。

快思聪提供了完整的背景音乐系统解决方案,把背景音乐系统的控制也集中到酒店中央控制系统里面,使背景控制与其他系统融为一体。快思聪卓越的 Adagio 系统可以轻松帮顾客实现背景音乐选择,通过中央音源可以在客房内的公共区域提供悠扬的背景音乐,如走廊、卧房、卫生间、客厅、餐厅等。或者可设置在客人需要的地方,每个地方可以选择不同的音源,并且可随意控制音量的大小和曲目。

同时,该系统可纳入快思聪中控系统,与 AV 系统、灯光系统、安防系统相融合,即通过触摸屏可实现各种音源的切换、音量的调节、音源的控制等,真正打造完美的智能酒店系统。

在酒店中的各个区域均设有触摸屏或按键面板进行本地背景音乐的开关和音量大小的调节。对于各个区域背景音乐曲目的选择、音效、音量等的完全控制则需要在酒店管理房或专门的设备操作间进行。通过设置在酒店客房内的触摸屏可以详细了解各个区域的音量、音乐播放情况。

**案例 2-4:希尔顿欢朋酒店的 AI 智能管家**

为了进一步优化所提供的服务,给宾客带来更好的体验,2021 年 5 月,希尔顿欢朋酒店与 TCL 合作,深化"人机"互动,实现酒店的智慧服务,完成用户场景交互的智慧酒店目标。

希尔顿欢朋与 TCL 合作的首个产品是 AI 语音智能电视,是人们入住酒店后的专属 AI 智能管家。这款 TCL AI 语音智能电视为希尔顿欢朋酒店量身定制 VUI 形象、AI 语音功能和唤醒词,宾客不仅能通过语音来控制不同的电视内容、查看天气和航班信息等,还可以与酒店的门锁、空调、送物机器人服务和洗衣房等功能实现互通整合,宾客仅需通过与电视的语音交互就可实现对各个智能设备的控制,只需动口不动手,将酒店的入住体验提升到新的高度。

从 AI 语音智能电视到 TCL AI×IoT,都能帮助希尔顿欢朋酒店实现更高效、便捷和个性化的服务,提升品牌服务形象,实现降本增效。据悉,自今年第三季度起,宾客即可在全国的希尔顿欢朋酒店中陆续体验到 TCL AI 语音智能电视带来的全新智慧酒店感受。

以往传统酒店业看重的是地段、设计和设施等硬件因素,如今,以 AI 语音智能电视为核心的 TCL AI×IoT 使得宾客入住酒店后的体验实现新的飞跃,也成为酒店行业发展的必然趋势。希尔顿欢朋与 TCL 的合作是一次双赢。TCL AI×IoT 战略既能进一步提升希尔顿欢朋酒店的服务体验,让酒店在实现成本控制和服务管理表现方面更均衡,同时借助与世界一流酒店品牌的强强联手,TCL 将不断强化 AI×IoT 战略,为酒店行业以及其他场景的智能化发展提供解决方案。

## 第三节 智慧酒店营销系统

传统的酒店营销主要采用的方式是人与人面对面的交流沟通,例如酒店的销售经理利用自身的口才来拉拢顾客,前台员工通过语言沟通技能来说服他人入住酒店或提升房间等级。在如今的智慧酒店营销系统中,传统的影响方式已经退居二线,主要的营销方式是通过物联网的使用,扩大酒店的影响力来吸引客户。就客户的预订方式而言,传统的预订方式多为电话预订、当面预订等,随着网络技术的发展,现在人们可以在网上随时随地的预订。最初网上酒店的预订方式是通过第三方网站进行预订,酒店给第三方以一定的佣金,使其帮助酒店进行营销。渐渐地,部分酒店认为通过第三方无法全面了解顾客信息,无法产生及时的反馈。于是部分酒店开始建设自己的官方网站,客户可以直接通过官方网站来预订房间,不仅拉近了酒店与顾客之间的距离,也降低了酒店的营销成本。再后来,微博盛行,部分酒店开始借助微博来进行营销,顾客可以通过微博来预订房间。近年来,微信的盛行使酒店的营销方式变得更为多样,人们可以直接在日常使用的聊天软件上完成客房的预订,例如做得比较好的布丁酒店所设置的微信平台。在如今的社会环境下,智慧酒店的营销系统建设(见图2-2)要注意以下几点内容。

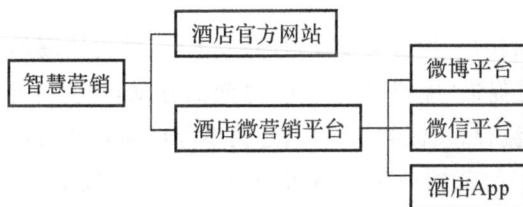

图2-2 智慧营销建设框架

### 一、酒店官方网站

在建设酒店官方网站之前,管理者首先要明确建设网站的目的。对酒店而言,建设官方网站主要目的为:第一,通过官方网站对企业的形象进行宣传,打造企业的互联网形象;第二,充分利用网络的传播快、传播广的特点,公布酒店的活动信息,扩大酒店影响力;第三,为企业和用户提供交流平台,增进酒店和用户之间的沟通交流,及时获得用户的反馈。

鉴于建设酒店官方网站的以上几个用途,酒店官网的建设要将酒店的经营服务特色考虑在内,此外还要注重以下原则:

第一,品牌原则。建设官方网站时,要将酒店的品牌优势充分体现出来,塑造酒店网络品牌的个性化形象,尽可能地转换为酒店的品牌消费,建立酒店忠诚的客户群体。

第二,商业原则。建设酒店官方网站作为酒店商业运作的重要组成部分,要能为酒店企业文化的对外传播提供服务,为酒店与客户、酒店与员工提供良好的沟通渠道,提高酒店的收益,使酒店获得更多商业机会。

第三,经济原则。根据酒店自身的需求,建立合适的网络平台,提供广泛的涵盖用户多种需求的功能,数据处理方式灵活以满足高度用户化的需求,节省网站建设成本,并确保其较好的拓展性和开放性。同时网站需具有基于 WEB 界面的管理后台,酒店能够自主地对网站上大部分内容作更新、修改操作,节省酒店网站的运营成本,提高信息更新、传播效率。

第四,扩充原则。网站的整体规划及框架设计是具可扩充性的,前台页面的设计能保证网站在增加栏目后不会破坏网站的整体结构。后台数据库的设计具有高度的扩充性,酒店能够根据需要对栏目、类别进行增、删、修改等操作。同时,网站良好的扩充性能够适应内外网连接、数据同步的需要。

酒店官方网站的建设应从用户的角度出发,尽可能地简化操作程序,实现用户的线上客房预订,顾客只需要在表格内将自己的姓名、身份证号码、订房规格、人数、到离店日期、联系方式等信息填写进去,确认后将这些信息提交酒店后台即可。此外,酒店管理人员还要密切关注顾客的信息,及时解决顾客在入住过程中出现的问题,与顾客建立良好的互动关系。一般情况下,顾客入住酒店的流程主要为:查询客房信息—在线填写预定信息—预定—入住酒店。在互联网环境下,酒店的官网具有便捷性、准确性和有效性,酒店的相关人员要及时更新酒店的相关信息,让顾客及时了解酒店的相关信息。

## 二、酒店微营销

微营销是近年来兴起的一种营销方式,具有成本低、性价比高的特点。与传统的营销方式相比,"微营销"主要是促进"虚拟"与"现实"之间的互动,建立一个涉及研发、产品、渠道、市场、品牌传播、行业交流、品质保障、客户满意关系等更高效的营销渠道。对各种营销资源进行整合,从而获得较好的营销效果。酒店的微营销主要包括微博营销、微信营销、酒店App 营销等几种形式。

### (一)微博营销

微博营销是指酒店将微博作为自己的营销平台,在这一平台中,酒店微博的每个粉丝都是酒店的潜在营销对象。将酒店信息上传至微博账号,可以随时与客户沟通,讨论客户感兴趣的话题,实现酒店营销的目的,这就是酒店的微博营销。

通过微博平台,可以拉近酒店与客户之间的关系,通过与客户之间的互动,建立稳定的情感关系。在微博营销中,酒店在不同阶段中的任务也各不相同。在客户认知阶段,酒店需要积极主动地探索潜在客户的各种需求,帮助消费者对酒店和酒店产品的相关信息有一定程度的了解;在消费者购买阶段,酒店可通过微博平台为顾客提供针对性的咨询,促成客户的购买行为;在客户使用阶段,通过微博上与客户的贴心互动,有助于提高客户的使用体验;最后一个阶段是客户的反馈阶段,也是微博营销中最重要的一点,酒店要及时关注客户的反馈,对客户反馈的使用评价和使用体验,给予一定的回应和奖励,促使客户积极地向身边人推荐。

微博营销主要有以下几个特点:

第一,立体化。借助先进的互联网技术,在微博平台上能够生动、有趣地利用图片、视频等形式对酒店的产品进行描述,使酒店在微博上的潜在客户接收到信息。

第二,高速度。微博作为互联网平台之一,其显著特点就是传播迅速。微博上一条关注度较高的微博,一经发出,短时间内就可以在世界范围内传播。

第三,便捷性。与以往传统的营销方式不同,借助微博平台进行营销无需对营销内容进行烦琐的审核,能够帮助酒店节约大量的时间和成本。

第四,广泛性。微博的使用范围极广,酒店能够借助互联网上的微博平台扩大信息传播的范围。

酒店可以借助微博平台获得以下几个方面的营销效果:

第一,实现品牌的建立与传播;

第二,树立酒店的影响力和号召力,引导酒店的良性发展,扩大酒店的宣传范围;

第三,扩大酒店产品的曝光力度,提升酒店市场的推广力度;

第四,通过微博平台,能够发现酒店的目标客户,实现精准营销,提升营销的效果;

第五,能够提升与客户的互动效果,为真实客户提供服务;

第六,实时对酒店的口碑进行监测,避免对酒店产生负面影响。

## (二)微信平台

微信营销是伴随着网络经济时代发展的一种新的营销模式,是随着微信平台的发展而逐渐兴起的一种营销范式。人们能够在微信上实现不受时间、距离限制的交流。用户注册微信后,可与周围其他微信好友形成一种"联系",订阅自己所需要的信息。在微信平台上,商家可以注册自己的微信公众号,在这一平台上向用户提供所需要的信息,推广酒店的产品,从而提高营销的精准度。

微信营销具有到达率高、曝光率高、便利性高等自身独特的特点,具体内容如下。

### 1.到达率高

营销效果在很大程度上取决于信息的到达率,这也是决定营销效果的重要因素,是所有营销工具最关注的内容。与传统的手机短信群发以及邮件群发信息容易被过滤的方式不同,微信公众号所发布的每一条信息都能精准地发送给关注酒店微信公众号的顾客,到达率高达100%。

### 2.曝光率高

曝光率也是衡量信息发布效果的一个重要指标,与微博营销相比,微信营销具有更高的曝光率。在微博上,除了少数一些技巧性比较强、关注度比较高的内容会获得人们的大量转发、获得较高的曝光率外,多数直接发布的广告直接被大量微博动态给淹没了,难以获得较高的曝光率。而微信是由即时通信工具转换来的,其提醒力度较强,微信平台上的用户信息提醒、未读信息提醒、通知中心等都会及时提醒用户查看未阅读信息,提高信息的曝光率。

### 3.接收率高

互联网的普及促进了微信的发展,现如今,微信的注册用户已经超过10亿人,成为人们普遍使用的主流信息接收工具,其广泛的使用人群和普及性为营销提供了良好的基础。此外,在微信上,人们是主动关注自己感兴趣的公众号,多为主动获取信息,所以在这一平台上的营销信息具有较高的曝光率。

### 4.便利性高

移动终端的便利性使微信营销更为便利。与PC端相比,移动手机不仅具有电脑的大多数功能,而且其小巧的机型便于人们携带,人们可以随时随地查看自己需要的信息,这给酒店的营销带来了巨大的便利。

## (三)酒店App

App的全称为application,为应用程序的含义。酒店App是指酒店的应用程序营销。App营销是指通过手机程序、社区平台等来开展营销活动。在酒店的众多营销方式中,App营销是其中的核心内容,是品牌与客户之间形成良好消费关系的重要渠道,也是将酒店的线上营销和线下营销结合起来的枢纽。酒店App营销主要有以下几个特点:

第一,成本低。App营销只需要前期开发一个适用于酒店的应用即可,在使用过程中可能会产生一定的推广费用,但是与电视、报纸、网络等推广方式相比,其费用较低,且其营销效果是其他营销模式无法实现的。

第二,持续性强。用户一旦将该应用软件下载到手机上或是在某些平台上查看,就可以保证酒店App信息推广的可持续性,能够增强酒店的产品和业务的营销能力。

第三,精准营销。可量化的精确的市场定位技术,突破了传统营销的局限,借助先进的数据库技术、网络通信技术及现代高度分散物流等手段保障和客户的长期个性化沟通,达到可度量、可调控的精准营销要求。此外,酒店App这一营销方式降低了酒店广告沟通的成本,为企业和顾客提供了交流平台,建立稳定的酒店顾客群,从而实现酒店的快速发展。

第四,全面展示产品信息。在移动酒店App中,能够详细地将酒店内的产品信息展示出来,能够使顾客在购买酒店产品之前就体会到酒店产品的魅力,将消费者的消费欲望刺激出来。

第五,提升酒店的品牌实力,形成竞争优势。好的移动应用软件能够全面提升酒店的品牌形象,让顾客详细了解酒店的相关信息,从而全面提升酒店的竞争力。良好的品牌实力同时也是酒店的无形资产,能够形成酒店的竞争优势。

第六,随时服务,网上订购。在酒店App上,客户的信息将会作为大数据保存起来,客户以往的住宿经历、偏好、品位等都会一一被酒店掌握,根据这些信息,酒店能够提供针对性较强的服务,提升顾客的使用体验。

第七,互动性强。在移动酒店App上,能够促进酒店与客户之间的交流沟通,这是以往电视、报纸等无法实现的。

**案例 2-5：布丁酒店的微信营销**

早在 2012 年 11 月，布丁酒店就开始接入微信，是国内第一家与微信全流程打通的酒店。据有关数据显示，截至 2019，布丁酒店的会员人数达到了 4000 万。

布丁酒店仅仅通过简单的四步就成功完成了微信运营。第一步是在微信中提供一个酒店预订的入口；第二步是提供订单服务，在客人预订成功后，指引顾客到达酒店；第三步是在微信中增加微电台、微游戏等内容；第四步是增加智能控制模块。

顾客在微信平台上办理入住手续，无需复杂的操作，只需要打开微信中的自助办理系统，选择自己要租的房间，在这一过程中如果遇到什么问题，可以直接在该平台中咨询。在微信平台上办理好入住手续后，顾客到达酒店后直接入住即可。当顾客要离店时，将房卡归还前台即可。

入住布丁的客人，到房间门前打开微信，只要点一下"开门"，房门就打开了。插卡取电之后，智能窗帘就会自动打开，电视会自动打开一个欢迎的提示语，灯光也会自动打开。所有这些模块都可以用微信控制。客人还可以用微信关上窗帘，用微信控制彩灯的开关，用微信直接操作电视的节目转换。

**案例 2-6：香格里拉酒店线上智慧销售**

香格里拉酒店对酒店的网站进行更新，将各地酒店内的美图上传至网站，使人们在入住酒店之前就能预览酒店在各地的风光，拉近酒店与顾客之间的距离。无论顾客是想在槟城香格里拉沙洋度假酒店内欣赏海景，还是想在悉尼香格里拉酒店俯瞰悉尼港，顾客在入住之前都可以通过酒店的官方网站来查看酒店的详细信息、了解酒店的设施和服务等。

香格里拉酒店官网中的图片都是经过精心挑选后上传的，充分地将香格里拉酒店的文化、服务特色等信息通过图片展示出来。此外，香格里拉酒店还积极邀请所有入住酒店的顾客分享自己在旅行过程中的美好事物。

香格里拉酒店的官方网站，极大地减少了网站的预订步骤和页面数量，不仅能够在 PC 端使用，而且还能为移动客户端使用，为人们提供了便利。在如今社交网络普及的今天，香格里拉酒店还整合了微博、微信、优酷等社交媒体，创建了庞大的网络社区，为关注香格里拉酒店的用户及时推送信息，扩大酒店品牌的影响力。

**案例 2-7：米高梅大酒店的"运转轴心"**

米高梅大酒店是拉斯维加斯最大的酒店，共有 5043 间客房，酒店内各种设施齐全。酒店内有 29 个客户服务中心，有 24 小时待命的主管，满足顾客在不同时间段的不同需求。在旺季，每天会有多场婚礼同时举行。从整体来看，该酒店更像是一座运转的小型城市，每天有近万名员工维护着这座酒店的运转。然而在这座庞大的酒店内，鲜有混乱的局面，它就像一台顺滑的机器，有条不紊地运转着。

维持这座巨型机器高效运转的"轴心"，正是最近风靡全球酒店业的移动营销手段：一走进米高梅酒店的大门，就有迎宾人员拿着 iPad 给客人指点路径、答疑解惑；离开酒店时，将不再需要站在前台拿出信用卡结账，使用智能手机上网就能买单，大大简化了离店手续。酒店还推出了整合餐饮、商场、会议、地图、客房预订等服务的 App。

为此,可得出这样一个智慧酒店建设体系(见图2-3)。

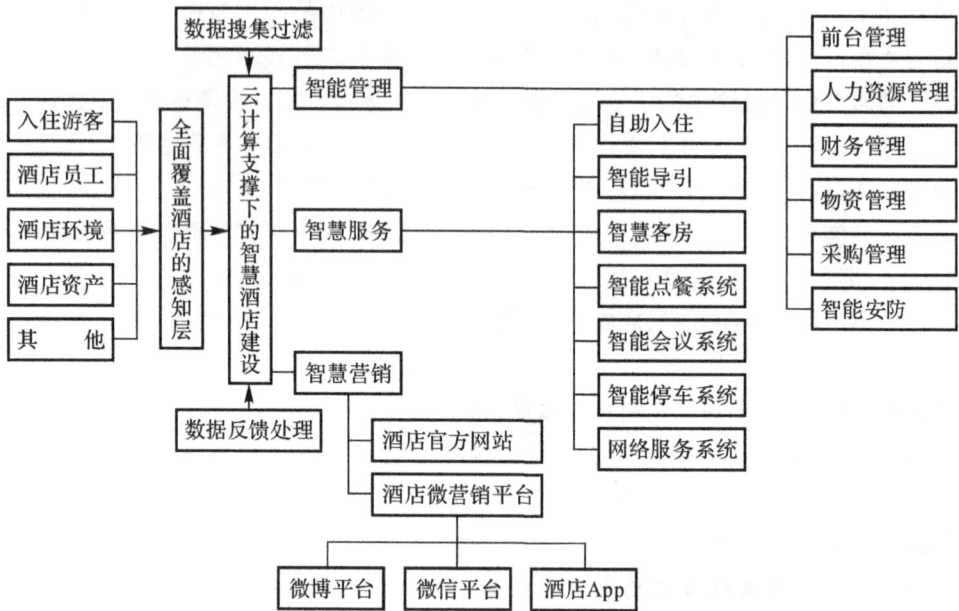

图 2-3　智慧酒店建设体系

# 第四节　智慧酒店管理系统

智慧酒店的智慧管理建设是指对酒店内部进行的管理系统的建设,涉及酒店内部营运的管理、员工的管理以及经营数据的处理,主要依靠酒店管理系统平台对酒店内部每天的营业数据、财务数据进行分析,对员工工资及成本、员工奖励制度进行核算等。据此,可将其归纳为如下几个方面(见图2-4)。

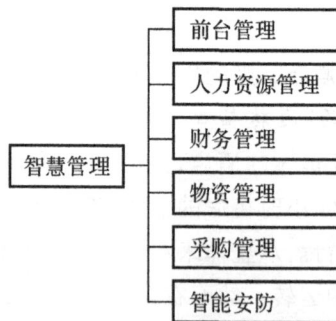

图 2-4　智慧管理建设框架

## 一、前台管理

在如今的大数据物联网时代,能够极大地简化酒店的前台管理,客人的入住、退房手续等都可以借助手机或是酒店的自助服务器自主解决,顾客入住后,酒店的管理系统可以自动对相关信息进行收集整理,极大地降低了酒店前台工作人员的工作量,仅包括为顾客提供临时定制服务、紧急服务等少数几项内容。因此,酒店应配备一个较为完善的管理系统,即前台管理系统(Properly Management System,PMS)和客户关系管理系统(Customer Relationship Management,CRM)。其中 PMS 系统包含客户资料管理、预订管理、账户管理和客房管理四大功能。CRM 系统包含客户档案管理、客户反馈资料管理等功能。

## 二、人力资源管理

人力资源管理是指对酒店内员工的管理,酒店可以根据员工身上配备的 RFID 电子标签以及酒店内的感知系统,对员工的考勤和在岗情况进行记录。同时,还可以根据酒店内不同地点用户的需求,及时就近安排员工为客人提供服务。此外,客人还可以对员工进行评价,作为酒店对员工进行考核的依据。采用这种人力资源管理方式,能够有效减少酒店的人工管理成本,此外,这种管理方式还能够为用户提供及时有效的服务,提高用户的满意度。

## 三、财务管理

酒店的内部财务管理系统主要为酒店内部营运服务,涉及酒店的方方面面。通过使用专业的财务管理系统,实现业务数据和财务数据的在线对接和财务数据监控,并具有财务决策功能和酒店业务监控功能。

## 四、物资管理

酒店的物资管理主要是指酒店的客用品以及酒店员工的工作服等,通过电子标签的使用,能够提高酒店物资的管理效率。通过识别设备,客房管理人员可以实时统计被装、服装等的送洗情况、使用寿命以及催洗物品信息,并将信息发送给相关的执行员工。通过物资管理系统,管理人员能够随时掌握酒店物资的动态信息。

## 五、采购管理

根据酒店电子标签所显示的信息,酒店能够随时获得物资的入库、出库信息,从而统计需求量和剩余信息,并将需求信息发送至提供商和配送商处进行配送。

## 六、智能安防

酒店的智能安防包括两个方面:一是酒店贵重物品的安防。一般贵重物品均摆放在固定位置,内嵌 RFID 电子标签进行实时监控,一旦物品离开固定位置就会自动报警,并提示酒店保安该物品的位置信息,以便及时追回。二是火灾等安全隐患的智能防护。酒店内的智能感应系统可以根据实时监控的温度、湿度等的变化提示可能的火灾隐患;电路的相关信息也可以及时发送给管理人员,防止断电、电路起火等安全隐患的发生。酒店的安防监控系统还应具有防盗和防破坏功能。酒店安防监控系统所拍摄的视频要清晰,能够在光线较暗的晚上识别车牌信息。此外,安防监控系统里的视频要能够为其他系统调用,能够与火灾、消防等系统联合起来,为各种突发事件的处理提供依据,保障酒店内顾客的人身和财产安全。

**案例 2-8:长沙君逸山水大酒店一卡通系统**

长沙君逸山水大酒店地处长沙市晚报大道 150 号,紧邻景色宜人的烈士公园年嘉湖,是一家四星级的现代商务型文化主题酒店,由湖南省首家国有上市公司——湖南投资集团股份有限公司投资兴建,由湖南君逸酒店管理有限公司管理。酒店员工有几百人,开辟有专门的员工餐厅、员工澡堂、员工宿舍。

为了更好地对酒店的员工进行管理,在控制管理费用的同时,也让员工享受到更好的后勤服务,酒店采用一卡通系统来对后勤进行管理。君逸山水酒店通过招标竞争的方式,最终确定了灵动科技的一卡通系统方案,对酒店员工的就餐、考勤、澡堂水控等进行了详细的安排,具体内容如下。

1. 员工就餐

在员工就餐方式上,酒店采用分类的方式,对员工就餐时使用的卡片、消费机、消费方式等进行分类。

卡分类别,一是"酒店员工类别",包括酒店正式员工和酒店承包部门员工。二是"合作单位类别",包括合作单位在酒店就餐人员。

消费机分类别,分为"酒店员工消费机"和"合作单位员工消费机"。酒店员工只能在"酒店员工消费机"上刷卡,如果在"合作单位员工消费机"上刷卡,机器会提示错误。合作单位员工只能在"合作单位员工消费机"上刷卡,同样如果在"酒店员工消费机"上刷卡,机器也会报错。

卡消费方式分类:第一,酒店正式员工设置为餐券消费,卡内不需要存钱,根据其在岗情况,设定消费次数,员工消费时只需要在消费机上刷卡,即使卡内没有钱,只要卡有消费权限,机器会允许刷卡并记录其消费情况(包括时间和该餐次设定的价格)。第二,酒店承包部门员工设定其为现金消费方式,员工需要在卡中存入现金方可消费,卡内有足够金额时,消费机对卡扣款允许其就餐。第三,合作单位员工设置为餐券消费,卡内不需要存钱,根据其在岗情况,设定消费次数,员工消费时只需要在消费机上刷卡,即使卡内没有钱,只要卡有消费权限,机器会允许刷卡并记录其消费情况(包括时间和该餐次设定的价格),月底酒店向合作单位结账。

2. 员工考勤

灵动科技的考勤软件企业版本拥有很强的功能,根据酒店的部分特殊报表要求,为酒店二次开发新的功能、新的报表、新的查询工具,完全可以解决特殊酒店对考勤的所有要求,如班次多样、班次跨天分析、加班计算、缺勤规则等酒店考勤规则。

3. 澡堂水控

灵动科技的水控系统功能强大,刷卡反应时间小于 1 秒;控水阀为电动阀,计量水表材质为不锈钢;水控器壁挂式安装,具有防水、防漏电设计,采用计时计费,同时计费到人;自动识别持卡人的合法性,根据卡内账户信息决定是否允许消费。

# 第三章 智慧酒店管理模式的变革与创新

## 第一节 互联网思维经营智慧酒店

要将互联网思维融入智慧酒店的经营管理中,首先要了解什么是互联网思维。酒店具有较大的消费人群,为满足不同消费者的需求,其房间的设置需具有场景化的特点。随着互联网的发展,互联网与各行各业的融合发展已经成为如今社会的发展趋势。酒店也应从O2O入手,在酒店内构建真实的生活场景,促进酒店的多元发展。

早在2013年,喜达屋集团旗下的酒店就与美国的家居内饰零售商Design Within Reach合作,在酒店内展示销售Design Within Reach的相关产品;随后希尔顿、万豪、凯悦和首旅如家等酒店,在展示自由品牌的同时,也开通了网上的营销渠道,在酒店内销售家居产品,实现了线上和线下渠道相互配合,消费者可以在酒店体验后,再支付购买产品,为顾客提供了舒适、便捷的服务方式。

### 一、打造超出预期的服务

酒店作为服务业,一直是以满足顾客的需求为发展方向,提升顾客的消费体验。从这个角度来看,酒店业与互联网行业的"以用户为中心"的服务宗旨相符。酒店可以将互联网思维融入自身的发展中,为消费者提供更好的体验。目前,多数酒店开始认识到用户体验的重要性,注重用户获得体验。

高档酒店除了硬件设施较为完备之外,在服务上的要求也较高,力求做到极致。如今多数高档酒店会给办理入住的消费者提供送茶服务。在众多酒店发展案例中,亚朵酒店是服务至上获得成功的最好证明。亚朵酒店成立于2013年,截至2020年1月,亚朵酒店在全国的门店数量已经达到了470多家,为2000万名亚朵会员提供服务。

### 二、顾客变粉丝

互联网的发展促进了手机、电脑市场的发展,推动了互联网的普及,现如今的酒店也开始与互联网融合起来,运用互联网思维来管理酒店的客户,将酒店的消费者转换为酒店的粉丝,这种管理模式获得了一定成效。酒店的顾客转变为酒店的粉丝,转变的不仅是顾客的身份,更是顾客对酒店的态度。在当今社会中,粉丝的力量是强大的,若能够带来粉丝效应,则将给酒店带来巨大的经济效益。

时光漫步怀旧主题酒店就是使用将顾客转换为粉丝的营销方式并获得成功的酒店之一。时光漫步怀旧主题酒店将怀旧作为酒店的主题,吸引了大量的顾客前来消费,再加上酒店所提供的优质服务,将酒店的顾客转换为酒店的粉丝,为粉丝提供舒适、便捷的服务。此外,时光漫步怀旧主题酒店为消费者提供不同于传统酒店的服务,这也是该酒店能够将顾客转换为粉丝的原因。

截至目前,时光漫步怀旧主题酒店在全国已经拥有 3 100 多家门店,每家门店的出租率高达 110%～120%,在 OTA 上的排名也一直靠前。时光漫步怀旧主题酒店之所以能够获得成功,主要是因为酒店将顾客转换为具有较强用户黏性和忠诚度的粉丝。

### 三、培养用户黏性

互联网行业在起初发展时,为吸引用户的关注会采取各种各样的措施,在获取用户的基础上,制定长远的发展规划,获得企业的长远发展。

在互联网思维中,提高用户量是获得利益的关键,只要能够获得大量的流量,就可以将其变现,实现企业的盈利。因此,酒店应注重扩大酒店的用户量,培养用户的黏性。部分酒店开始与家居合作,在酒店内打造家居用品的体验馆,通过与其他行业的合作,扩大酒店的营销渠道,拓宽酒店的市场规模;酒店还可以采用免费模式,通过各种活动来吸引用户,使酒店成为流量入口,从而促使酒店与其他行业形成合作关系,扩大酒店的增值服务收益。

### 四、体验购物＋免费住

目前,我国越来越多的酒店开始使用 O2O 模式,将酒店打造为家居用品的体验馆,在为顾客提供住宿体验的同时,还为顾客提供众多可供选择的商品,从而吸引更多的消费者。

2014 年,如家上线了"如家优选平台",与家居类企业达成合作关系,成为集视频、床上四件套、浴巾、毛巾等商品于一体的体验馆,成为以酒店和旅行为核心的商品销售平台。

### 五、了解用户痛点

酒店作为服务业,其成功经营的关键就是满足消费者的需求,只有了解消费者的需求,才能提供消费者称心的服务,因此,酒店需要抓到消费者的痛点。例如,在上厕所时发现没有卫生纸是消费者入住酒店时的痛点,只要酒店能发现并抓住消费者的痛点,满足消费者的需求,就会给消费者留下好印象。

根据马斯洛需求层次理论,可以将用户在酒店中的需求分为五个层次,最基础的生理需求,是较为低层次的需求,此外还有安全需求、社交需求、尊重需求、自我品位需求等更高层次的需求,如图 3-1 所示。

于 1996 年创立的青岛海景花园酒店,以自身优质的服务和用户至上的经营理念,在酒店行业中非常著名。

从宏观上看,青岛海景花园酒店以"不让消费者吃亏,消费者永远是对的"作为企业文化,与互联网思维的用户至上理念相符。并且,这一企业文化的实施,满足了消费者的"尊重需求"，甚至是"实现自我"需求。

　　从微观上看，青岛海景花园酒店为消费者提供多元化的服务，并以"用户至上，体验为王"为经营理念，让消费者体验到极致、舒适的服务。从进房间讲解、出门指路服务到离店送矿泉水，青岛海景花园酒店将消费者的需求放在首位，力求做到互联网化的管理。酒店将互联网思维与客户关系管理融合在一起，为消费者打造极致的体验。

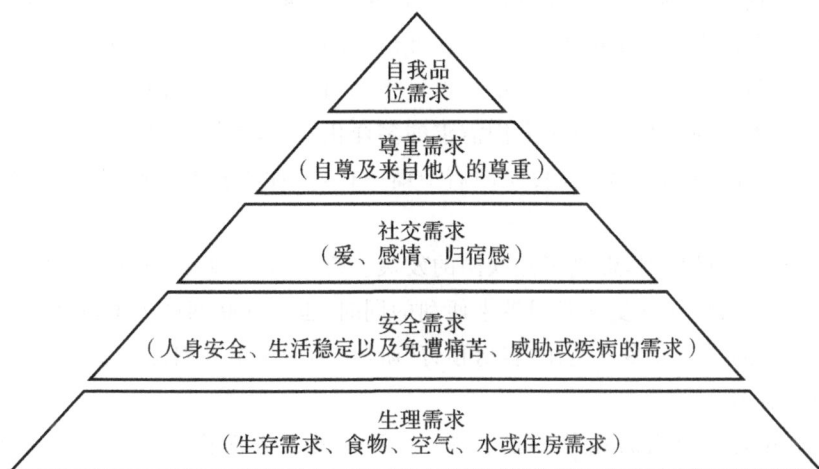

图 3-1　马斯洛需求层次理论在酒店中的运用

## 六、选择正确的酒店管理系统

　　在如今互联网时代中，传统的酒店难以满足人们的需求，无法及时对市场的发展做出变化，因此，智慧酒店的产生就显得尤为必要，只有与互联网结合起来，与其他企业建立良好的合作关系，才能更好地实现企业的转型。适合酒店发展的酒店管理体系是智慧酒店产生和发展中的重要组成部分，同时也是酒店与互联网融合发展的关键。

　　真正的互联网思维的厂商，会免费为用户提供 PMS（Property Management System，酒店管理系统）、云计算酒店管理平台，两周快速迭代一次，及时满足用户的需求，同时也会针对淡旺季，采取不同的房价体系，并推出各种促销优惠活动，如支持摇一摇优惠、送红包、送优惠券、抽奖活动、快捷预订、订单实时到达等，如图 3-2 所示。

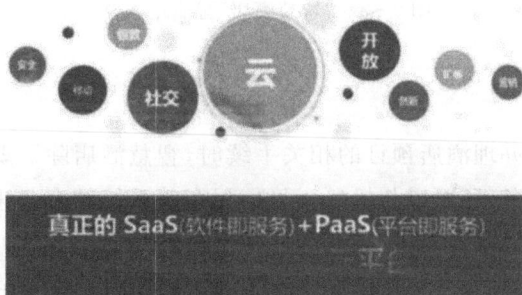

图 3-2　移动互联网酒店云平台

一个优质的酒店管理系统,在为酒店免费提供 PMS 服务时,还能够帮助酒店利用互联网思维管理客户关系,小到如何吸引某个客户,将客户变成粉丝,大到如何利用社交媒体进行营销,逐渐使酒店成为互联网浪潮中的先行者。

## 七、智慧酒店的发展趋势

如今传统酒店所遇到的发展瓶颈,受到旅客的冷待遇,主要原因有以下三点。

第一,随着人们生活水平的提升,人们在外出旅游时,更趋于选择舒适的酒店,传统酒店不论是在运营模式还是在硬件设施上都显得过于陈旧,难以满足人们的需求。

第二,生活水平的提升,促进了人们需求的多样化发展,人们在对酒店进行选择时,更趋于选择个性化较强的住宿产品,而传统酒店千篇一律,个性化较差,难以满足人们的个性化需求。

第三,科学技术的发展,促进了互联网的发展。现如今,互联网已成为我们生活中必不可少的组成部分,人们在享受互联网带来便利的同时,也对互联网产生了较强的依赖性。传统酒店与互联网的结合大多只是在"客房预订"阶段,不能满足人们的智能个性体验,无法满足人们的智能需求。

智慧酒店在与传统酒店竞争的过程中,主要获得三方面优势,即智能化、个性化、信息化。

在智慧酒店中,互联网贯穿酒店的全部过程,贯穿入住前、入住中、入住后的各个阶段。入住前是指客户可以利用互联网完成"客房预订",实现酒店预订的多样化;入住中是指将互联网与智能技术充分应用到酒店服务的各个方面,如酒店客房的设施以及相关的用餐、娱乐等;入住后是指在酒店运营的过程中,积极地与周边其他行业的厂商合作,对酒店的商业模式进行创新,从而打造以自身为中心的新生态圈,如图 3-3 所示。

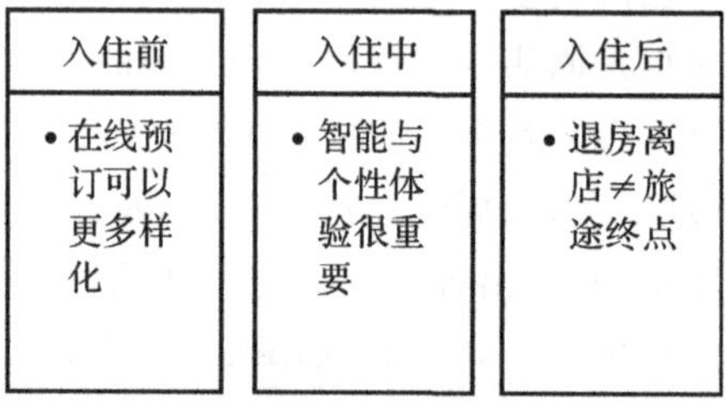

| 入住前 | 入住中 | 入住后 |
|---|---|---|
| • 在线预订可以更多样化 | • 智能与个性体验很重要 | • 退房离店≠旅途终点 |

图 3-3 "智慧酒店"智能化体现

### (一)入住前

顾客在相关平台上办理酒店预订的相关手续时,智慧酒店除了要为顾客提供传统酒店所提供的常规的客房服务,还可以与机票、门票、租车等系统结合起来,打造一个生态圈,为顾客提供全面的在线预订服务,满足顾客的多样需求。

此外,酒店直签和移动端是智慧酒店与传统酒店相比的优势所在,很多大型酒店集团可以联合起来,利用移动客户端进行营销,使顾客及时获取到酒店的最新信息,在众多酒店中选择适合自身需求的酒店居住。

## (二)入住中

在入住过程中,酒店只有满足用户的需求,为用户提供个性化的服务,才会提高顾客的用户体验。客人在到达酒店前可以通过酒店的 App 或微信预订房间,办理入住登记。系统根据酒店客房的安排给客人分配好房间后,会根据消费者提供的偏好信息,提供专项服务。此外,酒店的智能设备还可以根据客人的健康状态为客人提供私人健康管理服务。通过为顾客提供个性化服务不仅能够节约顾客的时间,而且还能尽可能地满足顾客的个性化需求。

## (三)入住后

在智慧酒店中,客人在离店退房时无需像传统酒店一样,到前台办理退房手续,只需要拿出手机在线上进行结账,可以在收拾行李之余进行结账,省去客人在柜台的等待时间。结账之后,顾客可以直接带着自己的行李离店。

住宿只是客人入住酒店的基本需求,在入住过程中出现的餐饮、景点门票、休闲娱乐、电商购物等需求是客人的更高一层需求,酒店可以通过互联网和智能技术了解客人除住宿之外的其他相关需求,进而实现与周围其他行业的合作,实现双方共赢。

互联网技术的发展给传统酒店行业带来巨大挑战的同时也带来了巨大的发展机遇,使之发生了巨大的变化,开始向着多元化、精细化方向发展。互联网与酒店行业的融合发展,构建了一个较为完整的生态圈。科学技术的快速发展也能促进酒店行业的发展,需要大量有志之士参与到酒店行业中,将网络技术与酒店行业结合,促进酒店行业的快速发展。

# 第二节　大数据完善智慧酒店管理体系

大数据与云计算的兴起,对社会的发展产生了重要影响,极大地改变了人们的生活以及企业的运营方式。酒店行业作为具有拥有大量信息的行业,是应用大数据的典型领域。一些酒店从业人员将大数据与日常的酒店管理结合起来,试图利用大数据提升酒店顾客的使用体验,提高酒店的运营效率。

大数据发展的核心是在企业所提供的众多用户信息中挖掘其中蕴含的潜在价值,是对企业信息的重新整合,能够充分发挥资源的价值。借助互联网的即时互动性,能够传递企业的商业价值,实现多领域、多层次的一体化服务。

大数据以及互联网与酒店行业的融合发展是未来酒店的主要发展趋势,同时也是摆在酒店管理者面前的重要课题。大数据与智慧酒店的融合发展,能够完善智慧酒店的管理体系,提升企业的竞争力,为企业带来巨大的利润。具体来看,大数据在智慧酒店中的应用给酒店带来的影响主要体现在酒店的前期市场定位、营销管理、收益管理、质量管理等几个方面,如图 3-4 所示。

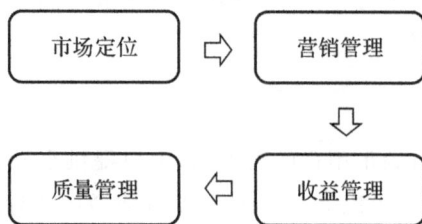

图 3-4  大数据在智慧酒店管理领域的应用

## 一、有利于精确的前期市场定位

一个酒店的建设需要投入大量的资金和精力,建设的周期也较长,一般为三至五年。市场定位是酒店未来运营发展的方向,决定着酒店自身的建设和所提供的服务。如果酒店在完成建设并开始进入正常运营后再改变其市场定位,酒店就会付出巨大的代价,不仅酒店的建设和服务系统需要进行调整,甚至还会对酒店的品牌产生一定的影响,从而给酒店带来巨大的损失。

在开展酒店运营前的前期建设工作时,需要酒店的经营者对酒店的项目信息等进行评估,确定酒店的市场定位,包括酒店的文化主题、规模、档次、产品、市场发展等信息,只有经过综合的评估分析,确定酒店的市场定位后,才可正式进入建设。

市场定位精准的酒店能够与市场的发展环境相契合,能够提供与大众需求相一致的产品和服务,形成自身独特的企业特色,即使在面对同行业激烈竞争压力下,也能保持自身的发展优势,并且能够根据发展背景调整自己的战略方针,抢占市场发展的先机。

要想获取精准的市场定位,仅凭管理人员的经营是无法实现的,它还需要有大量数据支撑,包括统计年鉴、行业报告、专家意见、市场调查报告等,酒店管理人员只有对这些数据进行分析研究,才能提高市场定位的精准度。但是这些数据往往具有精准度低、时间滞后、样本较少等弊端,加大了酒店管理人员对信息进行挖掘的难度。

酒店管理人员通过数据发掘与云计算技术可以成功地分析出有用的数据信息,并通过建立相应的数学模型为未来的市场走势构建形象的描述,使数据的收集、统计以及分析得到更为广阔的应用空间。而且许多第三方大型数据服务企业的兴起也将为酒店服务业的发展提供巨大的帮助,使酒店服务朝着"以用户为中心"的发展方向不断前进。

## 二、在未来酒店营销中发挥的重要作用

酒店在市场营销过程中所涉及的产品、渠道、用户、价格等信息在酒店的市场营销过程中发挥着重要的作用,大数据与酒店的融合,给酒店营销带来的变化主要体现在以下两个方面。

一方面,通过对酒店的用户以及市场信息进行分析,获取酒店发展需要的用户需求、市场发展以及竞争对手的经营水平等信息,为酒店的发展提供科学的依据。

另一方面,通过对酒店以往以及实时的用户交易信息进行分析,能发现酒店顾客的消费

需求变化以及价值需求,便于酒店对自己所提供的服务、营销等进行调整,为用户提供个性化服务,提高酒店的品牌竞争力。

在以往传统的酒店行业竞争中,各酒店获取竞争对手的信息渠道十分有限,只能获得部分数据信息,无法从宏观上了解行业的发展状况,酒店管理者难以根据全面的信息制定准确的发展战略,从而导致酒店陷入被动的发展局面。

酒店信息管理的发展变化,对酒店原有的理念带来了巨大的冲击,酒店营销对市场发展、竞争对手策略、用户的需求信息等的要求也逐渐增加,传统酒店的营销模式已经无法适应市场的需求。之前市场竞争的客房出租率、客房均价、平均客房收益等数据分析演变为对市场渗透指数、平均房价指数、收入指数等方面的分析,此外,如今在不同阶段市场份额的走势、同比变化率等方面的信息也要进行统计。

通过对以上数据进行综合的精准分析,市场的发展、大众的需求、竞争者的动态等信息都会直接清晰地显示在酒店营销管理人员面前,为其制定精准的营销战略提供依据,形成多样化的酒店产品,构建酒店的差异化竞争,使酒店的利润最大化。

在酒店的运营过程中,收集顾客的数据信息具有十分重要的作用,是大数据时代下酒店所拥有的一笔宝贵资源。例如酒店可以将入住顾客的消费、活动规律、服务偏好、租住时间等信息收集起来,构建顾客的数据库,对顾客的消费行为和兴趣偏好等做出分析,使顾客在第二次入住酒店时能够享受到更好的个性化服务,从而提升顾客的忠诚度,增强酒店的竞争力。

### 三、酒店收益管理离不开数据支持

收益管理是近年来酒店行业实现利润最大化的有效管理手段,得到了业界人士的普遍认可。

收益管理强调实现价值最大化,要求将合适的产品及服务,在正确的时间,以合适的价格,借助有效的销售渠道,出售给合适的用户,从而实现酒店利润的最大化。要想实现这一点,需要酒店做好用户的需求预测、市场的细分、敏感度分析三方面的工作。

用户需求预测是指酒店管理人员通过数据的统计及分析,建立相应的数学模型,从而及时地跟踪预测出市场的动态变化。这将会为一定时期内的垂直细分市场的订房需求量、酒店产品以及服务的价格进行预测,从而进行价格的调整来满足市场的供需平衡,为不同的细分市场制定动态价格提供依据。

市场需求旺盛阶段可以通过制定较高的价格来创造更高的利润,市场低迷时期以促销以及优惠活动来刺激消费需求,从而使酒店在不同的市场阶段达成利润最大化的目标。用户需求的预测的意义就在于为酒店的运营者判断市场提供了科学的依据,将产品以及服务在不同的阶段以最大化的利润进行出售,来实现收益管理。

市场的细分为用户对酒店的房间需求量以及进行"价格歧视"战略提供了指导。"价格歧视"即酒店对同一种产品或者服务以不同的细分市场向不同消费水平的用户提供差异化的价格,对于高消费水平的用户收取较高的价格,对低消费水平的用户收取较低的价格,实现产品以及服务的差异化销售。这种策略的实施依据在于通过对市场的需求及时对价格进行实时更新,实现细分市场的利润最大化。

敏感度分析借助价格的弹性需求分析技术对不同的细分市场进行价格的调整,从而获得市场中的潜在价值。酒店的管理者以价格的最优化调整完成酒店不同的市场阶段细分市场的最佳可售价格(BestAvailable Price),以预订控制手段来达到避免房间被获得优惠的消费者预订后造成利润损失的局面。

大数据分析以及云计算技术的应用使得酒店的收益管理在酒店的运营过程中发挥出更大的作用。用户需求分析、市场的细分以及敏感度分析对于酒店对用户信息的收集能力提出了巨大的考验,外界市场的变化对于酒店管理有着重要的影响,酒店管理人员应该将这一方面的信息收集工作落到实处。

酒店的收益管理实现过程中,如果能将酒店现有的数据与外界市场数据信息进行有效的结合,将竞争分析理念充分地应用到数据分析过程中,将在酒店的收益策略制定过程中发挥重要的作用,实现利润最大化。

## 四、客评分析有助于提升酒店的服务质量潜力

网络评论是指人们将自己的意见看法及时地发表在互联网平台上,实现彼此之间的交流沟通。之前,酒店的相关管理人员并未重视顾客在酒店营销平台上对于酒店基础设施、服务等方面所提出的评价信息。顾客在住宿过程中提出的意见和批评未得到有关人员的及时回复,无法实现顾客和酒店的有效交流,拉大了顾客与酒店之间的距离,使得两者之间的信息不对称,对酒店的形象以及品牌的发展产生了不利影响。

酒店行业作为服务业中的一种,顾客的评价在其中发挥着重要的作用。之前用户对于酒店的单一的批评或者是表扬已经发展成为多层次、多角度以及多渠道上的评价,一些以"大众点评"为代表的专业用户评论平台的出现使得用户的评价更为专业化与正规化,而且发布的渠道十分广泛。如今的用户对于酒店的评论已经得到酒店服务供需双方的高度关注。

互联网的发展使得如今人们在网上接触的信息质量参差不齐,他人真实购买或使用后的评价成为人们选择店家的重要参考依据。据有关专业机构调查表明,70%以上的用户在网上预订房间前会提前浏览以往入住过的人的评论,这些评论会对用户的消费倾向产生很大的影响。如今,酒店的用户评论已成为用户衡量酒店的品牌价值、服务质量以及产品价值的重要因素。

全面收集用户的评论数据并对其进行分析,为酒店管理者了解用户的消费信息、兴趣偏好以及酒店在运营过程中遇到的问题提供了依据,便于酒店改善其产品服务、调整其价格动态,促进酒店的长远发展。

因此,酒店在日常运营过程中要时刻关注入住顾客的评论信息,并及时给顾客回复,对顾客的评论信息进行多角度的分析,寻找其中的潜在价值,逐步完善酒店内的设施、服务,提升酒店的品牌影响力,增加酒店所获得的利润。

此外,酒店在日常运行过程中所收集、整理、分析的相关数据也是酒店的一笔财富,利用好各种大数据,有助于酒店在变幻莫测的市场中获得长远的发展。

# 第三节　"互联网＋智慧酒店管理"的转型与创新

根据 2020 年文化和旅游部发布的数据来看,截至 2019 年底,我国的星级酒店数量为 8 920 家,其中入住率最高的地区是南京,高达 70％。各星级酒店的均价为 353 元每晚。不同城市的 GOP(营业毛利润)各不相同。

社会的发展使得人们的需求发生了变化,在新的社会发展阶段,酒店行业更应该积极地进行优化和创新,发展差异化与多元化竞争,为企业的文化注入新的内涵。

## 一、智慧酒店的"三个优化"

智慧酒店的"三个优化"如图 3-5 所示。

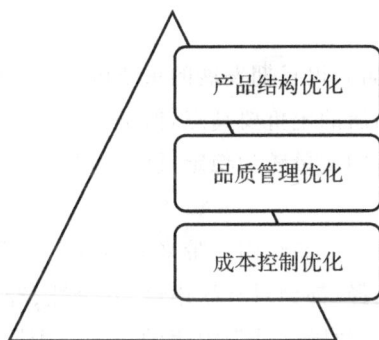

图 3-5　智慧酒店的"三个优化"

### (一)产品结构优化

当下,酒店的客房数量与餐位形成了两种主流的格局:其一是以国际品牌酒店为主的"重客房轻餐饮",其二是本土的"重餐饮轻客房",如图 3-6 所示。

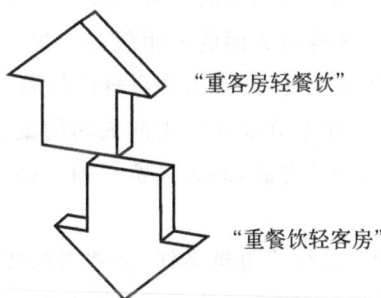

图 3-6　酒店的两种主流格局

产品结构的不同会引发酒店运营效果上的区别。根据文化和旅游部发布的《2019 年度全国星级饭店统计报告》可知,2019 年我国的星级饭店营业收入总计 1 707.77 亿元,其中餐饮业占营业收入的42.49%,客房营业收入达38.19%,餐饮收入大于客房收入,"重餐饮轻客房"也是如今我国多数酒店的现状。

通过对如今的部分酒店行业进行研究可以发现,酒店的产业结构对酒店的发展具有重要的影响,是决定酒店是否能获得较高营收的关键。"重餐饮轻客房"的产业结构在如今人力成本不断提升的环境下难以获得较高的营业收入。除餐饮与客房的比例外,中西餐的比例与客源比例是否对应,也是决定酒店能否获得营业收入的关键。

酒店应将酒店的产品结构与市场需求结合起来,根据市场需求的变化及时对酒店的产业结构进行调整。此外,还应利用大数据了解酒店的客源群体、入住的选择、餐厅的包间使用情况、菜品的利润率波动等。酒店要及时对这些数据进行分析,根据其中某些内容的变化,及时对酒店的产业结构和产品进行改造升级,拉近与消费者之间的距离,提升顾客的体验感。

### (二)品质管理优化

在酒店行业中,质量是酒店获得长期发展的重要因素,一些较为有名的连锁酒店或是国际酒店的定价一般会比本土酒店的定价要高点,但是其人气一般要比本土酒店高,其主要原因就是连锁酒店或是国际酒店的质量较为稳定,已经得到人们的普遍认可,这给酒店定价以足够的底气。

国际品牌酒店十分注重酒店产品给用户带来的体验和感受,无论是床上用品、客房的地毯还是房间内的洗漱用品的选择,都会对其耐用性、安全性、舒适性等因素进行综合的考虑。品质、诚信以及标准化是如今多数国际品牌酒店的特征。国际品牌酒店往往拥有全球化的客户渠道,长期的发展使其积累了大量优质的消费群体,所提供的优质服务更能满足消费者的需求。

以上海市为例,截至2020年底,上海市共有71家五星级酒店,这些五星级酒店都是在产品以及服务的质量上下功夫,通过客房的舒适、耐用、标准化以及良好的风格布局等,餐饮追求特色、口感以及视觉效果等,提高自身的竞争力,获得了众多稳定的消费群体。如今在我国的酒店行业中,本土的酒店品牌与国际的酒店品牌之间还存在较大的差距,尤其在早餐质量、硬件设施、管理模式、消费体验等方面的差距较为明显。提升酒店的品质需要酒店在发展的过程中及时发现问题、解决问题,逐渐改善自身的品质,无其他捷径可走。

青岛的海景花园酒店就是一个坚守品质而走向成功的案例,其所提供的产品和服务能够满足消费者的需求,经得住时间的考验,酒店消费者的忠诚度也随之增加,品质逐渐成为该酒店的一种特色。

越成熟的市场所能提供的产品样式也越多样,消费者所能选择的产品也越多样。诚信经营是如今企业发展必备的条件,而产品的品质则是企业长远发展的基础,酒店只有打好产品基础,才能促进自身的长远发展。

### (三)成本控制优化

产品以及服务的价格是由市场的供求关系所决定的,当市场的供求量大于市场的需求量时,产品的价格就会低于产品的价值。现如今,我国部分行业的产能明显过剩,市场的发展态势不好。在这一环境中,以服务为主的酒店行业面临着巨大的压力。要使企业在巨大的竞争压力中生存下来,就要在保持服务质量的同时,压缩成本、优化企业内部管理,使企业从如今众多的酒店中脱颖而出。

酒店管理行业涉及众多领域,从人力资源管理方面来看,不同的酒店行业近年来的人力成本不断上升,此外竞争对手之间还存在着"挖墙脚"的现象,酒店的人力资源管理面临着巨大的压力。

一方面,随着人力成本的上涨,酒店要进行适当的裁员;另一方面,核心技术人员的引进需要花费较高的费用,酒店的成本控制并未取得明显的效果。一些酒店独辟蹊径,精简酒店内高级管理人员,让部门总监任部门经理、主管兼任领班,这种模式去除了管理过程中的中间环节,提高了酒店的运营效率,降低了管理成本。但是该种模式下管理人员的压力增加了,因此在实行这种模式时,要将管理人员的承受能力考虑在内,管理者与被管理者的比例要在合理的范围之内,在保证酒店工作质量的同时,不会导致管理人员超负荷工作。酒店管理模式要在酒店实际情况分析的基础上确定,如果仅仅是为了控制酒店的成本而跟风裁员,则会给酒店带来不利的影响。

酒店在经营过程中,应建立相应的考核指标,对原材料以及物资的使用进行合理的管控,通过实施奖罚制度减少铺张浪费以及隐性流失的发生。此外,酒店还可以对传统的自助餐进行优化,实行"单点式自助"的方式,不仅能够为消费者提供新鲜的食品,还能减少食材的浪费。

酒店的成本控制优化还表现在酒店和科技的接轨,及时引进新技术。在传统的酒店耗能比例中,"水、电、气"三者加起来的比例约为总耗能的 5%～12%,新技术的引用能够有效减少这方面的成本。酒店的人力资源成本约为 20%～45%,一般来讲,当酒店的人力资源成本达到 45% 时,酒店就会面临亏损的风险,控制在 25% 以下较为理想。当然,如果酒店的营业收入较高,给员工发较多的工资,提升员工的忠诚度,从某种程度上也能优化酒店的成本。

## 二、酒店的转型创新

酒店管理的优化创新,能够提升酒店产品的品质和管理效率,提升酒店的盈利规模。酒店经营管理的优化创新需酒店改变以往的思维模式,制定相应的解决方案。

现如今,作为服务业的酒店行业面临着巨大的发展竞争,对酒店的经营管理模式进行创新是如今酒店企业实现长远发展、获得巨大利益的关键,智慧酒店以市场需求为导向对产品与管理方式进行创新成为当前酒店运营管理的重要命题。

### (一)变革传统观念

我国社会的发展,极大地提升了人们的生活水平,为酒店行业的发展提供了良好的社会环境,酒店业也迎来了发展的黄金时期,人们的市场需求发生了变化,各具特色的酒店开始出现。在这种发展环境下，一些经营多年的酒店的传统思维模式已经无法适应如今的市场需求，因此打破传统的思维模式是如今传统酒店亟须解决的问题。

我国的酒店行业经过多年的沉淀发展，已经在一定程度上实现了标准化和模式化，但是从整体来看，我国的本土品牌如今依旧处于萌芽阶段，具备国际影响力的酒店品牌依旧较少，酒店所提供的产品以及服务，同质化现象较为严重，价格的制定也较为混乱。目前我国酒店行业的品牌建设以及酒店特色的形成与推广还需要长时间的发展。酒店的管理者需要对传统的观念进行革新，为酒店的创新发展打下基础。

酒店的管理者与时俱进，及时关注酒店行业的最新动向，提高自身的创新能力，能够多角度、全方位地看待酒店运营过程中所面临的各种问题，对传统的观念进行革新，用科学辩证的思维去看待酒店行业中的各种新兴事物，将酒店的创新发展提高到企业经营的战略高度。

### (二)开创特色经营

酒店的同质化竞争的突破点在于开创自己的特色经营，形成酒店自己的特色。在如今快速发展的时代中，特色经营是促进酒店发展的一把利器。酒店的特色经营包括多个方面，如酒店的产品以及文化等。酒店特色经营在文化领域最终要追求的目标是形成自身完整的特色系统文化。通过开创酒店的特色经营，形成酒店自身独特的竞争优势，能够为酒店培养一批忠实的客户。

酒店在开创自身特色经营的同时，还应将实用、舒适、时尚、个性等考虑在内。随着如今市场的多元化发展，一些酒店对"星级标牌"的认同有一定程度的下降，其权威性受到了一定的质疑。而忽视了"星级标牌"作为酒店行业的一种评定方式，是经过长期的发展而逐渐形成的一种认同，不仅是一种荣誉，也是酒店标准以及水平的体现。

现如今，一些酒店对产品以及服务进行了创新，并取得了一定的成效，吸引了众多消费者，而消费者在社交媒体上的传播，极大地推动了酒店品牌的传播，扩大了酒店的影响力。

例如，上海半岛酒店停车场的收费标准为每小时60元，如果用户的消费满300，能够免费停车4小时，如果用户在酒店内就餐或是住宿，均可免除停车费；消费者如果需要洗衣服务，只需要按一下房间内的按钮，就会有专人上门服务。这两项创新服务成为上海半岛酒店的特色。

虽然半岛酒店制定的就餐住宿能够免除停车费让每小时60元停车费显得有点多余，但这是酒店对消费者所设置的门槛，给消费者留下了深刻的印象，提高了酒店品牌的知名度。

上海新天地安达仕酒店引入了LED以及智能化控制系统来管理酒店的客房，大厅的总服务台放着两个独立的操作台，同时还为客人准备了免费的现磨咖啡和甜点，在体现酒店的专业之余，也让消费者感受到了温馨。

在保证酒店产品品质的前提下，开创企业的特色经营，为酒店的文化注入鲜明的特色，能够形成酒店自身的核心竞争力。酒店所打造的特色产品以及对产品附加值的追求，将会成为酒店未来发展的主要方向。酒店的文化系统特色化、产品以及服务的差异化，能够促进酒店的进一步发展。

# 第四节　智慧酒店"体验式"管理提供个性化需求

时代的进步发展使人们的生活方式发生了巨大的变化,开始向多元化发展。就住宿这一行业而言,产生了各种形式的住宿行业,像民宿、短租、酒店式公寓等,这些新型住宿行业的兴起,对酒店这一传统的住宿行业带来了巨大的冲击,甚至有相关的业内人士指出,民宿将会成为未来中国酒店行业的重要力量。

## 一、崇尚自然的民宿

民宿最早源于 20 世纪 60 年代的英国,起初是一些农家用 B&B(Bed and Breakfast,床和早餐)的家庭客栈模式来招待客人,他们利用自己家里的空闲房间,结合当地的生活习惯以及农、林、渔等生产活动,为旅客提供极具当地特色的住宿服务,是一项家庭副业。

这种住宿方式与酒店的住宿方式具有较大的差异,人们所住的房子为当地人所住的房子,不仅满足了人们住宿的需求,还可以与老板畅谈,交到更多的朋友,与当地的生活也更为贴近。目前,像杭州、丽江等国内风景较好的地区,现在都在积极地开发这种独具地方特色的民宿模式。与传统的酒店行业相比,民宿具有较强的特色,受到了人们的喜爱,具有自身发展的独特优势(见图 3-7)。

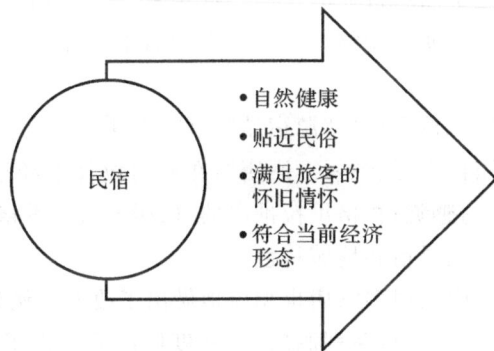

图 3-7　民宿的 4 个优势

### (一)自然健康

现如今,社会的快速发展加快了人们生活和工作的节奏,在城市中的人们整日穿梭于各种钢筋混凝土所构建的建筑之中。日常的疲惫使人们更加向往乡村的自然风光。地道的乡村住处周围都是美丽的自然风光,人们更容易接触到原生态的事物,能够贴近大自然。人们在乡村生活中能够获得身体和心灵的放松,能够体验到自然所带来的舒适、自然、健康,这也是近年来民宿成为受到人们欢迎的住宿方式原因之一。

### (二)贴近民俗

民宿作为具有地方特色的住宿方式,与当地的关系较为密切,会与当地的特色文化、美食结合起来,让民众体会当地的民风民俗。例如,让顾客体验当地的风俗文化、为旅客提供当地的特色美食等。这是民宿所具有的特点,是其他酒店所不能实现的。

### (三)满足旅客的怀旧情怀

城市的发展空间和发展机遇吸引了众多的年轻人留在了城市,但是城市所带来的巨大压力,在一定程度上会使人产生对年幼农村生活的向往。而民宿在一定程度上为人们提供了一次体验农村生活的机会,满足旅客的怀旧情怀,而这一点是酒店远远无法实现的。

### (四)符合当前经济形态

民宿在国外出现的时间要比国内出现的时间早,并在一些国家流行开来。同一时期的我国,奢华的星级酒店得到了快速的发展。随着国外文化的引入、人们需求的多样化发展,人们开始追求更趋于自然环境的民宿,民宿在我国也开始发展起来,受到了众多人们的喜爱,这也是经济新常态的具体表现。

## 二、提升酒店服务独特性

住宿行业的多元发展,一方面给酒店的发展带来了巨大的冲击,但是另一方面,也为酒店的发展提供了机遇,促进了酒店行业的发展。近年来,很多酒店开始从多角度思考问题,进一步提高酒店的体验价格,使其能够满足更多人的需求。部分外资酒店探索了多种风格的品牌,丰富了顾客的入住体验。

例如,喜达屋在亚太地区首次推出"源宿品牌酒店",秉持绿色环保的理念,在客房中设有私家厨房区域;凯悦集团推出"凯悦嘉寓酒店",在厨房设计上经过精心策划,给长期居住在酒店的人们带来一种家的感觉;香格里拉推出的"恬居·云南香格里拉",在酒店的设计过程中,特意添加了当地的人文风情和地域特色。

在这种发展趋势下,国内的很多酒店也相应地做出了改变。例如:开元酒店集团推出了以"绿色、自然、环保"为主题的乡村系列酒店;一些度假酒店推出了采摘、农家乐等活动;布丁酒店与台湾的小熊书房合作,共同开发我国台湾的民宿市场。

面对顾客多元的消费需求以及新兴民宿行业的双重压力,传统酒店行业的发展主要有以下三种途径:一是提供多元化的服务,满足消费者的需求;二是在自己的酒店服务中引入民宿活动;三是与民宿强强联手,共同开拓市场,促进双方的共同成长,如图3-8所示。

民宿作为一种新的发展形态,在我国得到了快速的发展,但是其自身也具有一定的缺陷,主要表现为:第一,管理上存在一定漏洞。由于民宿所在的环境多为自然风光较为优越的乡村,不像那些高级酒店,所处地区较为繁华,因此,其服务人员的综合水平相对较低,其科学技术和管理能力也相对较弱。第二,民宿管理不够规范。在其发展过程中,容易出现各种各样的问题,顾客在住宿过程中容易出现各种矛盾,降低顾客的体验价值。与之相比,酒店在管理、规范上具有一定的优势,且如今酒店在发展过程中也开始注重酒店的外部环境,重视顾客的整体观感体验。

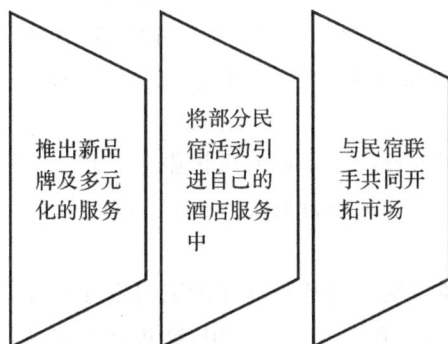

图 3-8　传统酒店行业的三种发展途径

苏州"源宿"酒店依山傍水,背靠大阳山国家森林公园,濒临太湖,远离了城市的喧嚣与繁华,以清新自然的绿色生活方式吸引了广大旅客。

"源宿"是喜达屋旗下一家以"绿色生态"为主题的酒店品牌,经过数年的发展,终于在中国成立。现在,苏州源宿正在努力将自己打造成一家"全绿色生活方式"的酒店。

与喜达屋一样,希尔顿也开始在国内推进绿色生活方式新品牌,在国内推出了希尔顿安泊酒店品牌,努力打造国内高端度假酒店,满足消费者的度假需求,而酒店的房型适合三五个好友或者一家人居住。

## 三、由留宿转为生活体验

在过去,酒店更多的是为了满足人们差旅或旅行者留宿的需求,但是现在,人们对酒店有了更高的要求,酒店不再是作为单纯落脚休息的场所,还能够为顾客提供派对等其他生活服务,用户的很多生活需求都可以在酒店实现。

源宿不同于喜达屋之前进入中国品牌的定位,它走的是生活方式路线,以绿色环保为主题,为消费者提供绿色生活的服务体验,其目标客户明确指向那些追求环保和高科技的旅行者。

而希尔顿旗下的安泊品牌的定位则是高端酒店,该酒店提供的客房均为套房,面积为42~44平方米,不管是酒店的产品设计,还是客房环境、服务等方面,都是按照五星级酒店的标准建设的,其目标客户为商务客或是家庭集体旅客。

人们对生活体验的追求,使如今多数酒店在空间分布上发生了较大的变化,主要分为两类:一类是商务会客区,也可举办小型聚会;一类是家庭住客区,还专门为小孩子设置了房间,主要满足家庭出游的居住需求。

## 四、以生活方式为创新点

传统酒店若想改变单一的提供住宿的角色,可以通过创建生活方式新品牌的方式,也可以通过推行生活方式类项目的新举措这一方式,逐渐把酒店本身发展成为吸引游客的目的地,为消费者提供独特的生活体验方式,这已经成为现在中国酒店业发展的新趋势。

在推行生活方式类项目新举措这一方面,最为突出的当属 W 酒店和四季酒店集团。W 酒店坚持推广环保理念,用回收的塑料瓶制作床头充电器,通过设计将废品变成了可供欣赏的时尚品——W 酒店希望可以通过自身的环保理念与产品设计,吸引那些一样具有环保理念、坚持可持续发展的消费者。

四季酒店针对高端消费人群设立了私人飞机服务项目,此外还有各种生活方式类的体验项目。旅行机构最先引入了环球旅行概念,但在关注短时间内如何跨越更多地区的同时,忽略了消费者的体验价值。

四季酒店的私人飞机体验则与消费者以往传统的旅行经历完全不同。在 2019 年,四季酒店计划为旅客提供三段行程,在这三段行程中,既包含很多文化及冒险主题的目的地,又涉及了全球经典的常规旅行目的地。每一段行程都有餐饮和住宿提供、目的地规划行程、私人飞机、地面交通接送等服务。四季酒店通过两项新举措吸引更多的高端消费人群,同时,国际奢华酒店在进行探索和创新时也可以此为鉴。

酒店行业几乎摆脱了星级划分的桎梏,进入一种全新的模式——细分市场多元化模式。只提供住宿的酒店已经不能满足消费者的多样化需求,只有贴近用户生活、符合用户追求的酒店才有可能取得成功。

# 第四章 智慧酒店营销模式的变革与创新

## 第一节 智慧酒店营销的优势

互联网科学技术的发展,使得互联网在人们工作和生活领域中的渗透性逐渐增加,成为我们日常生活中不可缺少的重要组成部分。互联网的使用不仅提升了人们的工作效率,同时也给人们的生活带来了巨大的便利。在酒店营销中,互联网的使用能够极大地提升酒店的营销效果,将酒店行业的发展推到一个新的高度。

在以往的酒店中,人们无法直观地看到酒店的真实情况,外地的消费者只有到酒店亲身体验之后,才能了解酒店的服务状况,消费者在体验后对酒店的印象,决定了消费者是否会再次消费。将互联网与酒店结合起来是智慧酒店的重要特点,将互联网运用其中后,消费者在网络平台上即可了解酒店的真实情况,查看以往消费者的消费体验,从而决定是否要到酒店进行消费。

酒店利用多媒体手段,借助互联网,能够将酒店内的服务设施以及设备展示到世界各地人们面前,让消费者在入住酒店之前了解到酒店的详细信息,最终做出合适的消费选择。消费者可以借助互联网查询处在世界各地、不同类型的酒店信息,包括酒店的等级、服务设施、客房价格、以往顾客的入住体验等,这也是消费者选择酒店的重要依据。

### 一、智慧酒店营销的优势

#### (一)提供满意服务

作为服务行业的酒店,其根本目标是满足顾客的需求,使顾客满意。因此,酒店首先要明确的是顾客的实际需要,包括在什么时间、什么地点需要什么。在智慧酒店中,酒店相关工作人员可以清楚地了解顾客订房信息,以及顾客在网上发布的诉求,与顾客建立良好的互动关系,从而为顾客提供针对性的服务,满足顾客的需求。

智慧酒店的发展实现了人们便捷、快速地订房,不仅提高了顾客的体验感,而且也为酒店的管理提供了便利。此外,酒店还可以利用计算机程序对数据进行分析,分析顾客的痛点,为顾客提供更具有针对性的个性化服务。

### (二)建立品牌效应

信息在如今的社会发展中具有十分重要的作用,是酒店行业的重要战略资源,能够帮助酒店在行业发展中获得竞争优势。

品牌是酒店的外在形象,在网络营销中发挥着重要的作用。品牌的智慧酒店在向顾客提供服务的同时,也将酒店品牌的服务理念传递出去,建立品牌效应,形成酒店的外在形象,提升酒店的品牌影响力。

借助互联网的在线预订平台,能够扩大酒店的客户群体范围,实现酒店客房的异地销售。此外,在线预订方式还为酒店开辟了一种新的客源渠道,挖掘了更多酒店的消费群体,扩大了酒店的品牌宣传力,提升了酒店的品牌形象。

## 二、智慧酒店营销的形式

在如今的互联网时代,消费者接收信息的渠道增加了,在商品选购上掌握了更多的主动性,对企业提出了更大的挑战。企业要想吸引消费者的注意,获得消费者的青睐,就需要在消费者上网浏览信息之前建立自己的品牌形象,提升自己的品牌影响力,只有这样才能在消费者有需求时,引导消费者搜索本企业的产品信息,才能将浏览信息的潜在消费者发展为自己的客户。在互联网环境下,智慧酒店要充分利用网络环境中的各种资源。如今智慧酒店的营销形式主要分为网上预订、酒店网站、酒店信息管理系统、互联网广告几种,如图4-1所示。

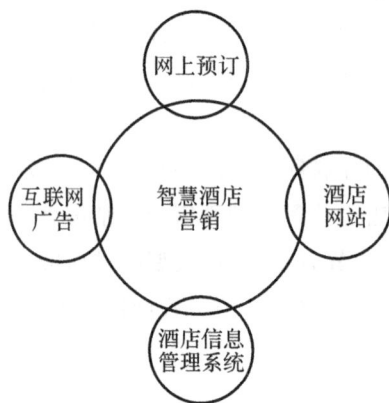

图4-1 智慧酒店营销的四种形式

### (一)网上预订

酒店采用网上预订的方式,能够有效提高接受订单的效率,缩短订单的处理时间,不仅能够减少酒店在预订环节的失误,还能够提升用户的体验,用户只需要借助互联网就可以实现预订。通过在线预订系统,酒店的订单将会直接转移到订单处理中心,有效节省了时间,简化了订单的处理流程,节省了人力资源。

在网上预订系统中,酒店可以借助各种多媒体渠道,将酒店的客房功能、设备、特色等做一详细的介绍,吸引消费者入住。消费者在预订系统中不仅可以选择自己的入住时间、入住房间种类等基础信息,还可以表明自己的习惯特点,酒店可根据消费者的备注信息,提供更为贴心的个性化服务,不仅满足了用户的多样化需求,还增强了消费者对酒店品牌的忠诚度,从而使酒店拥有较强稳定性的客户资源。

此外,酒店所设计的预订系统还应能够满足消费者查询订单处理情况的需求,使消费者在提交订单后能随时了解订单的执行情况。此外,部分消费者提交订单时可能是仓促提交,后期需要有所变动,或是出行受到影响等情况,酒店的预订系统要能满足用户修改订单的需求。顾客提交订单后,酒店还应与消费者保持良好的联系,为消费者带来良好的体验效果。

### (二)酒店网站

酒店的网站能够将酒店的详细信息展示在消费者面前,让消费者根据自己的需求自行选择。消费者还可以以酒店提供的个性化产品为参考,确定自己需要的产品。此外,消费者还可以在网上查询以往入住消费者的评价信息,以及自己以往的消费记录。互联网的普及使用为酒店和消费者之间的沟通创造了条件,酒店可以随时了解客户的需求变化,对自己所提供的服务进行调整。

在这一环境下,酒店也应积极构建自己的官方网站,落实酒店的互联网营销,降低对在线预订系统的依赖。官方网站的构建能够提升酒店的品牌宣传力,提高酒店的销售量和管理水平。此外,官方网站的构建能够使酒店拥有更多的独立自主权,酒店可以根据实际情况确定其产品价格,满足酒店的定位需求,促进酒店的长远发展。借助互联网方便、快捷的通信方式,酒店还可以对酒店产品的使用情况进行跟踪调查,及时解决消费者在入住期间的各种问题,以提高酒店网站的访问率。

酒店网站的建设要将实用、美观、消费者的使用感受等因素充分考虑在内。酒店官方网站中应构建一个宣传的窗口,充分凸显自己的优势,引导消费者与酒店建立互动关系。设计的网页要兼具特色化和实用性,能够直观地将酒店的特色体现出来。当酒店实现在线订房并达到了一定规模,取得了一些效果时,酒店就要注重酒店网站的后期维护和推广。

酒店网站的建设在酒店中发挥了重要的作用。一方面,消费者能够在入住酒店前了解到酒店的详细信息,包括酒店的位置、环境、客房价格等,还可以借助虚拟客房体验酒店的产品和服务;另一方面,酒店能够了解顾客的详细信息,包括顾客的消费习惯、顾客的需求等,在此基础上为顾客提供定制化的产品和服务,从而提升酒店的服务品质,满足顾客的需求。

### (三)酒店信息管理系统

酒店营销部还应设立营销信息系统管理职位,利用计算机管理系统,实现酒店的营销部门与其他部门之间的网络信息共享。借助互联网的力量对酒店进行宣传推广,获得更多的线上资源,从而为酒店信息的收集提供重要的保障。此外,利用互联网将酒店的各个部门联系起来,有助于增强酒店部门间的合作与配合,提高酒店的服务体验,满足用户的需求。

设计和运作酒店的官方网站,获得较好的营销效果,不仅是酒店内营销部门的工作,还需要酒店内其他部门的配合,如根据网站设计的需要,对自己部门内的业务操作流程进行调整,充分满足用户的需求。此外,营销部还应定期、有计划地对酒店市场进行调研,掌握市场的最新发展动向,了解顾客的需求变化、竞争酒店的经营状况等,为酒店业务以及服务的调整提供重要的依据。

### (四)互联网营销的广告策略

广告的目的是对酒店的产品和服务进行推广营销,扩大酒店的品牌影响力,提升酒店的品牌形象,在抓住老顾客的同时,获得更多新顾客的关注。互联网在酒店行业的应用,丰富了酒店的广告营销方式,扩大了酒店的广告营销范围,是酒店的一种新营销方式(见图 4-2),通常情况下,酒店采用的主要是以下几种方式:

第一,与其他行业的网站联系起来,提升酒店的网站点击量;

第二,充分利用网络信息或论坛,在某个平台中发表人们感兴趣的话题,吸引人们的注意力,然后将广告巧妙地引入其中,让人们了解到酒店的相关信息;

第三,确定酒店的潜在目标客户群,然后将酒店的信息以邮件的方式推送给他们。

与以往传统的广告形式相比,互联网广告具有较强的优势,主要表现为成本低、传播快、传播广、互动性强,能够将酒店与顾客联系起来,在降低酒店营销成本的同时,能够提升顾客的消费体验感受。酒店与消费者之间的强互动关系能够加强酒店对消费者的认知,在开展广告营销时更能从消费者的角度开展,打动更多消费者,获得消费者的认可。

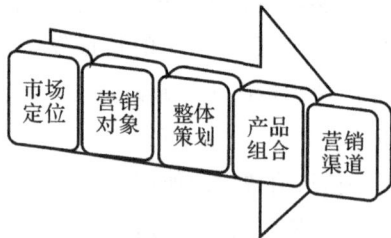

图 4-2 智慧酒店互联网营销的实施过程

#### 1. 互联网营销的市场定位

互联网营销使酒店和顾客都可了解对方的信息,具有双向性的特点,因此酒店不仅要收集顾客的相关信息,还要及时对酒店内的产品和服务进行思考。酒店可以通过网站内统计的信息,了解顾客的特点以及顾客的需求,从而为酒店的互联网营销提供依据。

#### 2. 互联网营销的主要对象

酒店互联网营销的主要对象是在互联网市场上可能会产生购买行为的客户,定位不同的酒店,其对象群体也不相同。酒店应从其自身的产品和服务特点出发,明确酒店自身的定位,锁定其营销对象,通过设计和制作网站内容,吸引目标客户群体的关注和访问。

一般来讲,酒店所面向的客户群体主要有年轻人客户群体、休闲度假客户群体、商务客户群体等。明确酒店的客户群体后,应分析其客户群体的分布状况,最终确定酒店网络营销的主要对象。

### 3.网络营销的整体策划

互联网营销的目的是扩大酒店的品牌宣传力,提升其知名度,增加酒店的客户群体,增加酒店的客房预订量。影响互联网营销效果的关键就是酒店具体信息设计。

多数在网上预订客房的消费者是未去过酒店的,因此酒店在网站上提供的信息决定着消费者对酒店的认知,决定着消费者是否会办理入住。顾客从浏览酒店的客房信息到确定入住,需要一定的过程,因此酒店互联网营销内容应在客户预订决策的基础上进行确定。整体来看,顾客在线订房经历了"了解—试用—使用"三个阶段,酒店的经营者要从每一个环节入手,帮助顾客顺利完成酒店预订。

### 4.互联网营销的形式

酒店的互联网营销主要包括互联网广告和酒店网站两种形式,互联网广告和酒店网站的功能概括来讲就是宣传推广和信息收集。酒店可以通过多媒体网络组合产品开展互联网营销。此外,互联网广告以及酒店网站的交叉组合,有助于提升互联网的营销效果。通过各种形式的互联网广告能够吸引和稳定酒店的网络客户群体,通过对酒店网站信息内容的特色化设计,能够吸引更多的潜在客户群体。

### 5.互联网营销的营销渠道

营销渠道是互联网营销获得成功的关键所在,因此酒店应加强对营销渠道的科学、高效管理。除了酒店自主开发的酒店网站外,酒店还应充分利用各种互联网资源,积极开拓其他互联网营销渠道。

互联网经济的火爆使得如今的互联网领域中出现了众多的互联网推广资源,为酒店的互联网营销提供了众多的信息资源,增加了互联网营销的信息传递渠道,提升了酒店互联网营销的成功率。为了确保酒店在互联网平台上的形象,酒店需要协调好与各个营销渠道的关系,以保证酒店在网络上营销的一致性、连续性和统一性。这是保证网络营销取得最佳效果的必不可少的管理内容,也是酒店的网络形象所需要的。

## 三、智慧酒店营销的发展趋势

### (一)微博、微信、视频广告的深度发展

前些年,与其他营销方式相比,微博营销是极具发展潜力的营销方式。随着微信以及抖音、快手等视频软件的兴起,微博营销所具有的局限性逐渐体现出来,智慧酒店的网络营销方式也开始逐渐向微信、抖音、快手等平台发展。

微信使用的日常性以及广泛的使用人群为智慧酒店的营销提供了良好的环境。此外,抖音、快手等视频平台的兴起,扩大了人们的认知,其短小的视频也成为人们日常休闲的重要娱乐内容之一。视频能够将酒店的详细信息全面地展示给顾客,为顾客提供观赏性更强的动态展示,这种直观地满足顾客视觉的广告形式更容易受到消费者的欢迎。

### (二)优化酒店网站

酒店在开展互联网营销时,应将酒店的网站优化考虑在内,如果酒店在创建网站时忽略

了这一问题,没有考虑酒店的网站优化策略,那么在互联网发展迅速的今天,酒店就难以建立自己的竞争优势。

酒店的网站优化不仅是对酒店的搜索引擎排名进行优化,还包括酒店的网站功能、网站结构、网页布局、网站内容等,从而提升酒店网站的服务能力,为人们获取信息提供便利。如今已经有越来越多的酒店认识到网站优化的重要性,具备网站优化的思想。通过对酒店的网站进行优化,能够向客户传递更有效的互联网营销信息,充分发挥互联网营销的价值,提升酒店的品牌影响力,扩大酒店的市场空间。

互联网规模的扩大、用户数量的增加,使互联网成为如今推动各行各业发展的重要手段,也成为未来酒店营销的必然发展趋势。互联网营销不同于市场营销,酒店的经营者在开展互联网营销时应具备长远的战略目光,根据酒店的实际情况制订合理的计划和步骤,促进酒店网络营销的长远发展。

**(三)互联网营销整合资源**

互联网的发展,为酒店的资源整合提供了便利。各酒店不仅可以在网站上推广自己的产品,还可以联合其他同类型或不同类型的商家,将资源进行整合,实现双方的共赢。

# 第二节 智慧酒店模式的 4P 营销理论

智慧酒店的营销就是在酒店的基本营销管理上充分运用互联网思维,借助互联网提供的便利化平台宣传酒店产品的一种营销模式。目前,我国多数酒店已经将互联网与酒店的营销管理结合起来,并在线上开通了专业预订业务,人们只需要借助网络就可以进行酒店预订。

以下将从 4P(产品、价格、渠道、促销)营销理论入手,阐述我国智慧酒店模式的营销管理,如图 4-3 所示。

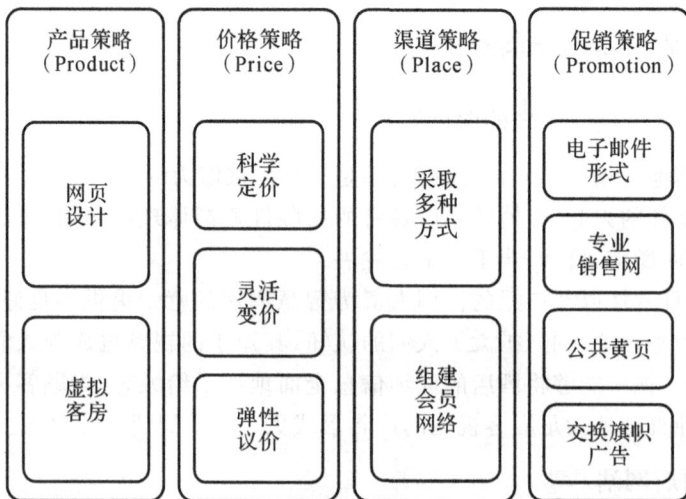

图 4-3 智慧酒店模式中的 4P 营销理论

## 一、产品营销策略（Product）

在互联网时代，顾客可以在网上浏览酒店的客房信息，根据酒店在网上所提供的信息以及以往顾客的入住反馈，决定自己是否入住。因此，如果酒店的网页设计得好，也能够吸引大量的消费者。因此，做好网页设计和虚拟客房是酒店在网上营销中获得大量消费者的关键。

### （一）网页设计

酒店的网页设计要以设计精致、操作方便为准则，在设计的过程中应注意以下几点内容：

第一，酒店网页要具有强烈的视觉冲击力，能给消费者留下深刻的印象；

第二，网页结构要布局合理，层次分明，便于消费者使用，消费者能在较短的时间内找到自己所需要的服务；

第三，网页内容要全面、突出重点，消费者所要了解的酒店信息，在其中都可以找到；

第四，网页链接要便于浏览，便于人们上传和下载文件，不会出现图片无法显示等情况。

在智慧酒店的产品营销策略中，酒店要充分发挥互联网的优势，尽可能地使自家的酒店在众多的酒店中脱颖而出，为酒店创造更多的营销机会。

### （二）虚拟客房

虚拟客房是智慧酒店产品营销策略中的特色内容。从消费方面来讲，消费者在购买产品前首先要对购买的产品有一个大概的认知，然后决定自己是否购买。在传统的酒店营销中，消费者只有在参观了酒店的客房之后，才能决定是否预订。智慧酒店的这一特色内容使消费者只需借助互联网即可了解酒店内不同客房的具体情况，能够满足用户的需求，提高了用户的使用体验。

在智慧酒店中，酒店可使用网络技术在网上构建一间虚拟客房，让消费者在预订客房之前，就对所预订的客房有一定的了解，并且还可以在虚拟客房里根据自己的喜好进行设计，从而使酒店在线上和线下都满足用户的需求，为用户提供满意的服务。

消费者在酒店官网中参观虚拟客房的操作十分简单，只需点击酒店主页上关于参观虚拟客房的按钮便可进入虚拟客房空间，在这一空间内，还会有服务员为其提供服务，详细介绍房间内的电视、洗漱、安防等情况，消费者不仅可以了解到酒店的真实情况，还可以根据自己的偏好习惯对房间内的物品做适当调整。

通过酒店提供的虚拟客房服务，消费者在预订房间之前就可以对客房有一个详细的了解，如果消费者满意，再进行确定。消费者还可以根据自己的偏好习惯对房间内的物品进行调整，从而提高入住时的体验效果。

## 二、价格策略（Price）

在酒店的营销管理中，价格是最关键的因素之一，同时也是消费者极为关注的问题。互联网的发展为人们的生活提供了极大的便利，人们可以借助互联网了解不同酒店的客房价格,便于消费者对比做决策。但是同时这样也使酒店的房间价格暴露在竞争对手面前。智慧酒店在制定价格策略时,要注意以下几个问题。

## (一)科学定价

智慧酒店营销模式的使用能够有效降低酒店的经营成本,因此,酒店可以适当地降低客房的价格。此外,在互联网环境下,酒店的客房价格变得透明,消费者可以很容易地看到其他酒店的客房价格。科学定价、建立科学的定价体系成为酒店价格策略的关键,这一举措能够消除消费者的疑虑,放心预订,从而实现提升酒店的客房流量的目的。

## (二)灵活变价

在互联网营销中,酒店的价格是透明的,消费者可以选择与自己经济状况相适宜的酒店。但是对于酒店来讲,透明的价格使酒店更容易受到竞争对手的冲击。因此,酒店应根据实际情况建立客房价格的自动调节系统,以规避风险。酒店应根据淡旺季的不同、不同时间段内消费者的流量来制定不同的客房价格,在保证酒店盈利的基础上,灵活地调节价格,通过举办具体的优惠、折扣活动,吸引消费者。

## (三)弹性议价

灵活的变价策略使酒店在不同时期内的客房价格不同,但是顾客如果在同一酒店内用不同的价格预订了同一档次的客房,就会对酒店的客房价格产生异议,从而对酒店的口碑以及未来的发展产生影响。

弹性议价不是指讨价还价,而是酒店与消费者在网上通过商讨共同制定一个合理的客房价格。消费者可以在酒店主页上输入自己认为合理的价位、所需客房的楼层、朝向等选项,针对消费者提供的信息,酒店就可以为其提供满意的客房。

例如,消费者想要预订一个价格为 1 500 元以下、位于四楼的房间,而酒店内位于四楼的房间价格为 1 600 元。这时,酒店就可以与消费者协商,制定双方都满意的方案。例如,如果消费者本次愿意以 1 600 元入住酒店,那么下次来的时候就可以享受一定的优惠。

这种方式与传统的服务员报价相比,不仅节省了时间,省去了很多不必要的麻烦,而且还能让消费者简单、快捷地选择到符合自己要求的客房。

## 三、渠道策略(Place)

在如今众多的销售渠道中,互联网是主要的营销渠道。酒店应对这一营销渠道进行完善和改造,采取多种形式以吸引消费者的注意,如采取会员制,为酒店的会员提供免费的服务和产品。以下以建立酒店的会员制为例,对酒店组建会员的渠道策略进行介绍。

会员网络是企业在虚拟组织的基础上建立起来的网络团体,酒店中的会员可以免费享受会员服务。通常来讲,酒店的会员网络主要由来酒店住过的顾客组成。在智慧酒店中,为了给以往消费过的顾客提供更好的服务,酒店建立了专门的会员网络,促进酒店不同消费者之间的沟通交流,培养消费者对酒店的忠诚度,以此形成用户黏性。通过建立酒店的会员网络,能够使每一位消费者都参与进酒店的营销过程,共同促进酒店的发展。

在售后服务上,消费者离开酒店后,酒店的相关工作人员可以根据消费者在入住酒店时登记的信息,给消费者发邮件询问消费者的意见,以表示对消费者的关心和重视。

此外,酒店还会根据消费者的特征,如职业、城市、偏好,对消费者的信息进行分类,为他们提供交流的平台,促进不同消费者之间的交流沟通。

节假日时,酒店还可以通过互联网向消费者发送节日祝福,向消费者推出新的服务项目,将消费者与酒店联系起来,表达对消费者的尊重和重视,从而给消费者留下好印象。

## 四、促销策略(Promotion)

只有酒店的网页拥有巨大的用户访问量,酒店才可以提高营销业绩。因此,酒店在互联网上的营销又意味着酒店网址的营销,而酒店在完善和改造网页的同时,也在提高网站的点击量。虽然富有冲击力的网页能够吸引消费者、提高浏览量,但是要提高消费者的购买量,还需要在促销手段上下功夫。以下为两种常见的酒店促销方式。

### (一)电子邮件

电子邮件是会员网络中常用的一种促销策略。电子邮件的促销策略是指酒店将本店的广告信息以电子邮件的方式发送给消费者,具有成本低、反馈及时、速度快等优点。但是,如果酒店将酒店的广告信息都直接发送给消费者,可能会引起消费者的反感,给酒店带来不好的影响。因此,酒店应对消费者的信息进行分析,针对消费者的入住频率、入住偏好、职业特点等,针对性地发送广告,注意广告的设计、文字等信息,提升邮件广告的质量。

### (二)专业销售网

专业销售网是建立网站、专门销售某种产品的方式。这种销售方式的优点是能够节省时间,消费者可以直接在该网站上查询自己需要的信息。通常情况下,查询酒店信息的消费者往往具有较强的目的性,而专业销售网能够为消费者提供精确的信息,是酒店开展营销的极佳选择之一。

在专业销售网上,消费者只需要输入相关的信息,如旅游地、酒店登记等,便可检索出符合条件的酒店,消费者可以直接点击查看酒店的详细信息,节省大量查询所花费的时间。我国酒店行业相关的专业销售网站主要有携程、艺龙、同程等。

# 第三节　新媒体平台营销策略

新媒体是伴随互联网的发展而产生的,给人们的生活带来了巨大的改变。新媒体营销的广泛性、多样性使之成为酒店营销的重要方式之一。

新媒体是相对于传统媒体而言的,是随着社会发展而产生的一个概念。总体来讲,新媒体就是利用数字技术、互联网技术等,借助宽带、无线通信、卫星等通道以及电脑、手机等终端,形成一种传播渠道,为用户传递各种媒体信息。从信息传播的角度来看,新媒体的传播具有范围广、信息量大、速度快、成本低等特点。在新媒体时代下,人们不再是被动地接收信息,而是主动地选择信息,与信息进行互动,每个个体不仅是信息的接收者,同时还是信息的传播者、创造者。

新媒体时代加快了不同信息之间的传播,使信息的传播面更广,消费者可以在入住酒店前了解到酒店的详细信息,择优而选。在这种社会环境下,不同酒店品牌之间的竞争更为激烈,如果酒店的营销思维模式依旧拘泥于传统模式,那么酒店就可能会被市场所淘汰。

由于智慧酒店自身的特性,利用新媒体平台营销具有较大的优势,以下将对新媒体营销在智慧酒店中的运用进行阐述。

## 一、新媒体环境下智慧酒店营销的特性

新媒体传播逐渐向全球化发展,与智慧酒店的其他传播形式相比,新媒体传播的成本也相对较低,形式较为多样。新媒体营销所面向的是全球市场,因此,借助该种营销方式,酒店也可以在全球范围内寻找客户,扩大酒店的影响力。经济全球化的发展,给酒店的新媒体传播方式提供了新的发展机遇,如图4-4所示。

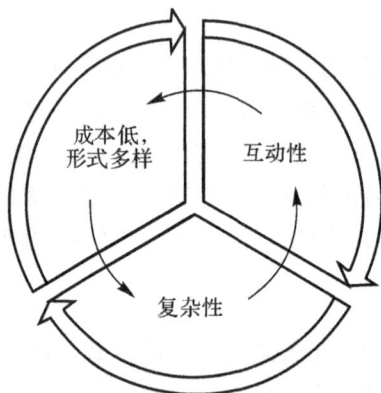

图4-4 新媒体环境下智慧酒店营销的特性

### (一)互动性

新媒体具有较强的互动性,能够为人们的交流提供一个迅捷的平台,实现企业与消费者之间的双向互动。企业可以根据消费者的动向迅速做出反应,及时掌握市场的发展动向;消费者也可以详细了解企业的相关信息,做出选择。与传统媒体的单向信息传输相比,多媒体的双向信息传输更为人性化,能够使消费者体验到从自身角度出发的贴心服务。

在新媒体平台上,品牌的推广是企业与消费者在互动过程中无形实现的。酒店在新媒体平台上发布关于服务、设施、安全等相关信息,并鼓励消费者参与讨论,根据在讨论过程中消费者所表达出来的需求与意见,对酒店进行适当的调整。此外,不同消费者还可以在相关平台上,针对酒店的服务、设施、安全等问题进行交流,交流过程也能起到宣传酒店的效果。所以说,在新媒体环境下,智慧酒店在互动环节所发挥的作用对于提升品牌的价值具有十分重要的作用。因此,在酒店与消费者的沟通交流过程中,酒店要把握好两者之间的关系,设立专门的岗位服务人员与消费者沟通交流,对交流沟通的内容进行斟酌,实现双方之间的有效交流沟通,从而获得消费者的认可。

### (二)复杂性

新媒体环境下智慧酒店营销的复杂性是指在营销过程中信息本身以及信息传播的复杂性。在如今互联网较为发达的新媒体环境下,信息量极为庞杂,在我们的生活中充斥着各种各样的信息,良莠不齐。在这种环境下,消费者会产生一定的警惕性,这会影响酒店的信息传递效果。在新媒体平台上,不同信息传播者由于出发点不同,会表达出不同的观点,不同观点的碰撞会产生较强的舆论力量,从而使新媒体环境更为复杂。

在如今互联网时代,信息处于透明化的传播环境中,企业要充分发挥自身在酒店营销中的作用,正确引导消费者展开讨论。因此,酒店要想在新媒体环境下树立自身良好的品牌形象,吸引更多消费者,就必须注意网上的舆论导向,维护好企业的形象,为顾客提供真实有效的信息,获取消费者的信任。此外,新媒体环境下智慧酒店营销的整个环境中,企业应掌握话语权,引导舆论向对酒店有利的方向发展,及时澄清其中对酒店不利的言论,但对于酒店自身切实存在的问题,酒店也要敢于坦诚面对,不可隐瞒。

### (三)成本低,形式多样

随着网络的全球化发展,新媒体环境下的传播成本不断降低,酒店的信息传播形式也更为多样。在这一环境下,智慧酒店的营销要顺势而行,扩大酒店的营销效果。

多样化具体是指媒体形态的多样化,如微博、微信、网络视频、电子刊物等。这些平台为酒店营销提供了形式丰富的载体。而且在互联网环境下,各个载体之间联系密切,一个载体运作的成功会为在其他载体上的营销打下良好基础。这样一来,整个营销过程立体化,在消费者周围形成一个完整的宣传情境,容易从不同角度激发消费者的消费热情。

成本的降低为酒店的宣传营销带来了巨大的发展优势,不仅能够减少酒店在营销投入方面的负担,还为后期持续进行的新媒体营销提供了成本上的可行性,这也是新媒体能够迅速提升其市场占有比重的原因。

## 二、新媒体环境下智慧酒店营销的平台

在新媒体时代下,多样的媒体形态为酒店的营销发展提供了多种选择。人们生活水平的提升极大地促进了旅游行业的发展,进而促进了酒店行业的发展。在这一时期,酒店要充分利用好各种新媒体平台,促进酒店的进一步发展。目前我们日常生活中常见的新媒体营销平台主要有电子刊物及电子商务平台、微博平台、微信平台、团购网站平台、微电影、酒店官方网站等,如图 4-5 所示,不同的新媒体营销平台具有不同的特点,具体内容如下。

### (一)电子刊物及电子商务平台

电子刊物突破了传统纸质媒体的传播局限,以其多样的表现形式、丰富的内容以及便捷的传播方式受到人们的青睐,成为智慧酒店营销的另一种形式。酒店可以与可靠的杂志平台建立可靠的合作关系,在热门的杂志中植入酒店的广告信息,从而获得良好的营销效果。

除电子刊物外,电子商务平台也是酒店展示自己服务和产品的渠道之一。电子商务平台自身往往具有完整的系统,如宣传、交易、客户服务等,与酒店自身的官网相比,其专业性

也会更强,在营销方面获得的效果也会更好。酒店与电子商务平台联合起来,在此平台上实现酒店产品的推广,不仅能够扩大酒店的市场规模,还能提高酒店自身产品和服务的销量,扩大酒店品牌的影响力。

目前,电子商务平台已成为酒店线上销售的重要组成部分,我国知名度较高的携程、同程、艺龙、美团等电子商务平台已经全面展开与酒店的合作。

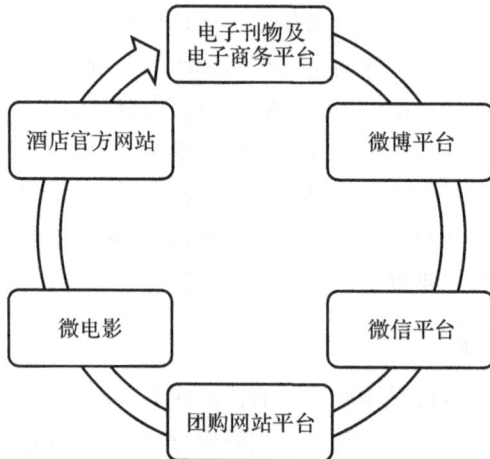

图 4-5 新媒体环境下智慧酒店营销的平台

### (二)微博平台

微博平台是一个信息传播极为高效的平台,拥有极大的流量和活跃的交流频率,能够在电脑终端和移动客户端之间自由切换,具有较强的影响力。

互动性是微博平台的突出特点,在该平台中,不同的用户可以就某个问题展开讨论,从而形成一个社交群体。酒店利用该平台开展营销,能够快速地获取到消费者反馈的信息,通过与消费者的交流沟通,拉近酒店与消费者之间的距离,从而提升消费者对酒店品牌的认同感。酒店在开展微博营销的过程中应注意以下几点。

第一,酒店的用户定位要准确。微博虽拥有庞大的用户数量,但是其文化水平却参差不齐,在消费观念、经济实力、年龄等方面具有较大的差异。因此,酒店在开展微博营销之前就应明确其市场定位,找到有消费需求的目标人群,针对其目标人群推送适合其习惯和偏好的信息和内容。

第二,酒店所开展的话题要具有互动性。互动性是新媒体平台最主要的特征,微博营销重点在于吸引消费者的关注,这就需要微博内容如文字、图片、视频等要具有一定的新意,能够抓住消费者的眼球。此外,酒店还要与消费者形成良好的互动关系,吸引消费者对所发表内容展开讨论。在目前的新媒体时代下,消费者对于获取企业和品牌信息的意识增强,因此酒店应加强展开与酒店相关问题的讨论,在增进消费者对酒店了解的同时,提高品牌的知名度。

第三,微博营销的持续性。微博营销是一个具备阶段性、持续性的过程,每一个阶段向下一阶段的过渡都是有一定依据的，双方之间是相互支撑的。所以酒店要用可持续发展的眼光来开展酒店的微博营销，切忌急功近利，使消费者产生抵触心理，进而给酒店的发展带来不利的影响。

酒店不能强硬开展微博营销，在微博营销初期，酒店应将工作重点放在扩大酒店的知名度和影响力上，在获得消费者的认可、拥有稳定的受众后再展开具体的营销。此外，酒店营销的内容应具有较强的人情味，降低其中的功利内容，从而吸引更多的消费者。

### （三）微信平台

近年来，随着微信平台注册人数的增加，酒店开始重视这一平台所具有的巨大营销空间，开始创建酒店的官方微信账号。

微信平台要注重"情怀营销"，与消费者建立良好的关系。酒店还可以将酒店的相关服务与微信账号结合起来，引导消费者关注酒店的微信账号，关注后续开展的各种活动。

### （四）团购网站平台

对于酒店企业来讲，团购网站平台同样也是一个具备较强营销价值的平台。与普通的网站营销相比，团购能够为消费者提供更多优惠，也因此吸引了大量的消费者。团购就是利用这种优势来吸引消费者，从而降低酒店客房的闲置率，即使是旅游淡季，也能订出房间。

由于团购的价格降低压缩了酒店的利润，而且团购订单中的投诉订单较多，所有酒店对团购多持谨慎态度。但是也有部分运营状态较好的酒店将酒店内的部分特色服务来做团购，如旅游、健身、餐饮等，也取得了不错的效果。

团购网站的优点是能够扩大酒店的知名度，这也是多数酒店与团购网站合作的主要原因。酒店在与团购网站合作的过程中，应注意参与团购客房的比例。参加团购的消费者，其消费心理多趋向于价格优惠，如果参与团购的客房比例较大，长此以往，反而不利于酒店的发展。

### （五）微电影

微电影是指专门在新媒体平台上播放，填补人们零碎时间，有完整剧情的"微影片"。这种影片投资较低，规模较小，但是具备完整的策划和系统支持。在新媒体营销时代，微电影也被看作一种有效的营销渠道，酒店企业可以把酒店信息、酒店历史故事等融入视频中，借助视频的直观性、微电影的故事性展示出来，起到具有娱乐性和观赏性的宣传效果。

微电影的广告植入更加不露痕迹，以故事本身明显的叙事风格融入广告信息，使观众在潜移默化中接受品牌相关信息。微电影的时间很短，但是紧凑完整的故事情节、灵活的播放渠道，以及广泛的受众人群等都使其成为有效的营销途径，再加上微电影投资成本低、运作周期短等特点，都大大增加了其承载营销信息的可能性。

作为一种视频形式，微电影巧妙地避开了传统广告视频单方面传递信息的说教方式，而是以故事情节为出发点诠释了企业的文化，具有较强的趣味性，从而吸引更多的观众，扩大酒店的影响力。

### (六)酒店官方网站

酒店的官方网站能够集中呈现酒店的详细信息,不但具有投资成本低、见效快、回报高的优点,而且在酒店形象维护以及品牌的升级方面发挥着重要作用。酒店官方网站能够将酒店的各种详细信息展示给消费者,包括安全、设施、卫生、特色等内容,是酒店开展各种营销的基础。

在酒店的建设过程中,要注意以下几点:首先,酒店的整体布局要简洁大方,整体的风格要能彰显自己的特色,能够吸引消费者的注意力;其次,网站的设计不仅要将酒店的详细信息展示考虑在内,同时还要将服务考虑在内,在官网上为消费者提供一站式服务,满足消费者的需求;最后,酒店官方网站的设计要与其他媒体平台联系起来,加强消费者与消费者以及消费者与酒店之间的沟通交流,了解消费者的真实需求,把握酒店市场的发展动向,抓住商机。

## 三、新媒体平台对智慧酒店营销带来的影响

Web2.0 的发展推动了部分新媒体平台的产生,对人们的生活产生了重要的影响,在人们交流意见和见解、分享社会经验方面发挥了重要作用。现阶段的新媒体主要包括官方网站、微博、微信等。新媒体的出现丰富了酒店的营销方式。

酒店应充分利用新媒体的优势,在微博、微信等新媒体平台中开设官方账号,通过平台内开放的程序接口,将客房预订等酒店服务引入其中,让消费者在日常经常使用的新媒体平台中即可完成咨询、房间预订等服务。

例如,人们日常使用频率极高的微信平台,商家可以制作酒店的小程序软件,人们在常用的微信软件上,即可查看酒店的详细信息,并完成房间预订。

以新媒体平台为载体,所设计的各种酒店小程序、链接,催生了大量酒店预订系统,给酒店行业的发展带来了巨大的影响,主要表现在以下几个方面。

### (一)实名制的新媒体平台推动了更为全面的 CRM 系统的建立

为了保护用户权益、建立诚信社会、约束违法犯罪行为,我们日常使用的新媒体平台开始实行实名制,消费者如果想要通过新媒体平台来预订酒店的客房和服务,只有经过实名制注册后才可进行。采取客户实名制的措施,不仅是为了迎合社交媒体交互以及共享的基本属性,同时还会将消费者的交易记录和偏好数据保留下来,从而形成一个庞大的 CRM 系统,为酒店的精准营销提供了重要的参考依据。

通过 CRM 系统,酒店可以了解客户的入住习惯和交易偏好,而在微信、微博等的新媒体平台中,可以了解消费者的兴趣爱好,如喜欢看何种类型的影片等。了解客户的这些信息后,酒店方即可在消费者入住时提供针对性的服务,为消费者推荐影片,从而增加酒店的增值服务收入,或者是提供消费者较为喜欢的小礼物,增加酒店品牌的忠诚度。

### (二)能够提高服务质量

传统酒店内的呼叫服务受人工操作的限制,其工作效率较低,难以满足消费者即时互动

和分享的需求,而酒店的官网、第三方订房中心虽然依靠现代通信技术以及计算机技术满足了消费者这一需求,但是与消费者之间的互动效果较差。

新媒体平台酒店预订系统具有新媒体平台的社交属性,能够与消费者建立较为紧密的互动关系,与其他预订平台系统相比,更容易获得消费者的信任。在这一平台中,消费者可以了解到更多与酒店相关的信息,能够在最短的时间内得到酒店对相关问题的回应。新媒体平台的实名制简化了预订程序,极大地提高了预订的效率。在预订过程中,消费者之间还可以进行互动和交流,减少信息不对称现象,快速找到自己满意的酒店。如果用户想要找一间风格特殊的酒店客房,通过传统的酒店预订网站的效率较低,但是在新媒体平台中,通过不同消费者的互动分享,用户可以很容易找到符合条件的酒店。这种预订方式增强了客户的参与度,提高了用户参与互动分享的兴趣。

### (三)促进了酒店的多渠道发展

新媒体平台酒店预订系统是如今酒店的重要营销方式之一,尤其是为那些地理位置较为偏远的酒店提供了更好的营销方式。通常情况下,偏远地区酒店的房价普遍较低,推广力度和营销能力也普遍较弱,多为靠中介代理商来保证客房的销量。虽然中介代理的营销推广在一定程度上保障了酒店客房的销量,但是需要缴纳一定的佣金,降低了酒店所获得的利润。

新媒体平台往往具有庞大的用户基数,凭借其平台开展的营销活动往往具有较高的访问量,能够获得较高的曝光率和订单量。新媒体平台酒店营销系统的应用实现了酒店各个营销渠道均衡发展的目标,降低了对任何一个营销渠道形成依赖的可能性。在拥有健康渠道结构以及合理渠道成本的基础上,能够实现酒店的稳定健康发展。

### 四、新媒体平台使用的三原则

新媒体平台在酒店行业的应用,让很多酒店在在线营销方面获得了不错的成果。酒店在与新媒体平台结合开展营销的过程中,要注意遵循以下 3 条原则,如图 4-6 所示。

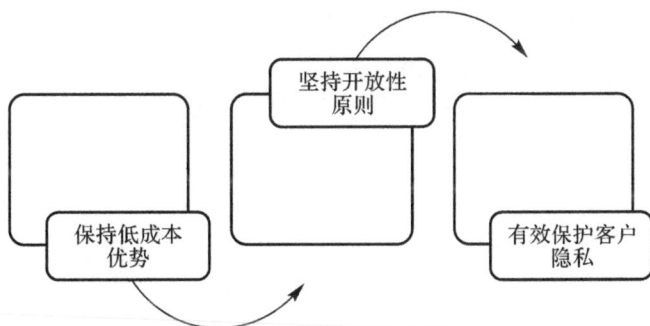

图 4-6 新媒体平台在智慧酒店中使用的三原则

### (一)保持低成本优势

保持低成本优势是新媒体平台在智慧酒店中应用的首要原则,要从全局出发,合理规划,促进酒店的长远发展。

互联网的发展把人们带入一个凸显个性化、多元化以及共享化的时代,商业模式以及社会媒体平台也开始向个性化发展。以微信为例,微信通过提供各种增值服务能够获得流量以及用户,提升了消费者对酒店品牌的忠诚度,为酒店开辟了一种低成本的分销渠道,而客户则获得了一种全新的酒店预订体验。因此,保持低成本优势,是在新媒体平台上开展智慧酒店营销这一模式的关键优势。

### (二)坚持开放性原则

新媒体平台是一个开放、免费的交流、沟通、信息传递的平台,因此新媒体营销平台也应贯彻开放性原则,将社会媒体与酒店的管理系统联系起来,打通线上业务的各个环节,构建一个开放型的产业链,积极鼓励酒店等第三方企业开发新的应用。不仅新媒体平台自身可以开发应用,酒店也可参与到应用开发的过程中。

### (三)有效保护客户隐私

信息安全是互联网时代的重要工作内容,新媒体平台拥有大量用户信息,酒店在开展营销活动的过程中,应保护好用户的隐私,用户不仅可以自己选择和决定各种信息数据的保密程度,还可以随时注销自己的账号信息,清除以往的历史记录。用户只有在使用该平台的过程中能够产生安全感,才会更放心地使用新媒体平台。

# 第五章　智慧酒店物流与库存模式的变革与创新

## 第一节　信息化与智慧酒店物流的价值链重构

信息技术的发展为物流管理及物流价值链的革新创造了条件,使智慧酒店物流价值链的重构成为可能。信息技术在智慧酒店物流中的使用,有助于提升酒店物流作业的速度和准确性,优化酒店的采购时间、进货渠道和销售策略,提高酒店的运营效率,降低酒店的运营成本,增加酒店所提供产品和服务的价值。

### 一、信息化对酒店物流产生的影响与作用

旅游业的发展推动了酒店行业的进步,各种不同形式的酒店开始在我国出现,酒店企业所面临的竞争日益激烈。酒店应着力提升自身的核心竞争力,树立以顾客为中心的理念,对酒店内的资源进行整合,优化资源的利用,对酒店的业务流程进行时间、成本、效益的重组。现代信息技术的快速发展推动了社会的信息化,智慧酒店就是在这一环境中产生的。信息化的发展趋势为人们的生活、工作带来了极大的便利,也开始渗透酒店管理和运营的方方面面,酒店物流管理的信息化就是其中极具代表性的体现。

在如今的酒店物流管理中,现代信息技术支持下的信息流已成为酒店物流价值链中不可或缺的关键因素,信息技术则成为酒店价值链重构的基本保障因素,它在酒店物流价值链中的各个环节均发挥着作用。针对酒店物流活动中现存的技术水平落后、成本高、效率低等传统的问题,酒店应积极地进行适当的变革,充分利用现代的信息技术,对原有的物流价值链运作模式进行变革,通过将酒店以往单一的价值链重构方式转变为多元化价值链重构方式,在顾客和供应商之间构筑信息流和知识流,从而构建新型的酒店与顾客之间的关系,以此来推动酒店物流价值链的增值活动,从而帮助酒店获得战略竞争优势。

### 二、智慧酒店的物流价值链重构

#### (一)传统的物流价值链

传统的物流价值链的结构通常是:各部门根据自己的实际情况确定采购需求—采购部根据部门所需求的物品在市场上询价并确定供应商—采购部将采购物品的详单提供给供应商,并将副本传给财务部—供应商发货到达酒店后,由仓库管理部门验收入库并将验收单送

至财务部—财务部对酒店的订单、验收报告和供货商所送来的发票进行核对,当三者一致时,财务部进行付款。除了定期采购外,酒店在运营过程中还会需要紧急采购和补充采购,以保证酒店的正常运作。繁杂的操作流程增加了酒店的物流成本,在这一环节中由于多部门的共同参与,还可能会导致酒店的供应与服务之间存在差异,从而降低酒店的服务质量。

### (二)信息化的智慧酒店物流价值链重构

信息化的发展为智慧酒店物流价值链的重构提供了条件。物流价值链的重构是为了提高酒店内信息处理的效率,科学配置酒店内的资源,提高酒店的服务效率,能够在最短的时间内满足顾客的需求,提高顾客的体验感,提升酒店的核心竞争力。酒店价值链的重构就是对酒店物流的具体操作流程进行改变,将酒店物流工作的各环节进行系统整合。系统整合通常是基于时间、成本、效益等指标进行业务流程的改造,也可以是各项指标的综合方式,当然这必须依据具体环节的实际情况来决定。而整合的效果一般是以效益与成本之差,即单元价值链净效益作为判断依据,当重构后酒店的物流价值链的净效益大于竞争对手时,那么酒店所进行的物流价值链的重构就是成功的、有效的,从而使酒店获得在物流方面的竞争优势。

在信息技术的支持下,酒店的物流价值链能够改变以往单一的物流价值链,实现物流价值链的多元化发展,通过对酒店外部的各种资源进行整合,注重与外部物流中心的关系发展,从而降低酒店的物流成本,提高物流环节的工作效率。总体来讲,在信息化环境下,智慧酒店物流价值链的重构方式主要有直接物流模式、社区近距离物流模式和集团远距离物流模式三种。

#### 1. 直接物流模式

在信息化环境下,酒店可以借助互联网技术搜索全面的采购信息,获取采购供应商的信息,通过网上比价,确定性价比最高的供应商。待酒店确定诚信度较高的供应商后,可以直接应用工业企业中的拉动式生产系统(Just-In-Time,JIT 模式)来实现酒店需求信息及时反馈机制,同时利用该系统来确保所需货源的到货时间的标准性以及供给质量和价格的相对稳定性。

在信息化环境下,对酒店的物流价值链进行重构后所采用的直接物流模式具体的实施步骤为:第一,各部门在确定采购需求后将其上传至部门系统中,并通知采购部门;第二,采购部门将电子的采购订单发送给诚信供应商,并在系统上将相关数据传至酒店的财务部门和仓库信息终端;第三,供应商确认酒店的需求信息后发货,仓库根据采购部门提供的数据进行验货,并将验收的结果上传至酒店的终端通知酒店各部门;第四,计算机系统自动对订单和仓库的验收数据进行核对,如果两者数据吻合,则系统可以直接按照供应商的代码按时进行付款,如果不符,将会把核对结果上传至终端,告知各部门。

#### 2. 社区近距离物流模式

在信息化环境下,酒店物流是否能够高效运作,不仅取决于酒店自身的经营条件,也取决于社会物流基础建设以及酒店与之的交流与合作。而信息科技的高度联结力,能够将酒店与社会物流以信息流的方式紧密结合起来,为酒店与社区物流中心建立联系和合作提供了条件,进而形成了酒店的社区近距离物流模式。酒店通过与社会物流中心之间的近距离及时采购,能够解决酒店日常经营过程中所需的新鲜货品的采购以及紧急物品的采购等问题。

这种在信息化环境下所进行的跨企业界限的资源整合,需要交易双方共同参与关系的维护与管理工作。因此,双方要强化彼此之间的关系,通过发展一个具有价值创造和责任明确的共同愿景来为双方之间的物流模式提供保障。需要注意的是,双方之间的信息技术要符合标准,以便实现基本的信息套接。

3. 集团远距离物流模式

随着社会的发展,我国也出现了众多连锁的酒店品牌和较大的酒店集团,酒店集团下属的酒店车管员数量也逐渐增加。在特定区域内的社区物流由于受自身物流能力的约束,可能会出现无法满足酒店在物品和数量上的需求。与此同时,酒店在经营过程中会需要大批成本较低且无需保鲜、便于存储的物品,而酒店远距离物流模式能够满足酒店的这种需求。酒店集团物流中心由于要向众多的成员酒店提供物品,因此需要具备丰厚的资金和强劲的技术支持。酒店的远距离物流模式应能够对成员酒店的物品需求信息进行统一的处理,向供应商统一采购所需的物品以降低采购成本;能够提供较为丰富齐全的酒店物品种类,以简化成员酒店的采购活动,提高采购的效率,降低采购的成本。

在信息化背景下,酒店的各成员酒店要充分利用集团远距离物流模式集中采购的低成本、高效率的优势,远程采购酒店内部分常用的物品。在这一模式中,应保证酒店库存管理的透明,确保酒店集团物流中心能够准确地掌握成员酒店的库存状况,避免双方因库存积压过多而导致酒店物流价值链部分的成本增加。因此,这一模式对酒店集团物流中心和成员酒店的信息化建设提出了更高的标准和要求。

综上所述,借助信息化技术重构后的酒店物流价值链结构如图 5-1 所示。

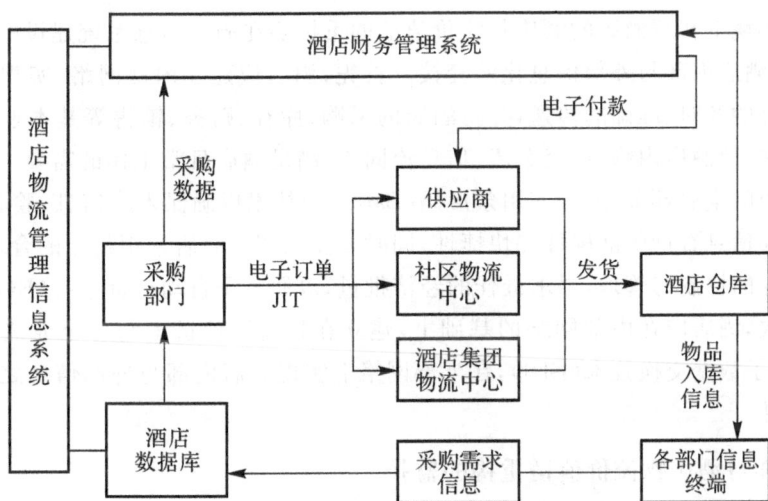

图 5-1　重构后的酒店物流价值链结构

在信息化环境下开展的酒店物流价值链重构,极大地改变了酒店的物流管理,主要体现在以下几点:第一,不同部门之间采购数据的传输均可采用电子传输的方式进行信息交换,各部门只需要将采购数据上传至企业内的数据系统内,其他部门皆可在数据系统中敲击键盘确认,无须频繁地核对订单、收发各种纸质文件,从而简化了酒店的物流程序;第二,通过数据系统核对数据信息能够提高财务信息的准确性,此外,及时对电子数据进行核对还能增加付款的及时性;第三,酒店物流价值链的多元化能够为酒店的采购需求提供更好的匹配方式,酒店可根据实际情况有针对性地选择物流模式,从而提高物流管理的净效益;第四,信息技术所具有的及时性和准确性,为酒店的服务质量以及个性化服务提供了保障;第五,酒店的物流管理需要在专业的运行平台中使用,如仓库管理系统、物流信息管理系统、电子订购系统、电子转账、互联网等,酒店要注重其中所涉及的技术问题和安全问题的解决。

当然,酒店应实际情况实际分析,对不同物流模式的利弊进行分析,根据实际情况对其优势进行灵活组合。如酒店可以选择社区与酒店集团物流中心相结合的物流模式,分类购买社区物流中心和酒店集团物流中心的优势产品。将这两种模式结合起来,一方面能够弥补社区物流中心部分酒店物品种类短缺的问题;另一方面也能在一定程度上避免因过多采用集团远距离物流模式所带来较高运输费用的问题。由此可见,酒店应根据自己的实际情况对不同的物流模式进行选择和组合,要根据酒店自身的物流能力和所在区域物流中心的发展程度,选择合适的酒店物流模式和酒店物流价值链结构。

### 三、智慧酒店物流价值链重构的相关措施

智慧酒店物流价值链的重构是实施酒店变革的重要组成部分,它不仅是酒店物流业务流程的一次改变,更是酒店内所进行的自上而下的以新技术和新观念为核心的酒店内外资源整合的一场革命,因此实施一定力度的管理措施以确保酒店物流价值链重构的成功就显得至关重要。

#### (一)提高酒店的物流信息化水平

信息化环境下智慧酒店的酒店物流价值链的重构要在酒店信息系统建设的基础上来进行,从而实现酒店内部与外部信息化的套接。首先,酒店应建立内部网络,实现酒店内部各部门之间信息的及时、准确的传递,并将酒店的采购、库存、财务、销售等基本业务活动集成在网上平台中,使酒店内物流、资金流、信息流同步,满足酒店日常工作的需要。仓库的信息化管理是其中的重要环节,通过使用条形码(Barcode)技术以确保入库信息、验收信息、领用信息以及库存信息查询的准确性和快捷性,同时要注意调整酒店常用物品的合理库存量,加强酒店内库存的控制与管理,寻求最佳的经济批量,以便电子自动订货系统(EOS)的正常有效运作。其次,酒店应在内部网络的基础上,建立在物流价值链上与各企业之间协作的网络,并运用电子数据交换技术(EDI),在外部网络上实现酒店内部与外部信息之间传送的及时性和有效性。

#### (二)加强对酒店物流价值链重构的监控

酒店内任何一种业务流程的创新均是一场涉及酒店经营管理的变革,酒店物流价值链

的重构亦是如此。酒店物流价值链的重构,虽是对酒店的物流模式进行变革创新,但是对酒店的组织结构、文化、技术等均产生了一定的影响,因此,酒店应预先针对酒店的物流价值链重构制定一套完整的总体计划和实施步骤,以便能够有效地对酒店物流价值链重构的每个实施环节进行全程监控和管理,并能够在重构过程中根据酒店的实际情况进行灵活的调整。具体而言,酒店在重构期间应注重相关硬件设备和软件系统的正常运转;加强对价值链每个环节上工作质量和效率的督促;还要加强对酒店物流价值链上的操作者,如酒店物流管理者和供应商的诚信以及能力监控,从而促进酒店物流信息的顺利传播,保障酒店物流价值链重构工作顺利进行。

**(三)培养酒店员工物流价值链的变革意识**

酒店物流价值链的重构是酒店对原有物流价值链结构和运作流程的变革与改造,不仅需要相应的技术和资金作为保障,更需要酒店员工改变以往的传统思想,树立变革与创新意识,积极地参与到酒店物流价值链的重构工作中。酒店的员工要充分认识到酒店物流价值链的重构为自己的工作和酒店所带来的变化,从而支持酒店物流价值链的变革工作的开展。因此,酒店的管理者要在开展酒店物流价值链重构工作前,加强酒店物流价值链的宣传,通过开展相应的激励机制,引导酒店员工参与到酒店的创新工作中去。

**(四)加强酒店员工的知识培训工作**

在信息化背景下开展的酒店物流价值链的重构,对信息化技术提出了较高的要求,需要具有较强专业技术背景知识的工作人员来保障酒店物流价值链重构工作的顺利开展。而酒店的员工多数并非专业的信息技术人员,因此,加强对酒店员工的物流价值链相关知识的培训就显得极为重要。首先,要在理念上加强酒店员工对物流价值链重构的认识,重视酒店物流价值链知识的培训,认真学习信息化知识并将其运用到自己的工作中;其次,酒店要定期聘请相关的专家到酒店内为员工举办相关的知识讲座,进行实地操作演练,让酒店员工及时了解行业内的最新技术,提高员工的操作能力。从智慧酒店的物流价值链重构来看,酒店员工的信息化知识培训内容应主要涵盖网络技术知识、物流信息分类知识、数据采集(条形码)技术知识、电子数据交换(EDI)技术等知识,同时也应熟悉及时供货(JIT)和快速反应系统(QR-SYSTEM)等的相关知识。

# 第二节　智慧酒店库存管理的特征与发展趋势

随着科学技术的发展,如今的社会正在由工作化向信息化发展。信息技术革命为物联网的发展提供了条件,促进了电子商务和物流配送体系的发展。在这种发展环境下,企业纷纷转变以往的思想观念,力求在电子商务的支持下构建企业物流运作管理的新模式,深化企业内部改革,加强信息化和技术化建设,积极参与市场竞争,以顺应时代的发展要求。虽然信息化开始渗透各个行业,但是对于部分服务领域来讲,信息化的程度还不够,尤其在酒店库存管理领域中较为明显,原有的劳动密集型的库存管理运作模式已经无法满足市场的发展需求,面临着大量信息类问题和管理运作问题。这就要求酒店充分利用现代信息技术,推动酒店的库存管理由劳动密集型转换为技术密集型,实现动态优化酒店的库存管理运作方式,从而提升酒店的综合竞争力。

## 一、智慧酒店库存管理的特征

在智慧酒店中,库存管理是指对酒店的库存即存货,包括饮食原材料、酒水、物料等营业用品及客人用品等尚未转入费用的酒店资产实施的控制管理,从而优化酒店的库存结构,实现资源的有效配置。对酒店的库存物资进行适当控制、加强酒店物资的保管工作是酒店库存管理的中心问题。电子商务和物流配送体系的发展改变了以往的酒店库存管理模式,赋予了酒店库存管理新的内涵,即通过建立酒店库存管理信息系统,实现酒店信息化与社会信息化的套接,并结合库存管理的本质特点,充分运用物流配送方式,推动酒店发展进入"第三利润源"阶段。在智慧酒店中,库存管理的特征主要体现在库级设置多级化、库存结构多样化、库存消费关联化、库存动态需求个性化、库存质量科学规范化、库存数据处理流程信息化几个方面,具体内容如下。

### (一)库级设置多级化

库级设置多级化是智慧酒店库存管理的主要特征,从表面上来看是指除总库外下设的二级库、部门分库等,在本质上是依据酒店服务效率、质量的需要而形象地将酒店各部门所有储存物资的场所按容量、空间大小列入多级化范围,如餐饮冷房、冻库、冰柜、工作柜、客房楼层储物间、工作车等,将其依次划分出各级形象库。多级化的库存管理模式,能够提升酒店的管理效率,实现资源的有效配置。

### (二)库存结构多样化

根据智慧酒店的硬性设施设备和行为服务所需的物料用品的自然和社会属性对其库存管理结构进行划分,可将其分为品种结构和规模结构两部分内容,呈现出多样化的发展。目前,智慧酒店的库存结构一般主要由饮食原材料、经营性物品、周转性物品、消耗性物品、布草物品和其他物料等组成,规模越大的酒店,由于其所需要的产品种类较多,库存结构也越丰富多样。

### (三)库存消费关联化

酒店所提供的服务产品具有较强的关联性、成套性,因此酒店库存管理中的物料用品也具有一定的关联性。例如,在餐饮服务中,客人所需的饭、菜和汤是关联的,餐包和牛油、果酱是匹配的,等等。此外不同顾客由于消费习惯的不同也会加强产品之间的关联性,如歌舞厅娱乐与饮品、食品的消费关联性,餐厅与咖啡厅、酒吧的消费关联性,等等。因此,酒店应充分利用数据信息来将酒店内的消费关联起来,优化酒店的资源配置,进而优化酒店的库存管理。

### (四)库存动态需求个性化

酒店为顾客所提供的产品是特定的服务产品,其服务对象是包罗万象的,因此,酒店需要进行市场调研,从众多客户市场中选择合适的目标市场,实现酒店服务的个性化发展。因此,酒店应对客户的需求进行动态分析,分析服务需求的时间规律,在提高顾客对酒店产品满意度的条件下,对酒店的服务产品进行合理的分配,尽可能地减少酒店内的积压库存,优化酒店的资源配置,使酒店的盈利最大化。

### (五)库存质量科学规范化

酒店的库存是有时间周期的,无论是食品原材料还是物料都应在保质期内使用,一旦超过保质期,应将其做报废处理。为了避免酒店库存的报废和浪费,给酒店带来一定的损失,酒店应注重采购和存货质量管理的科学化、规范化,通过全面实施质量管理,严把采购质量关,保证酒店库存的质量。此外,酒店还要落实库存的保护措施,确保酒店库存的安全。

### (六)库存数据处理流程信息化

酒店的库存管理本质上是对酒店内大量的库存信息进行处理。信息技术的发展极大地提升了人们获取信息的及时性、准确性,酒店的库存管理效率也得到了极大的提升。酒店应利用好信息技术的优势,推动实现酒店库存数据的电子化,实现数据处理流程的信息化,将酒店的库存产品与酒店的前台产品关联起来,提高酒店库存信息的更新速度,优化酒店的库存管理。

## 二、酒店库存管理中存在的问题

### (一)酒店库存管理的观念问题

库存管理是酒店管理中的重要内容,开展有效的库存管理有助于提升酒店的物料供应水平、增强酒店的物料质量、降低酒店的成本等。传统的酒店库存管理观念认为库存是酒店的消耗环节,而当代观念则认为,只要管理得当,库存管理能够为酒店带来一定的效益。当前,我国酒店在库存管理上还存在一定的管理观念问题,主要体现在以下几方面。

#### 1. 缺乏一定的开放交流意识

目前,很多酒店的库存管理意识还处在传统阶段,开展的库存管理也仅仅是"仓管员"的作用,而没有意识到将酒店内与库存相关的各环节结合起来,库存管理所开展的工作是独立进行的,从而降低了酒店库存管理的效率。酒店内形成"仓管员"的意识,主要是因为酒店管理长期以来形成的传统意识、保密意识、小我意识,而没有形成利用信息技术交流合作的意识,部分部门害怕因交流而导致经验外传,使得酒店内出现放弃使用更好的库存管理理念而固守传统管理理念的现象。

#### 2. 忽视酒店的长远利益

受季节变化、供求变化、消费热点转变等各种因素的影响,酒店在运营过程中会形成一定的积压库存。如果不及时对酒店的积压库存进行处理,就会给酒店的利润带来影响。尽管在当时来看,酒店的积压库存并不会对酒店的经营造成影响,但是长期的积压会导致酒店的库存管理成本增加,从而给酒店带来一定的损失,时间越长,酒店的损失也就越大。因此,酒店应认识到库存管理的重要性,从长远出发对酒店的库存进行管理,对于酒店库存管理中的问题应及时解决。虽然在短时间内会影响酒店的利益,但是从长远来看,更有利于酒店的发展。那种只顾酒店的眼前利益,而不顾酒店的长远利益的发展则会给酒店带来一定的隐患。

### 3.不同管理者在观念上存在差异

在酒店中,库存的管理与使用不仅与专职的仓库主任、仓库管理员、仓库账务员有关,还与库存物资使用的其他人员有关,该部分人员也担任着物资储存、调配、管理的相关责任。比如酒店的厨师要及时向上级部门反馈菜品原材料的使用情况,以确保最佳的原材料采购时间。因此,酒店内各级人员的库存管理意识也决定着酒店库存管理的效率。通过对酒店内库存管理相关的各级管理人员进行纵向对比可以发现,不同级别的管理人员的库存管理意识各不相同,库存管理意识随着管理人员管理层次的降低逐渐下降。整体来看,仓库主任和经理、主任等具有较强的库存管理意识,而仓管员和普通员工的库存管理意识则较弱,甚至缺乏库存管理的相关意识。此外,酒店低层次专职人员的管理优化意识要弱于酒店高层次非专职人员的管理优化意识,部分专职人员出现了"非专职"的现象,这不利于酒店的库存管理优化意识的深化。

因此,加强酒店内部管理人员的库存优化意识势在必行,否则将产生大量的浪费行为,导致酒店经营利润的下降,阻碍酒店管理的现代化发展。

### (二)库存与需求的匹配性问题

#### 1.缺乏与动态需求和服务消费之间的关联

目前多数酒店只是在遵循以往的经验模式,根据现有的库存结构和规模结构,按部就班地进行采购和库存管理。没有根据酒店和时代的发展及时对库存品种结构进行更新和淘汰,库存模式结构只是根据既定的安全库存量定期补充库存,并没有对酒店的需求进行真正的动态分析,难以将酒店的库存管理与酒店的服务消费结合起来进行分析。这种典型的被动式的库存管理模式,难以发挥工作人员的主动意识,难以获得较好的库存管理效果。

#### 2.缺乏对物耗周期的统计工作

酒店的物耗周期的统计工作是指对酒店内在一定周期内物品的消耗进行分析,确定酒店内不同物品在不同时间段内的消耗周期。物耗周期的统计工作虽然较为烦琐,但是对酒店的库存结构却产生着重要的影响,对酒店库存的合理安排具有十分重要的作用。通过对酒店内物品的物耗周期进行统计,能够明确酒店内库存物品的结构模式,能够及时对酒店的物品进行更新,对于酒店内的部分易耗品或是成本较高的物品可以及时寻找新的替换物品。此外,还可在此基础上确定酒店的库存模式结构的动态需求量,从而实现对酒店的库存进行实时监控。但是目前多数酒店的物耗周期统计工作并未落实到人,没有发挥物耗周期统计的真正管理作用。

## 3. 缺乏与酒店营销计划的有效互动

为促进酒店的特色经营,酒店的营销部门会根据酒店的实际情况和社会中的热点信息推出新的营销计划,从而提升酒店的知名度,增加酒店的收益。为保证特色营销活动的顺利开展,需要对酒店的库存结构及时进行动态调整,为酒店特色营销活动提供物质保障。此外,酒店的营销部门也应关注酒店内的库存情况,以此来制订酒店的营销计划,进而改善酒店现有库存结构中的不合理现象。但目前多数酒店并未建立起库存结构与营销计划之间有效的互动关系。

### (三)库存结构的成本问题

酒店内库存结构的成本控制水平的高低直接关系到酒店的经营效果,成本问题也因此成为酒店经营管理的重要关注层面。就酒店的食品库存来看,食品存货的价值一般为每周消耗的食品原材料价格的 5 倍,如果超过这个标准,就可能导致存货出现过期、腐烂而失去价值的现象,从而因占用过多资金而造成浪费,甚至还会产生员工的浪费或偷窃现象;但如果酒店的存货过少,则可能会因为过多的购买行为而导致人工成本的增加,影响酒店所提供的服务质量,进而引发顾客的投诉,导致酒店的经营利润和名誉下降。因此,平衡缺货成本与储存成本之间的关系成为酒店库存决策的核心内容。

#### 1. 未平衡储存成本与缺货成本之间的关系

就目前而言,大多数酒店在建立库存之前,就已依据经验值和预测值确定了标准存货量(即两次送货之间所存有的产品数量),但往往忽视了以不断平衡缺货成本和储存成本之间的关系为依据,适时确定新的标准存货量。虽然也时常经过需求变化来更改标准存货量,但作用的范围大多只是一些时令食品、鲜活品和不宜久放的食品,而一些物料用品没有被列入分析变动范围,因而导致酒店的库存量处于不理想的限度,从而导致酒店的库存中经常出现缺货现象、存货积压现象,导致酒店的储存成本增加和服务质量下降。

#### 2. 缺乏科学规范的存货价值计算法

酒店传统库存在对订单数量进行确定以及成本分析时,一般是将定期盘存法与永续盘存法相结合。与此同时,如何确定存货的产品价值也是对酒店传统库存成本进行分析的关键因素,常用的方法有实际采购价法、先进先出法、加权平均采购法、最后采购价法和后进先出法。这些计算方法会由于时间段的不同而体现出不同的存货价值,因此为保证产品价格的稳定性,酒店的管理人员应固定地使用同一种科学规范的存货价值计算法。

### (四)库存管理的机制制度问题

#### 1. 库存管理的岗位职责和人员配置有待优化

酒店传统库存管理制度大多停留在对物品的领用、发放、盘点、丢失赔偿、洗涤卫生、账簿登记以及各岗位的基本职责等方面的规定,而缺乏对库存状况评价、库存积压处理等方面的相关规定,从而导致酒店的库存管理制度难以发挥自身应有的作用。

此外,如今多数酒店将酒店的库存管理工作视为以往传统的仓库管理,在人员设置上相对较少,只是简单地进行人员编制,没有对酒店的规模大小、管理情况以及发展趋势等进行分析来设置酒店库存管理岗位与人员。这就导致部分酒店的库存管理工作名存实亡,无法发挥酒店库存管理的作用,更无法营造良好的库存管理优化氛围。

### 2. 库存管理制度有待优化

酒店中传统库存管理的制度存在更新不及时的问题。酒店库存管理的制度建设是酒店员工实施酒店库存管理的基础。酒店的库存产品会因为社会需求的发展而进行一定的改变,不同的酒店物品由于其消耗量、保存特质等方面所存在的差异,因此要采用不同的储存管理方法来进行特殊的管理,酒店的库存管理制度相应地也要进行一定的调整。但是目前多数酒店对这些特殊物品细化管理制度的更新缺乏一定的重视,进而导致酒店的库存管理制度无法对酒店的基层员工进行有效的约束和管理。

此外,部分酒店仅从酒店自身的利益出发来制定其库存管理制度,而忽略了酒店员工的感受。这种一味追求劳动效用最大化的管理思想,与"以人为本"的软性文化理念相悖,从而影响酒店的管理效果。比如,有的酒店要求员工每天都要交接盘点部门内的物料数量,增加了员工的工作量,酒店员工因没有太多的精力去盘点,最终导致只能敷衍了事,而无法发挥物料管理作用。因此,酒店要从酒店员工、实际情况出发,合理地设置酒店的库存管理制度。

### 3. 库存管理制度缺乏一定的激励机制

酒店的库存管理制度一经确定,就应该为酒店内相关员工所执行,并严格落实执行情况。然而,多数酒店的库存管理制度缺乏有效的执行。造成酒店内这种现象的产生不仅在于库存管理制度的执行较为烦琐,也在于酒店内缺乏一定的激励机制,难以调动酒店员工的积极性,没有实现酒店库存管理的激励机制与约束机制的相互渗透。在酒店的库存管理制度中,激励机制和约束机制均发挥着不同的作用,均有其优缺点,因此为发挥酒店库存管理制度的效果,应将二者结合起来,在激励机制中体现适当的约束,在约束机制中结合适当的激励,使之在渗透中扬长避短,发挥互补优势。

## (五)库存管理的技术问题

### 1. 库存管理系统的信息化水平较低

由于酒店传统库存管理观念较为滞后,存在一定的弊病和漏洞,进而可能会导致酒店传统库存管理系统难以有效运行。酒店传统库存管理系统一般只是停留在原始笔录式统计、借助财务管理软件进行简单的资金管理、"库存补充"原则的机械重复等方式上,缺乏一个能够对酒店的库存信息进行搜索和反馈的完善信息系统。

（1）原始笔录式统计

形成文字性记录报告是原始笔录式统计方式的特点,在该管理方式中,仓库物品的基本信息、物品类别、计量单位,物品的验收入库、发放、保管,库存的审核、盘点和月结方面等都必须产生文字性的记录报告,不仅增加了相关工作人员的工作难度,且工作效率也较低,难以进行实时监控,容易导致偷账、漏账、库存积压等现象。

（2）借助财务管理软件进行简单的资金管理

许多酒店借助财务管理软件进行简单的资金管理,虽然资金流进入计算机信息处理,但是物流信息仍然采用原始的笔录式统计,这使得资金流与物流处于隔离状态。这就不符合系统信息化下“物流—资金流—信息流”一体化的协调机制,因而其本质也不是全面的系统信息化。

（3）“库存补充”原则的机械重复

“库存补充”原则的机械重复现象体现了传统库存管理系统方式的实质。它所做的只是发出订单和催货,或用订货点法确定何时进行订货,或用经济批量法确定每次订货的最佳批量。订货点法是一种按过去的经验预测未来的物料需求的方法,保证在任何时候仓库里都有一定量的存货,以便需要时随时取用。这些方法貌似科学,然而实际应用并非如此。其根源在于没有认识到库存管理实质上是一个大量动态信息的处理问题,而不是简单的“库存补充”。

**2. 缺乏酒店物料保护规范和技术**

酒店内不同的物料由于其材质不同,所采用的保护措施也不相同,因此应根据物料自身的属性对酒店的物料进行分类,针对性地采取有效的物料保护措施。目前多数酒店的物料保护规范和技术相对较为欠缺,主要体现在:首先,物料的温控范围、货架的科学间隔、环境清洁等千篇一律,没有进行科学、规范的分类处理;其次,酒店的库存环境较为混乱,清洁不到位等问题较为突出,食品库出现食物腐烂的现象等。

通过对酒店传统库存管理的弊病进行分析,能够更好地促进酒店库存管理的变革与重构,为智慧酒店建立更为科学完善的库存管理体系,提高酒店的库存管理效率。

### 三、智慧酒店库存管理的发展趋势

#### （一）商务电子化发展趋势

电子商务是伴随着互联网的发展而逐渐产生的一种交易方式,成为如今我国市场消费的主流方式,推动了京东、淘宝等线上交易平台的发展。电子商务的发展对传统的经营模式和经营理念产生了巨大的打击。电子商务能够将市场的空间形态、时间形态和虚拟形态结合起来,将物流、资金流、信息流结合起来形成开放、良性的环路,从而实现经济效益的最大化。电子商务充分利用现有的信息技术,通过线上交流、沟通,拉近了生产者与消费者之间的距离,能够极大地优化企业的资源配置和服务质量,给酒店的库存管理带来了巨大的机遇和挑战,成为酒店库存管理的重要发展趋势。

#### （二）零库存发展趋势

第三方物流是指物流渠道中由中间商提供的服务,是中间商以合同的形式在一定期限内提供企业所需的全部或部分物流服务（物流是指原材料、产成品从起点至终点并伴随相关信息有效流动的全过程）。第三方物流公司的最大附加值是知识和大数据信息。在日益激烈的市场竞争中,传统的单一企业竞争模式已经很难使企业在市场竞争中保持绝对的优势。而信息时代的到来,打破了企业的界限,建立了一种超越企业界限的新的合作关系。即通过第三方物流实现协同化,达到企业内部物流社会化、外部资源整合化、主营业务核心化发展,进而从根本上降低运营成本,增加利润、构筑竞争优势,获取"第三利润源"。从根本上而言,第三方物流的产生适应了全球大企业逐步集中力量于核心业务的大趋势,从而减少了一些其他从属业务的支出,保持可持续发展。

零库存的管理方式,就是最大限度地降低企业的在制品、成品的库存数量,减少库存积压,进而最大限度地节约企业的资本,降低管理成本,提高流动资金的周转率。在这种管理方式下,企业要能根据市场的发展情况和企业内外的信息及时准确地做出反应。为避免酒店因库存积压而导致库存管理成本的增加,酒店可以顺应零库存的发展趋势,在提高酒店服务质量的同时,降低酒店的库存管理成本。第三方的物流发展趋势为酒店的零库存提供了条件。

**(三)大库存管理趋势**

信息技术的发展对人们的生活工作产生了巨大的影响,不仅推动了电子商务的发展,也推动了酒店内的物流和库存管理的信息化发展。在酒店内所有与物流和库存相关的环节均可通过信息化技术融合在一起,包括比价、采购、运输、存储等,进而实现酒店的物流与库存环节的信息化管理。物联网时代是信息化时代的下一发展阶段,对人们的工作生活也产生了重要的影响。物联网技术的成熟发展,使得通过智能感知、识别技术与普适计算等通信感知技术,即可形成人与物、物与物相互连接,并实现对物品的远程管理控制和智能化控制。

在这种技术条件下,通过信息互联能够将酒店的客房、餐厅、娱乐、公共场所等场所内的设备设施、物料用品联系起来,进而形成酒店的中央库存系统,使酒店成为一个大仓库。在这个大仓库中,酒店可以按照库存管理的原则和方式对酒店场所内的所有设施与物品进行配置和管理,优化酒店内的设施和物品存放。由此可见,物联网技术的发展将会对酒店的库存管理带来巨大的机遇和挑战。

# 第三节　供应链优化与智慧酒店库存的动态管理

由于酒店的库存管理不会给酒店带来直接的利润,因此一直被酒店的管理者所忽视。但是随着市场竞争越来越激烈,酒店管理者的这种观念逐渐改变,开始由以往的只关注对酒店的产品形态进行创新转为关注降低酒店内部的管理成本,酒店的库存管理开始成为酒店管理运营的重要内容。尤其是随着社会物流业的发展和供应链运作技术的成熟发展,酒店行业开始注重内部管理的变革。酒店的内部管理变革与供应链的变革是紧密联系在一起的,供应链的变革与成熟逐渐成为酒店内部管理变革与获取利润的基础条件。

## 一、智慧酒店库存管理的特殊性

酒店行业作为服务业,其储存方式不同于一般的工业企业,具有一定的特殊性,主要体现为以下几方面。

第一，广泛的物资需求。社会的发展极大地改变了人们的需求，顾客在入住酒店时不再是为了单纯地满足自身的住宿需求，还有许多其他需求。顾客多样的需求以及酒店自身运营的基本硬件需求，使得酒店在运作过程中使用的物品种类多达千种。庞大的物资需求给酒店的库存管理带来了较大的难度。

第二，随机性较强的客用品需求。由于入住的顾客数量以及顾客的需求都具有一定的随机性，因此，酒店库存中的客用品需求具有较强的随机性。

第三，同类物料用品在不同酒店中所表现出来的差异性。不同等级的酒店由于其市场定位不同，所使用的物料用品也具有一定的差异，而且如今多数酒店使用的物品都需要有酒店的标志，从而使得酒店的物料用品多数采用小批量生产的方式。

以上这些酒店库存的特征，均会增加酒店库存管理和供应链管理的难度，因此酒店无法直接将工业企业中的物料管理模式应用其中。

## 二、智慧酒店库存管理的供应链优化变革

在传统的酒店产品供应链中，主要采用的是厂商供货模式，虽然运作方法较为简单，但是具有较高的物品储存成本。随着酒店行业的发展，越来越多的酒店开始通过降低酒店内部的储存容量来降低酒店的库存管理成本，进而提升酒店的收益。酒店的这一变革需要立足于社会的物流体系以及能够快速反应的供应链系统，这一需求推动形成了酒店社区物流中心。酒店社区物流中心的形成，能够降低酒店的库存物料数量，降低酒店的储存成本，同时还能够保障酒店内部分物料的新鲜。

但是，并不是所有的城市都具有类似性质的物流中心。于是，单体酒店的物流联盟和集团酒店的自建物流中心应运而生。当然，即使如此，还是有大量的酒店没有被覆盖在这一具有便捷性的供应链体系中，这些酒店的库存管理也因此只能停留在传统的方式和条件之下。因此，作为主流的改革方向，酒店企业的库存管理最终必须依赖供应链的改革和优化，没有供应链基础，酒店库存管理难以实现根本性的优化变革。在具体实施上，酒店业必须不断推动社区物流中心、酒店物流联盟和集团自建物流的发展，而社区物流中心的成熟优化将是酒店业实现库存变革的根本基础与保证。

## 三、智慧酒店库存的动态管理运作体系

在智慧酒店中，物料的需求具有动态性、随机性等特点，因此，应建立起动态的库存管理运作体系，从而保障酒店在运营过程中所产生的物料需求能够得到满足。

### (一)运作体系的建构原则

酒店库存管理工作本质上是一个三维信息的应对体系，即客人需求信息、酒店库存信息、供应链信息的三维应对，而其中又牵涉物资辨别、物资确认、运输、存储、财务交割等大量的实务程序，因此整个运作体系要求系统而科学。整个运作系统的建设要求遵循如下原则：系统性原则，库存管理的运作体系应该和库存岗位的职能要求以及客人的服务需求实现系统对接，并和供应链体系进行系统协调；效益性原则，要对库存管理的可选择方法进行效益

比较,并在物料的选择供应中进行效益比对分析;统一性原则,即运作体系的流程内容、各运作环节应该和库存管理信息系统实现目标的统一、内容的统一以及形式的统一;需求性原则,即立足市场机制下的个性化需求,能够实现物料供应的灵活机动;完善与发展原则,即运作系统能够实现可持续的自优化运作。

### (二)运作体系的流程框架

酒店企业的库存管理和供应链管理是前后承接的业务体系,两者通过物流、资金流、信息流的穿插紧密地结合在一起。作为酒店,其物资需求完全由具有随机性的服务需求来决定,因此其运作基础应该包括"客户管理物料"和"及时反馈"两大特征。据此,酒店可以将供应商管理用户库存(Vendor Managed Inventory,VMI)这一新型的库存管理模式视为酒店内部资源,并充分发挥预订系统的作用,运用工业企业中的拉动式生产系统(JIT)来决定其临时需求计划。同时,可结合企业资源计划(Enterprise Resources Planning,ERP)思想,将需求信息及时反馈的动态优化理念和资源的整体管理理念融入酒店库存运作体系的基础流程,推动酒店库存管理从传统封闭的纵向思维方式向现代的多向思维方式转变。

在具体操作中,酒店库存管理的动态运作体系应该由反映客人需求信息的动态信息库、具体的业务流程、供应商行为和酒店的管理控制行为四大部分共同构成。当然,在具体的实践中,还必须结合这四大体系的功能对其进行对应设计,使整个过程与酒店的库存管理信息系统紧密融合在一起。这样,就可以把酒店库存管理的动态运作体系通过库存管理信息系统的功能模块进行具体反映。为了对酒店的库存管理模式不断进行优化,酒店应该定期对运作体系进行检测和修正,以不断融入新的库存管理理念,由此构成管理信息系统中的系统维护功能模块。因此,管理信息系统最终应该由五大子系统构成,它们分别是系统维护、动态信息库、流程库、供应商和控制库。动态信息库主要立足于酒店战略和服务目标,进行市场需求的信息反馈;流程库基于动态信息库的快速反应(Quick Response,QR),实现库存的透明化集成、合作方式;控制库主要实现与供应商的资金流和系统的可持续自由化;而系统维护是本系统正常运作的保障力量。据此,我们可以通过如图5-2所示的酒店库存管理的动态运作体系图来对酒店的库存管理体系进行逻辑描述。

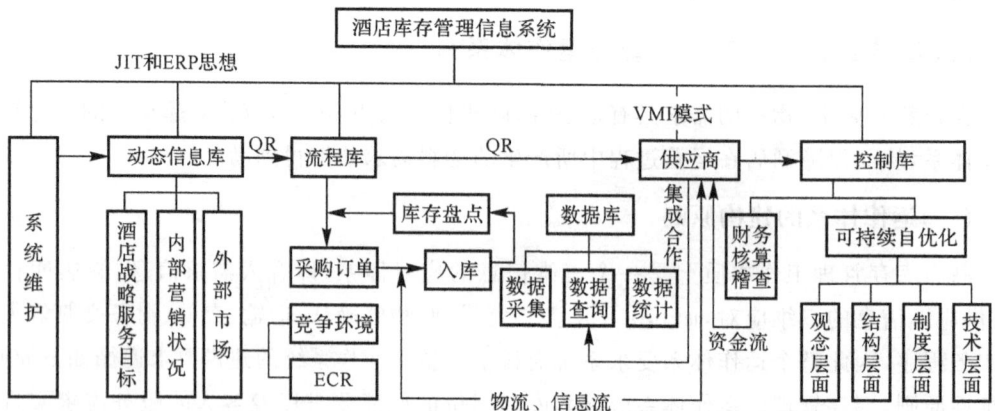

图5-2 酒店库存管理的动态运作体系

ECR—有效的客户关系(Effective Customer Relationship)

### (三)运作体系的建构步骤

酒店库存管理的运作体系应该能适应酒店整体管理的需要,而且要和外部的技术条件进行匹配设计,因此,它的建构必须遵循特定的步骤。

首先,要对酒店库存的管理目标和外部环境进行系统分析,尤其要进行可行性研究,并建立逻辑模型对其进行描述。可行性分析应从经济效益、技术力量、管理水平和其他企业的经验与教训等几个方面进行分析。在可行性分析后,就应进行详细调查,全面分析库存管理的工作流程、信息特征和处理方法,并据此建立逻辑模型。

其次,要进行系统设计。系统设计即根据系统分析所确立的逻辑模型来确立酒店库存管理运作体系的主体框架,并根据这一框架对其管理信息系统进行应对设计,由此形成酒店库存管理信息系统的五大子系统,这也就确立了运作体系的流程框架和与其相应的信息管理方式。

最后,进入系统实施、反馈修正步骤。酒店应根据所确立的库存管理的流程框架和管理信息系统来进行具体的实践操作,并对其运作效能做出评价,再根据评价效果对运作体系进行反馈修正,以推动运作体系的循环优化。

## 四、智慧酒店库存动态管理的优化措施

智慧酒店内库存动态管理的优化与供应链的套接是一个系统的管理工程,它需要酒店协调好激励制度、专业培训、技术条件、企业文化等多个方面。

### (一)科学设计激励机制

在酒店中,库存管理一直被人们认为是一个不会创造利润的岗位,该岗位的技术水平较低,管理的范围也仅为仓库这一区域,岗位的权限较低。但是随着酒店行业的发展,人们开始注重酒店的库存管理工作在酒店运营中发挥的重要作用,将信息技术运用到酒店的库存管理中,提升酒店管理工作的效率。因此,对酒店库存管理人员的素质提出了更高的要求,不再是以往收发物资的传统仓管员。员工综合素质的提升使得以往传统的工资激励机制已经无法满足员工的需求,应通过多元化的激励机制来调动员工的工作积极性,推动新的库存管理模式的实施。

### (二)合理开展专业培训

动态型的酒店库存管理方案需要库存管理的相关岗位具备较高的行业素质,如库存管理技能、供应链知识、信息能力、物资鉴别能力、综合统筹技术等,都是高级酒店库存管理人员和员工所应具备的素质条件。而且,随着科学技术的发展,酒店的物流知识体系也会不断更新。因此,酒店应加强对酒店内部相关岗位人员和管理人员的培训,提高酒店工作人员的专业水平,提高酒店物流库存管理的专业性和经济效能。酒店可以采用多元化的培训方式,比如可以定期聘请电子商务和物流业界的专家技术人员为员工开办知识讲座、实地操作演练,并实施考核上岗。同时,酒店还可以与实力较强的物流公司合作,建立良好的人才培训机制,选派酒店内比较有实力的员工到合作的物流公司参与专业的培训,为酒店的库存管理

储备能力较强的干部。

### (三)酒店信息化与社会信息化

信息化是酒店建立动态库存管理体系的基本条件。因此,酒店应积极构建酒店内部网络系统,搭建信息技术平台,实现酒店内部运营管理的信息化,使酒店内不同部门员工能够实现信息资源的共享,增进不同部门员工的合作,提升酒店的经营效率。此外,酒店还要构建好酒店信息化与社会信息化之间的联系,使酒店与外部的物流企业能够进行顺畅的信息沟通,从而充分发挥酒店库存管理系统的效能。

### (四)与物流企业建立合作

酒店可以与物流企业建立良好的合作关系,双方共同建立起企业信用机制和战略协作网络。为了创建双方共赢的合作关系,酒店与物流企业务必要建立企业信用机制,由一般的买卖关系转换为战略合作关系,通过协作网络,实现双方之间的信息交流和共享。这样有助于减少物流企业可能的投机行为,帮助酒店消除因过度依赖物流企业而导致失去客户关系和经营自主权的风险,从而促进双方的良性发展。

### (五)建立库存管理文化

新型的动态型酒店库存管理方案需要酒店在各方面予以配合,文化的契合也是重要一环。就酒店库存管理而言,应该将"信息—竞争—动态优化"的三维意识提升为库存管理文化的主体理念。客观来讲,酒店库存管理新模式转换得成功与否,在一定程度上取决于酒店库存管理观念的转变。这就要求酒店将库存管理中的"信息—竞争—动态优化"意识提升到企业文化的高度,通过文化的渗透力,使用独特的语言和词汇强化库存管理与众不同的价值观,在酒店库存管理的内外环境广泛宣传,强化员工的库存管理意识。可以通过评选库存管理杰出代表的模范形象来促进库存管理意识的具体化、人性化,通过讲座培训等形式加强库存管理意识对员工行为的影响,进而使库存管理的新思维深入员工内心,以方便库存管理新模式的贯彻执行。

# 第六章 智慧酒店成本与能耗模式的变革与创新

## 第一节 信息化与智慧酒店的成本管理

信息技术与现代产业的深度融合令产业发展状况发生了巨大转变,产业链结构、业务组织流程等都发生了明显改变,在此基础上产业价值观念也发生重构。这种信息化技术变革影响到了诸多行业和领域,旅游业也不可避免地卷入其中,旅游行业在产业链、旅游企业管理等方面发生了深刻变革。与之相对应,先进的管理思想、信息化管理手段开始被应用在旅游产业之中,而酒店成本管理信息化就是在此种大背景下出现的一个重要发展趋势。

### 一、智慧酒店的成本管理信息化

#### (一)智慧酒店的成本管理信息化的前提

酒店信息化指的是借助现代信息技术对酒店的经营、管理、决策方式进行变革,令酒店的经济效益、服务水平得到有效提升,促进酒店全面发展的具体过程。酒店信息化并非仅仅是将信息技术应用在酒店行业中,它实际上涵盖了酒店信息资源的生产、流通、消费等多个方面的内容,从本质上而言,酒店信息化就是让酒店管理者能够借助现代化信息技术以较快的速度获取酒店相关信息及资源,优化酒店各种资源配置,让酒店能够更加顺利地开展生产经营活动。

酒店信息化是一个整体概念,它具有突出的综合性,注重从系统优化的角度对酒店所有经营服务流程进行优化,争取让酒店以较少的成本最大限度地获取丰厚的利益。酒店信息化通常体现在酒店管理决策的网络化、智能化,酒店商务活动的电子化和酒店服务的高度个性化、定制化。

酒店信息系统包含多个子系统,其中酒店成本管理子系统和作为其母体的财务管理子系统、酒店的生产服务管理子系统、决策管理子系统及市场营销子系统一起共同构成酒店管理信息系统的主体框架。酒店成本管理具有系统性和关联的广泛性,它涉及酒店内的所有生产系统和职能系统,同时又与和酒店有业务联系的其他企业、上级主管部门等外部组织有着密切的联系,这种特点决定了成本管理信息化要以酒店信息化为组织基础,以保证成本信息能在酒店各部门甚至各岗位间顺畅流通,使成本监控具备即时性、稳定性和系统性。

### (二)酒店成本管理信息化的主要内容

酒店成本管理信息化是酒店信息化的重要组成部分,它指的是运用现代信息技术,以成本信息的高效迅捷传递为原则来组织酒店的生产服务流程,促使酒店资源实现更合理的配置,从而促使酒店减少成本消耗,获取更大的经济效益。

酒店成本管理信息化指的是借助信息技术在成本管理方面实现现代化创新。其技术含义较为丰富,它所使用的信息技术和资源大致包含下列几种:首先,运用了计算机技术和计算机软件资源;其次,运用了计算机通信技术;最后,运用了计算机网络技术。也正是在这些技术的基础上,酒店才得以建立起系统化的成本信息系统,让酒店内部不同岗位、酒店内部和外部人员能够通过该系统实现成本信息的沟通。另外,很多酒店也开始将成本管理软件、财务管理软件等运用在酒店的实际运行过程中,辅助工作人员更好地完成成本核算和监控等工作,为酒店实现成本管理信息化提供了一定的技术推动力。

酒店成本管理信息化也属于管理的创新,这主要通过下列方面表现出来。

#### 1. 成本管理主体发生转变

成本管理软件的涌现和技术的不断完善,使得酒店在成本管理的诸多工作中逐渐地将管理主体由"人"转变为"机"。而成本管理主体的变革,也致使酒店成本管理模式发生了较大改变。

#### 2. 成本管理流程发生转变

信息技术的使用令酒店成本管理职位结构发生了明显的变化,另外,成本信息传输也不再是原本的单向传输,而是呈现出多元化、网络化的特征。而上述现象都推动着酒店成本管理的控制流程出现持续的变化。

#### 3. 成本管理内容发生转变

随着酒店成本管理中应用的信息技术不断增多,酒店成本管理也开始将更多管理方面纳入自己的管理范畴,让酒店内部原本无法监控或者是监控难度较大的方面也能够得到更好的控制和管理,例如服务质量控制等。

#### 4. 成本管理思想发生转变

信息技术的运用令酒店成本管理的交流和监控方式变得更加丰富,并且在酒店成本管理中信息技术发挥着日益重要的作用。信息技术的应用使得酒店成本管理的各个方面发生变化,而这些变化定然又会促使管理人员的管理思想发生变革。

## 二、信息化环境下智慧酒店成本管理的流程设计

### (一)信息化背景下智慧酒店管理流程再造的原因

酒店信息化的一个关键特点在于信息技术在酒店管理流程中的全面应用,对于酒店成本管理来说同样如此,它和信息技术已经实现了全面联结。信息技术是调控和交流的重要方式,信息技术唯有渗透酒店成本管理的各种细微之处,才能够让管理流程变得更加完善,

从而在资源配置方面发挥出一定的促进作用。因此,应当认识到,酒店成本管理变革的一个不可忽视的促进因素就是信息技术。从当前的情况来说,人们重新设计酒店成本管理的流程,主要出于下列原因。

**1.酒店成本管理具有突出的系统性**

成本管理是一个有机系统,它是由很多环节所组成的,例如成本预测、成本控制、成本核算、成本考核等,而成本信息的高效流畅传递是确保这些环节之间有序流动的一个不可缺少的条件,不管成本信息在何种环节的传递速度被拖慢,都会给后续的成本管理工作带来阻碍。因此,酒店相关人员应当利用信息技术对酒店成本管理过程进行综合改造,若是仅利用信息技术对某个环节加以改进和升级,那么对于管理系统总体的优化和提升来说是无益的,从而也无法促使酒店顺利达成资源优化整合的目标。

**2.酒店传统成本管理流程和信息技术未实现完全融合**

将成本管理系统和信息技术结合起来,能够让原本负责信息传递的岗位被部分取代或者是完全取代,并且它能够让成本管理流程更加精简,从而让系统办公效率得到有效的提升。如今,很多酒店尽管产生了对成本管理系统进行优化和改造的想法,并且也尝试对信息技术进行应用,但是从根本上来说,他们仍旧保留和使用了传统的服务方式和服务流程,信息设备在系统中只发挥了微小的辅助作用,而并未真正在成本管理系统中占据核心地位,这就使得酒店的这些改造成功率不高。之所以会出现这种情况,从本质上来说是因为传统的成本管理控制流程主要运用人工来实现信息的传递,而这种流程在如今的互联网社会显然已经不再适用,当今社会更注重实现成本信息的智能化、网络化传递,若是仍旧沿用传统流程,自然无法将信息设备和信息技术的先进作用充分地发挥出来。总的来说,酒店成本管理信息化应当是对现代成本管理思想和现代化信息管理手段的综合运用。因此,要借助信息技术对酒店成本管理系统进行全面改造,仅将那些有利于管理系统高效运转的传统操作环节保留下来,真正提升酒店成本管理流程的简洁性、高效性,让信息技术的作用最大限度地发挥出来。

**3.信息技术对智慧酒店成本管理的高渗透性**

以信息技术为基础所建立起来的酒店成本管理系统在酒店成本信息传递中发挥着关键作用,同时它在信息搜集、信息决策、信息分析等方面也占据着重要地位。信息技术的存在不仅极大地简化了成本管理流程,同时它也通过网络化形式和成本管理的诸多环节实现了密切结合。另外,与成本管理各环节的紧密结合也是酒店成本信息管理系统高效运作的必然要求。

**(二)设计智慧酒店成本管理流程应遵循的基本原则**

信息技术的出现和迅速发展使得传统酒店成本管理理念发生了巨大变革,也促使酒店在成本管理方面开始走上信息化道路。换言之,酒店成本管理信息化不仅推动成本管理手段发生变革,同时也促使管理人员不断更新其成本管理思想。管理手段和管理思想的彼此渗透对成本管理控制流程的优化设计起到了重要的推动作用。

对智慧酒店成本管理流程进行重新设计是一项系统性工作,它和酒店管理的诸多方面存在着关联,会对酒店管理的各方面产生深入影响。因此,相关人员在开展再设计工作的时候,应当注意不可违背下列原则:首先,系统优化原则,也就是始终用系统的眼光看问题,对成本管理的整合优势加以考虑,而不可只对流程中的某个环节予以过度关注;其次,资源配置优化原则,最终设计出来的管理流程应当更加节能,并且所消耗的资源和能源更少,能够对酒店内外资源进行更加充分的利用;最后,流程简化原则,将信息技术应用在管理流程之中,减少岗位数量,进一步提升信息传输效率,令流程变得更加精简。毫无疑问,上述提到的种种原则都服从于酒店低成本管理原则。

**(三)信息时代智慧酒店成本管理的基本流程设计**

酒店成本管理的控制流程包含多个方面,效益成本管理的系统流程、客用物品的需求型采购流程和基于质量成本控制的服务信息传输流程等是其中最为关键的几个部分,它反映了酒店成本构成中最主要部分的消耗过程,本节也将对这几个流程的具体构建进行探讨。

**1.酒店效益成本管理的系统流程**

酒店效益成本管理的系统流程可分为七个部分,即成本预测、成本决策、成本计划、成本控制、成本核算、成本分析和成本考核,具体运作步骤如图 6-1 所示。

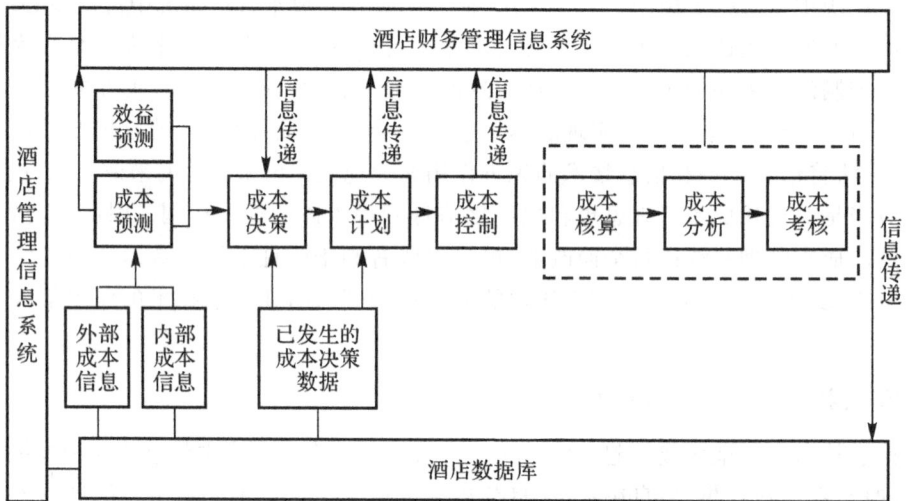

图 6-1　酒店效益成本管理的系统流程

所设计出来的新型酒店效益成本管理的系统流程和传统流程存在着下列不同之处:第一,在成本管理中更加注重效益预测所发挥的作用,能够在效益预测和成本预测的基础上做出最终的成本决策,对成本方案的可行性做出判断,对那些不具备经济性和有效性的方案加以废弃。第二,在实施对成本的预测、计划、控制等工作时需要从酒店数据库中调取相应的数据,数据库中所保存的酒店内外部成本信息以及其他相关数据是酒店实施成本管理所不可或缺的。第三,在新设计的流程中,关于成本的诸多步骤都能够实现计算机自动化处理,从而减轻管理人员的工作负担,提高管理流程工作效率。尽管计算机的自动化处理仍旧需要借助一定的人工操作,但是对信息技术的使用无疑极大地加快了工作速度。第四,整个系统流程建构于酒店管理信息系统所属的酒店数据库和酒店财务管理信息系统的基础之上,成本信息的高效传输依赖于作为技术基础的酒店管理信息系统,它基本上摒弃了传统的人工传输成本信息的模式。

通过图6-1可以知道,在信息时代,效益成本管理系统主要具有下列优势:第一,酒店成本管理信息化令酒店可以从效益角度出发来对酒店成本进行控制。通过搜集和分析成本信息,酒店能够更快、更准确地计算并确认出酒店预期效益。与此同时,酒店能够以目标成本为依据来对实际成本进行监控,并尽量做到事先控制。若是标准和现实成本有着较大的差距,那么酒店可以迅速分析其原因,并加以改进,如此一来,就变被动管理为主动管理,让成本决策和控制具有更强的准确性。第二,酒店运用信息技术和财务管理软件能够实现成本管理工作的部分自动化,从而减少在这方面的人力投入。第三,相较于人工运算来说,计算机化往往不容易出错,并且工作效率也更高,这些都对酒店的成本控制十分有利。第四,成本管理信息的传输结构趋向网络化,这种多元化的信息通道可把酒店内外的成本信息联为一体,避免了成本信息的割据、扭曲的倾向,既有利于分散化决策,同时网络化的成本信息传输结构又使成本的核算、监控、考核和酒店各部门的成本决策有机地结合起来。

### 2. 客用物品的需求型采购流程

客用物品的需求型采购是参照客户具体需求量来采购酒店相关用品的一种方法。客用物品有着较为复杂多样的种类,且数目较大,这给管理带来了较大的难度。与此同时,酒店客户消费并不具备统一的标准,不同客户所需要的物品是不同的,这就进一步加大了酒店采购和库存管理的难度。因此,对于酒店成本管理来说,客用物品成了关键和难点所在。在较长一段时间以来,很多酒店都运用确定型储存模型和随机型采购模型来决定酒店内部采购和储存用品的具体数量,但是因为酒店并未完全、准确地掌握客户的消费信息,所以在酒店实际运行过程中,这两个模型所发挥的作用并不如预期的那样理想。

而成本管理信息化的发展促使酒店在客用物品管理方面发生了较大变革。酒店通过数据库获取客户相关信息并加以分析,以客户预定信息和随机客户预测信息为依据来决定采购物品的具体数量,并且在确保不影响酒店客户正常使用的前提下对客用物品的采购和进库时间加以控制,将库存数量控制在合理的范围内,从而令酒店库存管理的难度有所降低,并且也能避免过多库存货物占用酒店资金。与此同时,这种新型采购模式打破了传统模式下的分层管理模式,真正把酒店客用物品的采购和生产、销售等环节联系起来,让不同部门之间的合作变得更加密切。

据此,我们可以提出图6-2所示的客用物品的需求型采购流程。

由图6-2可知,酒店客用物品的消耗流程具体如下:

第一,酒店以过往销售记录和营销活动为依据来对酒店客户一般消费需求进行预测,并根据该预测明确一般客户用品需求量的数据。与此同时,以预订客人的定制化要求为依据明确此类客人所需求物品的具体数量,之后根据这两者来确定最终的可用物品采购需求量。

第二,采购部门实施采购工作,该部门要综合考虑客人的定制化需求及数量,并确定最节约成本的采购时间及批次,争取让物品的入库时间和客人到店时间之间不存在较大空当,从而能够有效避免客用产品增加库存量。

第三,客人进入酒店,客户预定物品也已运送到酒店仓库,各部门到仓库领取各自所需要用到的物品。

第四,在酒店运行过程中消耗一定的客用物品。

第五,产生新生需求。

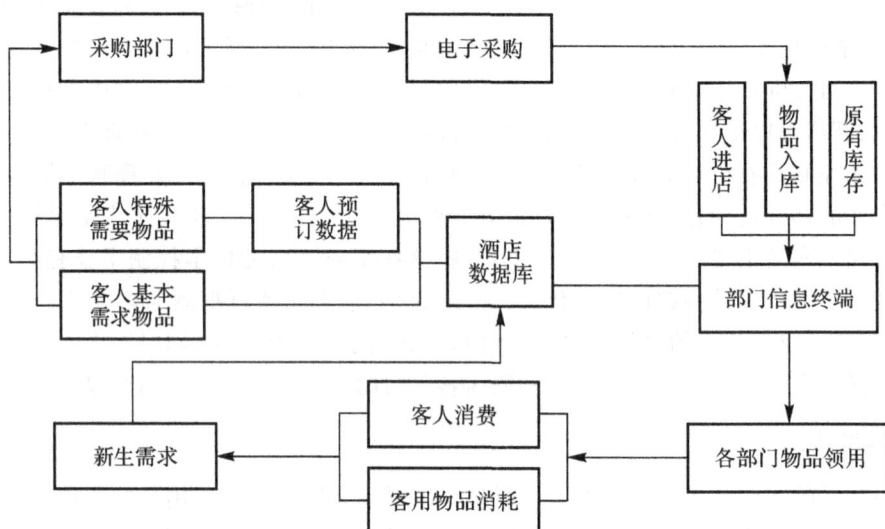

图 6-2　客用物品的需求型采购流程

### 3.基于质量成本控制的服务信息传输流程

在电子商务如此发达的今天,很多客户直接在网络进行酒店预定,并且明确告知酒店自己的消费需求和服务要求,因此酒店便能够更加准确地把握客人的消费需求信息。与此同时,酒店客史档案也不断变得更加丰富和完善,并且在信息化时代酒店能够获取更多的非预订客人信息。

酒店工作具有突出的服务性,酒店所提供的客户服务无法实时监控,也不能事后调整,所以很多酒店为了确保自身的服务产品达到一定的水平,都尽量落实标准化管理,很多酒店针对服务操作制定了一系列规范,但是要想让客人获得更加精准的个性化服务,仍旧需要酒店对大量客人信息进行搜集和分析。此时酒店服务产品的质量控制就和信息控制产生了密切的关联,即力争在准确把握大量客人信息的基础上决定最终的服务形式。酒店所掌握的客人信息越丰富、越精准,它就越能够将高质量的个性化服务提供给客人,让客人的服务需求得到较好的满足,而这也反过来使得酒店服务产品的质量损失程度大大降低。换言之,信息的获取程度在很大程度上影响,甚至决定着酒店服务产品的质量损失程度,因此酒店为了降低自身的质量损失程度,需要不断搜集和完善客人信息。

成本管理信息化为酒店以信息来控制服务产品的质量损失提供了条件。在组织上,它需要有一个系统的传输流程来保证服务信息的顺畅流通,我们可以根据酒店的管理特点提出图 6-3 所示的酒店基于质量成本控制的服务信息传输流程。

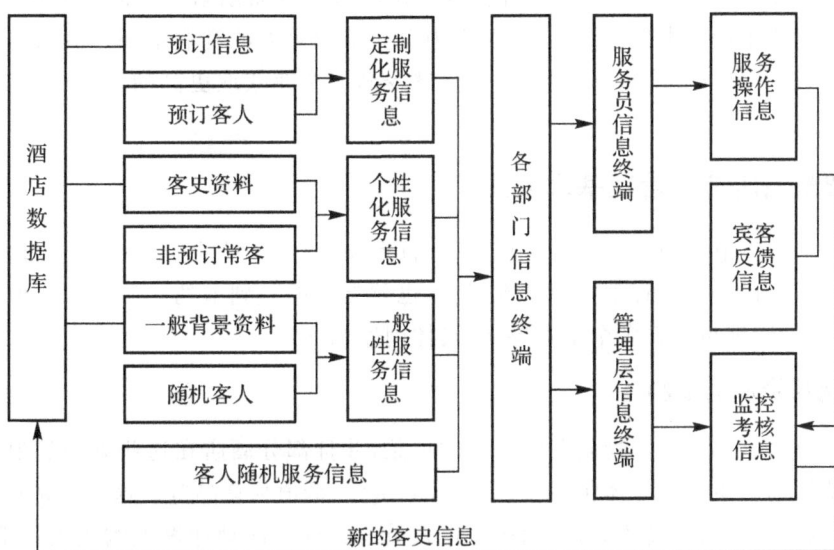

图 6-3　基于质量成本控制的服务信息传输流程

详细而言,酒店基于质量成本控制的服务信息传输流程有下列步骤:

第一,酒店数据库自动对客人类别进行区分,并且对不同类型客人的服务信息进行收集整理。

第二,酒店各部门终端设备直接从数据库中获取客人服务信息,并且将这些信息发送给相应的管理人员或者服务人员。

第三,酒店服务人员以用户需求信息为依据将相应的服务提供给客人,并在服务过程中注重获取和收集用户的其他服务需求信息,让自己所提供的客户服务变得更加完善。

第四,部门管理层以服务人员操作情况、客人反馈情况为依据来监控和评价服务人员的工作情况,并且将有关信息加入客史资料之中,供后续工作人员参考。

总体来说,信息化让酒店成本管理不再停留在单一物料控制层面,而是从整个产业供应链角度实现更加优化的资源配置,令酒店成本管理体系结合得更加紧密,让酒店不再将过多的时间和精力耗费在服务产品质量监控方面,而是更加注重信息控制。这些结构性转型让酒店有更稳固的基础实现成本信息化运作,让酒店在节约成本的同时增强自身的竞争力。

# 第二节　循环经济与智慧酒店成本的节约管理

酒店企业的生产经营活动需要消耗大量的物资和能源,并且其对酒店用品的清洗会造成较为严重的洗涤污染,很多酒店在经营管理方面都存在着下列问题:能源浪费、资源利用不恰当、物品虚耗等。与此同时,较高的能源价格也给酒店经营带来了沉重的负担。如今,社会十分提倡节能减排,希望建设出更多的节约循环型企业,在这种背景下,酒店企业也应当自觉地秉持 3R[即减量化(reduce)、再利用(reuse)、再循环(recycle)]原则来开展自身的管理活动,让酒店营业过程中消耗更少的能源,真正将循环经济落实在生产经营实践中。加之如今酒店行业总体上进入了微利时代,酒店在进行多方面创新的同时也要做好内部"节流"工作,争取让生产成本降至最低,以此来为企业争取更大的利润空间。酒店企业树立循环经济理念,做好自身节约管理工作,不仅能够令酒店企业获取更高的经济效益,同时也能够为社会造福。

## 一、智慧酒店节约管理基本层次

有人片面地将节约用水、节约用电等节约行为和节约管理等同起来。但实际上,这些常见的节约行为仅仅是节约管理的最基本层次,也就是能够做到节约物质资源。但是从宏观层面来看,节约管理包含着多个基本层次,具体阐述如下。

### (一)物质资源的节约

绝大部分酒店都存在着物质资源浪费的现象,并且部分酒店在这些方面的浪费十分严重。这里所说的物质资源具体包括水、电、食品、纸张、低值易耗品等。这些浪费行为有的是故意的,有的是无意的。具体而言,酒店工作人员通过促销活动让客人购买大量消费食品,大大超过客人本身食用量,这就使得客人必然要丢弃部分食物,这种浪费就被视作故意浪费,这种浪费行为在酒店行业中是比较常见的。而无意浪费则指的是某些受当前技术限制所无法改变的浪费,比如空调制冷机组冷却水与冷冻水循环泵缺乏变频功能,这种技术缺陷会导致电能的浪费。此外,还有一种性质较为特殊的浪费,就是酒店无意造成、技术上也可以解决但是却被迫实施的浪费。举例来说,为了方便用户在酒店的生活,很多酒店会提供一些一次性用品,这些物品用后即被抛弃,甚至很多尚未使用就被丢弃了,尽管很多酒店本身认为应当取消这些用品的提供,但是很多顾客并不支持取消,这时酒店迫于无奈只能继续为用户提供,那么这种浪费就不可避免。由此可知,酒店在物质资源浪费方面的情况较为复杂,且浪费的类型也是不同的,因此酒店需要"对症下药",针对不同的浪费类型采取恰当的措施。

### (二)人力资源的节约

在酒店实施节约管理中,人力资源的节约是一个十分关键的层次。我们都知道,企业的生产经营管理离不开对劳动资源的使用,而人力资源就是劳动资源中最为关键的活劳动资源,若是酒店在人力资源管理方面的工作做得不到位,那么就会造成人力资源的无端浪费,给酒店企业的经营生产带来极大的阻碍。酒店企业的人力资源浪费现象主要包含如下内容:一是人力资源需求无法顺利接续。很多酒店在人力资源方面缺乏长远目光,并未制订长期的人力资源计划,这就使得部分情况下企业无法获取到自己所需的人力资源,人力资源无法实现顺利接续,从而极大地降低了酒店企业的工作效率。二是人力资源的能力和职位要求不匹配。很多酒店的招聘程序、招聘体制等存在着突出的不合理性,这就使得酒店在人才招聘方面面临着极大的困难,这样不仅会浪费酒店的时间资源,也会浪费酒店的物质资源。三是人力资源存在低职高聘的现象。这一现象在国内很多酒店都存在,很多酒店都聘任大学生等高学历人才当酒店服务生,这种人才能力和岗位需求的不对等就造成了人力资源的极大浪费。四是在培训员工方面所造成的浪费。很多酒店在新员工刚上任时并未给予充足的培训,这就使得新员工在工作过程中难免会出现一些失误,同时他们的成长过程也比较漫长,无法在入职之后给酒店企业创造较高的价值。另外,针对老员工开展的不规范培训也会出现培训无用、培训错位等问题,这也是造成培训资源浪费的重要方面。五是酒店员工频繁跳槽。目前我国酒店行业已经步入整合阶段,酒店行业的很多管理人员、基层员工等都开始跳槽寻求更优质的工作机会。但这种跳槽就使得酒店在人力资源培养、锻炼方面所耗费的成本、资源等都成为空谈。六是人力资源的脑力浪费。若人力资源的能力在工作岗位上没有充分地发挥出来,那么就可以说存在着脑力浪费的现象。举例来说,管理人员去做普通员工应做的工作、员工的工作对其而言不具备挑战性、不听取意见和建议对自身工作进行改进等,这些都可以视作脑力浪费。大材小用、学非所用等行为都可以被视作对人才的浪费和埋没。

**(三)财力资源的节约**

酒店业的资源流转始终保持在较快的速度,其财力、金融资源的流转速度也较快,其物资的采购会用到一定额度的现金,而酒店的动态服务又使得很多现金流入酒店。为了让酒店的财力资源不被浪费,得到充分的利用,酒店自身要严格落实挂账管理制度,在挂账时要更加谨慎,同时做好催账工作,对于大客户挂账的期限、数目等做好管理,尽量降低应收账款的数额,对应收账款做好严格的账龄分析,避免因为一些呆账、坏账而损害酒店的经济利益。与此同时,酒店要确定出科学、合理的营运资金数额,在不影响酒店企业正常运行的情况下将多余资金用在新品研发、市场开拓等方面,将财力资源的效用充分发挥出来,让酒店的滚动发展能力、动态营运能力等得到进一步加强。另外,为了进一步降低资金成本,酒店可以进行合理借贷,也可以适当通过员工持股来扩充融资渠道并通过持股的激励作用来降低管理成本。

**(四)战略资源的节约**

酒店的战略决策在很大程度上影响着酒店的发展状况,在酒店对竞争手法、经营方针、产品结构等进行变动之前,酒店都应当先通过商讨做出明确的战略决策。而战略决策的制定定然会用到一定的战略资源,若是战略决策不当,就会造成酒店战略资源的极大浪费,让酒店蒙受一定的损失。酒店的战略资源一般情况下指的是那些支撑酒店核心能力和战略发展方向的资源,例如酒店的客源市场及管理资源等。这些资源往往能够给酒店的全局发展情况造成突出影响,因此若是不能合理地使用这些资源,就会给酒店带来极大的损失。举例来说,在酒店升级或者改造后,其客源目标及客源结构也会发生相应的改变,在这种情况下,若是做出了不正确的决策,那么就会影响酒店客源情况,即令酒店原有的客源发生战略性流失。

应当明确的是,酒店应当以审慎的态度制定任务或者战略,并对其加以严格落实,切忌随意更换。若是酒店对战略和任务进行频繁的更换,那么就会阻碍实施进程,同时也令酒店工作人员无法确定酒店的发展和前进方向,从而不利于酒店的长期持续发展。所以说,为了更好地节约酒店的战略资源,酒店要对战略决策的制定予以关注,要在战略资源使用方面构建起科学的决策机制,确保在使用过程中将各项资源的效益充分地发挥出来。

## 二、智慧酒店实施节约管理的具体对策

从根本上来说,节约管理就是避免资源浪费现象的出现,因为节约的战略层次是不同的,实际的浪费行为也十分复杂多样,所以在进行控制和监管的过程中要做好多方面的工作。具体而言,酒店可以从以下角度入手实施节约管理工作。

### (一)搭建酒店节约管理长效机制

酒店实施节约管理,首要任务在于搭建起节约管理的长效机制。酒店应当将发展节约型酒店作为坚定的发展道路,并真正在内部打造节约管理机制,切实提升自身的核心竞争力。详细而言,酒店应从以下两点出发做好制度建构工作:一是激励,即给那些在节约工作上表现优秀的员工以相应的奖励;二是约束,即对那些实施浪费资源行为的员工进行批评和惩戒。但无论奖惩,公司都应当形成明确的条文制度,让评价指标量化,让员工能够依照规定实施节约行为。

### (二)进一步推动酒店节约技术的创新发展

仅仅从制度层面实施节约管理是远远不够的,酒店还需要持续不断地进行技术创新。若是不具备节约管理的技术,那么酒店也难以获得较为理想的节约效果。具体而言,酒店进行节约管理技术创新有如下两层含义:第一,通过创新,生成新型节约技术,应用了新技术的硬件设施,能够有效地节约资源,避免浪费。举例来说,在酒店水管系统之中设置水回用管网,将回水用在浇灌等方面,通过这种技术升级来节约水资源。第二,对技术的使用方式加以创新,即通过对当前既有技术的改造升级来减少资源的使用量。举例来说,很多酒店着手实施信息化改造,将网络宽带、无纸化办公应用在酒店经营管理过程中。但当前酒店所实施的很多技术改造行为增加了酒店经营成本,并且也没有在提升酒店业绩方面呈现出显著的效果。但是应当明确的是,之所以会出现这种现象,是因为酒店并未恰当地应用技术,没有从流程整合、流程改造的角度出发明确在管理系统改革中信息技术所发挥的具体作用,所以信息技术的全部功能也未能够在酒店经营管理过程中最大限度地发挥出来。

酒店节约管理的技术创新具体有两大方向:一是设备技术创新,二是管理技术创新。设备技术创新指的是对设备的技术结构加以优化和完善,通过优化硬件减少资源的使用和浪费。管理技术创新则指的是变革管理方式,让当前的资源利用情况变得更加合理,确保资源不因为管理问题而被无故浪费。举例来说,对酒店管理人员的决策能力加以提升,对酒店内部的决策方式和决策流程加以调整和优化,能够有效降低决策风险,避免酒店企业因为决策失误等问题而出现资源浪费的情况。

### (三)形成节约管理的价值理念

节约理念的树立在酒店节约管理中发挥着关键作用。节约制度能够对员工工作行为加以约束和规范,节约技术能够有效地提升员工的节约能力,但是唯有内在的行为理念才能促使他们发自内心地愿意落实节约行为,能够时刻对节约相关事项予以关注,由此可见树立节

约理念的重要性。酒店要从自身现实情况出发明确酒店应当树立的各种节约理念,并据此明确酒店内部节约宣传口号,例如"共创绿色酒店,铸就美好未来"等。另外,酒店也可以围绕节约主题召开相应的讨论会议,营造浓厚的关于节约的舆论氛围,同时可以设置相关的节约奖项,引导员工更积极地落实各项节约措施。在上述措施的基础上,酒店应当积极构建企业文化传统,真正让节约的良好风气和习惯渗透企业内部,让员工真正将节约当作良好风尚并予以积极践行。

### 三、智慧酒店实施节约管理的技术方向

节约技术的应用能促使酒店更好地实现节约管理的目标。因为不同酒店所拥有的资源存在差异,所以他们应当落实的技术措施和方案也定然是不同的。综合而言,酒店可从下列方向来寻求最适宜自身情况的技术方案——酒店资源的减量使用、再生使用和循环使用。

在酒店经常用到的物质资源之中,酒店可以通过技术增加对水和电能的管控,通过相关技术的改进来强化对水电的有效利用、综合利用和循环利用。酒店管理中对水资源的技术节约方案包括:第一,回收利用各种冷凝水、冷却水;第二,绿地、树木、花卉应使用滴灌、微喷等先进的节水灌溉方式;第三,绿地、道路应当建设低草坪,除交通干线外铺设渗水性能良好的地面,科学利用雨水;第四,使用节水型水龙头、节水型淋浴器、节水型洗衣机等节水设备。

酒店电能等能源的技术节约方案可以从硬件技术和软件技术两个方向综合努力,具体包括:第一,酒店建筑物的结构设计和材料使用综合考虑保温隔热功能;第二,实现电动机、风机、泵类设备的经济运行,发展和使用电机调速节电和电力电子节电技术;第三,对滚梯、风机、水泵等大功率机电设备设置变频装置;第四,改供热系统和供电系统的独立网络为双向复合网络,实现系统节能;第五,设置系统温控、分室温控系统;第六,回收利用余热、余能、余气、冷凝水、热水;第七,低楼层使用外部自来水,减少生活用水泵启动次数和时间等。

酒店人力资源是一种灵动可变的资源,在具体的管理中其功效和能量具有可塑性、难以预期性,需要管理者以包容的心态对待人力资源,并通过具体可行的技术方案来实现人力的有效利用和潜能发挥。具体的技术措施包括:第一,建立酒店中长期的人力资源计划;第二,明确岗位分析制度,岗位分析结果成为酒店人力资源需求的直接依据;第三,建立以岗位技术培训、素质理念培训和行业新知培训为方向的多样化培训体系,并建立针对性的培训分析机制;第四,建立员工和管理人员的职业生涯规划制度,做到既要用人,还要培养人,以形成向心力;第五,建立合理规范的管理体系,减少多头管理、无序管理的发生,避免脑力浪费。

酒店在实施财力资源节约管理的过程中,要做好对财力资源的动态把握工作,准确收集和分析财务信息并加以利用,确保酒店高层能够有更强的能力实现对财力资源的调控,从而在确保财力资源不被浪费的同时将其应用效用最大限度地发挥出来。酒店战略资源的培育工作并非是一蹴而就的,对战略资源实施节约管理主要是强调酒店对已有战略资源的维持能力和利用能力,其管理的技术措施包括:第一,建立酒店的宏观环境决策分析机制,提高酒店对外界环境的应变能力;第二,建立科学合理的内部管理决策机制,提高酒店长期战略管理能力;第三,设立有效的核心技术保护机制,确保酒店的核心能力不致过快流失、扩散,促

进核心能力的有效利用。

综合而言,要想真正发展为节约型酒店,酒店就要对自身实行根本变革,对各类型资源予以关注,并从制度、技术、理念等多个角度出发付诸行动实现资源的节约,在不断优化升级技术的同时实现酒店的完全转变,使酒店从原本的高耗能、高耗电、高耗物企业转变为符合时代发展要求的新型绿色企业。

# 第三节　循环经济与智慧酒店的能耗管理转变

酒店在日常经营过程中需要耗费大量的能源和物资,促使酒店走上一条环境利益和经济利益兼得的发展道路,不仅能够实现酒店自身的可持续发展,还有利于节约环境资源,让资源能够可持续利用。循环经济是一种生态型经济发展模式,它能够实现产品的清洁生产、废物的高效回收、能源及物质的闭路循环,它在推动社会、环境、经济三者协调发展方面发挥着极为关键的作用。将循环经济应用在酒店企业之中,无疑能够收获较为理想的资源节约效果。

## 一、循环经济的战略指导价值

部分发达国家从20世纪90年代开始陆续颁布循环经济法,如德国、日本等,该规定要求工商业者做好自身产品照管工作,要在开发和研制新产品的过程中对废物清除问题加以考虑,并且要确保现有的技术条件和经济条件能够顺利完成废物处理。从资源利用方式上而言,循环经济发展模式要求经济活动遵循"资源利用—绿色工业(商业)—资源再生"的封闭式资源循环反馈流程,注重反复循环地对能源和物质进行利用,力求在低排放、低污染、低投入的前提下实现资源的高效利用,从而降低资源浪费对环境造成的污染程度。

通过生产运作流程和产品形态可以知道,酒店是具有工商结合特征的一种企业形态,它不仅大量使用轻工产品,消耗大量的能源,同时还需要应用重工产品。酒店拥有复杂且庞大的生产系统,其产品资源囊括了原材料资源、中间产品资源和消耗品资源等。恰恰是因为酒店生产系统具有突出的复杂性,所以应当用具有系统性的节能降耗思想和管理思想来实现对酒店企业的管理和指导。

循环经济所推崇的管理方式能够从战略高度指引酒店的节能降耗管理工作,将循环经济思想应用在酒店之中有着突出的契合感。首先,循环经济思想和酒店节能降耗管理的目的具有一致性,即减少能源浪费,避免能源的不恰当利用给环境带来不良影响,力争实现社会、经济、环境三方面的全面协调发展;其次,循环经济中的很多无害化处理技术都能够应用在酒店之中,减少酒店在资源生产和利用过程中所产生的污染,这些技术包括清洁生产技术、污染治理技术、废物利用技术等;再次,循环经济和酒店在运行方式上也十分吻合,前者提倡源头管理、资源闭路循环利用,这些都能够应用在酒店的日常运行之中;最后,循环经济思想在酒店中的应用有利于酒店形成绿色环保化经营特色,通过绿色环保经营,酒店不仅能够获得更大的经济效益,同时还能借助该特色获得更多消费者的青睐。

## 二、循环经济下的智慧酒店能耗管理范式

酒店业的循环经济活动通常来说通过下列层次得以体现：单体酒店层次、酒店群落层次、酒店业所在的产业群落层次和国民经济的大生产群落层次。在将循环经济和酒店行业进行结合的具体过程中，相关人员应当秉持广阔的发展观念，其发展眼光不应仅停留在微观的酒店层次，而是要不断朝外拓展，让酒店形成和主流市场竞争范式相符合的发展范式，并且让酒店的微循环和外部环境的大循环实现对接，在此基础上探索实施酒店循环经济的最适宜方式和路径，也唯有在此基础上，酒店才有可能进一步落实大生产观念、大营销观念、大环境观念和大发展观念。当然，经济活动层次的拓展必然改变酒店能耗管理活动的范式特征，其运作原则也必须符合循环经济的运作理念。

### (一)酒店能耗管理范式的转变

#### 1. 酒店通过知识创新发展获取成长动力

将循环经济发展模式应用在酒店运行管理方面，其目的在于减少酒店运行过程中的能源和物质消耗，但酒店要想实现可持续发展，从根本上来说仍旧离不开知识资源的创新发展。一方面，酒店要引进现代化的高效节能设备，力争用软性资源对物质资源加以代替，减少资源浪费，如减少纸质资源的使用，更多地进行线上信息化操作等。另一方面，酒店要力争通过品牌、理念、文化等知识资源的创新发展获取重要的推动力量，为自身走上可持续发展道路奠定重要基础。

#### 2. 酒店群落间的能源物质关系由竞争关系变为竞合关系

传统酒店为了让自身实现更好的发展，往往会和其他酒店形成竞争关系，对物质资源进行争夺，酒店所拥有的物质资源总量在很大程度上决定了他们在市场环境中拥有多大的竞争力，在这种背景下，物质资源的竞争关系就是对酒店群落间物质关系的具体体现。而在强调发展循环经济的现代社会，人们更加注重对资源的循环整合利用，因为不同酒店所拥有的资源状况不同，某家酒店多余不用的资源恰恰可能是其他酒店所迫切需要的，所以若不同的酒店之间能够按照循环经济思想实现彼此之间经济活动的对接，那么就能够将资源的整合循环利用落到实处。举例来说，同属一片地区的酒店可以合力打造酒店物流中心，或者是共同为所在地的旅游景观进行推广宣传等，这种竞合关系能够避免酒店行业资源被浪费，同时也有利于酒店行业实现循环发展。

#### 3. 酒店污染治理方式重心由末端转到源头

酒店在进行服务生产的过程中不可避免地会产生很多气态、固态的垃圾，按照传统理念和传统条件，人们往往更倾向于对最终排放的垃圾进行处理，也就是注重事后末端处理方式，认为只要排放不超标就可以了。但是对于实施循环经济活动的酒店来说，就更加倾向于从源头上对可能产生的污染进行预防和处理，让酒店在服务生产时所能够用到的资源总量

有所减少。但应当指出的是,这种污染治理方式要求酒店拥有较为先进的配套技术。

4.酒店的经营形态由经济运营型向绿色运营型转变

在当今社会,群众已经树立起了较为鲜明的绿色意识,这也让人们对酒店的看法发生了一定的改变。相较于经济运营型酒店来说,生态运营型酒店与人们的消费观念更加契合,另外,通过实施绿色运营,酒店不仅能够节约大量资源,还能够获取更多的基础客源。

**(二)智慧酒店能耗管理范式的运作原则**

循环经济是一种强调与环境和谐共处的经济发展模式,在酒店能耗管理中倡导循环经济思想,就必须接受循环经济的三大核心原则,即减量化原则、再利用原则和循环利用原则,这三大原则是循环经济的运作基础。

1.减量化原则

减量化具体指的是令进入酒店生产及消费流程的物质资源总量得以减少,该原则能强化污染的源头控制,能够令最终所产生的污染物总量有效减少。相较于先污染、后治理这种传统的经济发展模式而言,此种源头管理方式无疑具有更突出的先进性。依照该原则,酒店要对知识资源、信息技术等进行充分利用,并且进一步加强对现代生态技术的引进和应用,在保证服务功效不降低水准的前提下尽可能减少物质资源使用量。

2.再利用原则

酒店可以对酒店产品和服务的时间、酒店资源的利用时间加以延长,对部分酒店资源进行多次利用等。举例来说,很多客人起床时间较晚,酒店可以适当对早餐供应及其他晨间服务的时间进行延长,在为顾客提供充足服务的同时也避免了酒店早餐等食物的无端浪费;再如,酒店用旧了的口布可以用作清洁打扫的抹布。酒店资源的多次利用也有效减少了对资源的浪费。

3.循环利用原则

酒店资源的循环利用指的是那些已经使用过的酒店资源能够再次变为可利用资源。举例来说,空调机组在实际运行的过程中,其热交换器会生成一定量的带有温度的凝结水,酒店可回收处理后用于锅炉回水。

## 三、智慧酒店耗能管理转变的现实运作

从运作架构来看,酒店的经营管理及其持续存在主要依赖于四大系统的协调运作,即能源系统、设施系统、物耗系统和人力系统。一般而言,酒店的节能降耗包括两个层面,即对由水、电力、燃油(煤)、煤气(或液化石油气)等所组成的酒店所需能源物质的节约使用和对设施系统、物耗系统的节约使用。遵循循环经济思想指导的酒店节能降耗具体指的是酒店在不影响服务功效的前提条件下为减少各项资源物质消耗总量所做出的努力及最终获得的结果。酒店的节能降耗管理使用环境经济思想作为其指引,应该坚持遵循循环经济的运作

原则。

### (一)传统酒店能耗管理方式

酒店的能源消耗主要以水、电力、燃油(煤)、煤气(或液化石油气)为主,主要的耗能设备则是中央空调、锅炉、照明灯具和其他动力设备等。通过酒店的实际生产运作过程可以知道,传统酒店有着较为突出的能源浪费现象,这些无疑是和循环经济思想相抵触的,这些具体现象见表6-1。

表 6-1　酒店的能源浪费现象示例

| 酒店能源浪费的结构层面 | 酒店的能源浪费现象列举 |
| --- | --- |
| 酒店的建筑设计与能源运转规律不相符 | ①酒店建筑有着过大的外表面积;②建筑方并未将风险对能源损耗的影响考虑在内;③外墙颜色不利于对能源的接收和吸纳;④建材不具备较好的隔热保温效果 |
| 酒店的能源中心和管道规划不具备系统性 | ①能源中心和主体建筑之间的距离过大;②建筑使用的是大范围集中供能方式;③未合理设置中央空调通风管道的分路方式和走向 |
| 设施能耗和酒店经营不匹配 | ①设备设施不具有较强节能性;②水龙头较大的出水量导致水资源浪费;③设备能耗方式过于统一,无法针对具体情况进行调节 |
| 能源利用度不高 | ①锅炉热气直接对外排放,没有得到合理回收利用;②没有做好冷凝水的回收工作;③管道有着较为突出的散热问题 |
| 能耗管理不具备鲜明的主动意识 | ①员工的能耗意识不足;②未能及时关闭不用的设备;③计量仪表安装不全面 |

对于酒店节能降耗管理来说,其中一项重要工作就是对酒店耗材实施科学管理。酒店在平时的经营运转过程中免不了要使用很多办公耗材、后勤耗材和客用易耗物品,这些物品也占据了酒店库存的大部分空间。但是,通过酒店的现实操作可以知道,其中存在着很多浪费耗材的现象。举例来说,为满足客户住宿需求,很多酒店都会给客户提供一次性物品,例如肥皂、塑料袋、拖鞋等。这些一次性物品的使用不仅造成了资源的极大浪费,同时也无法为酒店服务水平的提升提供辅助。另外,受到管理和储存方式等方面的影响,酒店的食物、啤酒等往往会出现长期存放的现象,其中部分食物会因为长时间放置不被利用而过期,这就造成了食品资源的极大浪费。很多酒店仍旧沿用传统的服务方式,鼓励客人多购买和使用耗材物品,从而造成了极大的浪费,例如床单每天换洗、酒店大力进行菜肴推销、剩余菜肴只能被丢弃等。此外,酒店未针对办公耗材倡导一定的节约行为,使得纸张等资源被大量

浪费。

以上这些现象的存在使得酒店资源浪费问题较为严重,对此酒店可以借助循环经济的方式方法予以纠正和消除,确保酒店在使用能源的过程中真正做到节能降耗,通过管理、技术等方面的变革令能源利用率得到有效的提升。

**(二)智慧酒店耗能管理的转变方向**

智慧酒店耗能管理的转变方向见表6-2。

表6-2　酒店能耗管理中的循环经济运作方式一览

| 酒店能耗管理中的循环经济运作方向 | 酒店能耗管理的方式 |
|---|---|
| 技术方向 | ①安装使用节能锅炉;②使用先进的环保洗衣设备;③使用节能环保的冰箱及水泵;④做好污染处理工作,打造相关工程;⑤安装使用节能灯;⑥对自来水管隐性漏水处进行修理 |
| 管理方向 | ①购买和使用绿色用品;②制定店内员工节约环保相关制度;③对酒店废物进行科学处理,加强回收利用;④强化服务方式的绿色性,减少一次性用品的浪费量;⑤引导客户进行绿色消费 |
| 综合治理方向 | ①加强对水资源、蒸汽热能的回收利用;②若煤渣未充分燃烧,可进行二次燃烧;③科学地进行防污处理;④避免过水洗菜、过水化冰等 |

**1. 技术方向**

根据循环经济思想可以知道,酒店能够通过下列三项重要环保技术来实现酒店内部节能降耗的目的:清洁生产技术、污染治理技术和废物利用技术。站在酒店的角度来说,不断引进和更新酒店内硬件设施的技术层次,有利于从源头上促使酒店达成节能降耗的目的。举例来说,酒店中使用的中央空调若是实现技能升级就十分有利于能源的节约,酒店可以对空调制冷机组冷却水与冷冻水循环泵进行变频技术改造,令空调在冬季和夏季的时候能够以不同的方式运行,从而实现能源的节约。另外,酒店的锅炉和加热设备的运行也需要耗费大量的能源,酒店可以对锅炉的储油输油管道等进行技术升级,在其基础上安装加热装置,以此来减少燃油能源浪费。

**2. 管理方向**

缺乏科学管理也是酒店能源被大量浪费的一个重要原因。通过进行管理升级,能够让酒店的资源浪费问题得到一定程度的缓解,能够通过引导酒店实施科学性、环保性的行为来达到节能降耗的目的。举例来说,酒店可以在店内推行标准化的管理方式,这样不仅便于对服务的内容、质量等进行识别,还给管理者的管理和监控提供了极大的便利,并且能够让酒店的能源物耗得到较为严格的管控。

### 3．综合治理方向

综合式的节能降耗指的是同时借助管理和技术两大要素来实现对能源耗材的综合循环利用。举例来说，酒店可以设计一个能源管理综合计划，并对各能源消耗设施安装相应的计量仪表，让管理人员能够随时监控能源消耗情况，在此基础上探索出酒店能源的具体消耗规律，从而为各部门的能源成本核算及监控提供切实可行的依据。

酒店对循环经济发展模式加以运用能够在很大程度上转变其内部管理方式，能耗管理方式的转变仅仅只是其中的一部分。酒店要想实现循环经济发展，就应当在酒店内部树立明确的可持续发展目标，并对各方面做出针对性设计，真正促使酒店顺利达成节能降耗的目的，实现酒店的绿色发展。

# 第七章　智慧酒店餐饮信息管理

## 第一节　智慧酒店餐饮管理系统

在智慧酒店中,餐饮是与客房同等重要的一个组成部分,经过酒店的多样发展,酒店的餐饮也开始进入科学管理阶段。酒店的餐饮管理系统不仅包括菜品信息、点餐信息、收银操作等,还包括餐饮部门在运转过程中的销售信息、劳动成本信息等,成熟的酒店餐饮管理系统能够帮助酒店的管理者更好地进行管理和操作,提高部门人员的工作效率,降低成本。

随着科学技术的发展、信息化程度的推进以及企业经营理念的变化,如今多数餐饮相关行业开始改变传统模式,注重提升用户体验,增强企业自身的竞争力。此外,还对餐厅的风格进行了调整,为顾客提供多样化的菜式,优化点餐方式,开始注重高科技技术在其中的应用。

以往传统的点餐方式是服务员将纸质菜单拿给顾客,然后用纸记录顾客所报菜品。在这种传统的点餐模式下,各个环节都要花费一定的时间,从而出现上菜慢、结账慢的现象,而且人工记录还会出现记错、上错菜的现象。而服务员在前台、后厨、大厅之间的来回奔波会对客人的用餐情绪产生一定的影响。随着移动客户端的出现,店家开始用平板或手持终端来代替手写账单,顾客点餐后,信息可直接送达前台和后厨,极大地提升了服务员的工作效率,餐厅的档次也得到了提升。现如今,手机、平板电脑等移动客户端的普及使得顾客可以直接在自己的手机、平板电脑上进行点餐,线上线下都可以实现智慧点餐。这一模式的普及极大地满足了消费者日益增长的饮食文化需求,而且企业也能够从容地面对互联网发展给行业所带来的挑战,获取更多的商业价值。因此,有一套完善的餐饮管理系统是十分必要的(见图 7-1)。

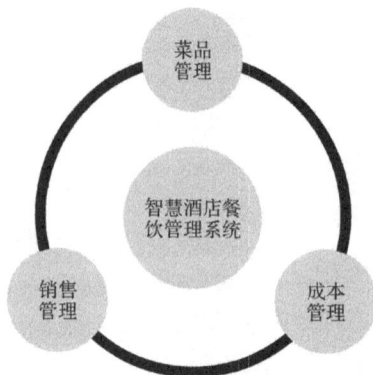

图 7-1　智慧酒店餐饮管理系统三要素

## 一、菜品信息管理

菜品信息是餐饮部门所提供的产品信息，主要包括菜品基本信息、菜品编码信息、菜品套餐信息等，是酒店餐饮信息管理的基础。

菜品基本信息包括菜品的类别和菜品的原材料信息，是酒店给消费者提供的产品信息。有的酒店内还有不同的菜品部门，如中餐厅和西餐厅。套餐信息是酒店为了提高营销效果而采用的一种方式，从而提高酒店的收益。

## 二、销售信息管理

餐饮销售信息系统存储和维护餐厅业务相关的数据，是将菜品信息与菜品销售进行关联。销售信息管理是以日结作为经营结束的标志，日志生成后，生成并打印日经营报表，包括日营业额、开桌数、用餐人数，并统计和分析销售数据，包括消费时段（可以分为早餐、午餐、晚餐、夜宵等）。

某酒店餐饮部营业面积 300 平方米，大包厢和 1 个大餐厅，共计 160 个餐位。餐饮部的菜肴品种较少、口味欠佳，价格偏高，服务不太好，结果餐饮部生意越做越差。当年 1 — 10 月份除 5 月盈利 2 793.12 元、9 月盈利 7 719.22 元外，其他各月均为亏损。其中，10 月亏损 919.93 元，1 — 10 月累计亏损 40 455.25 元。根据该酒店餐饮部的销售报表，需要对菜品进行价格调整和改良，餐饮部要扭亏为盈，就必须加强经营管理，增加花色品种，推出特色菜肴，要采取切实可行的措施，降低成本，增加企业利润。

## 三、成本信息管理

成本信息管理是酒店餐饮管理中的核心内容。与酒店的客房不同，在餐饮成本中占主要部分的是可变成本，而餐饮原材料则是其中的核心内容。例如，后厨可以根据每道菜使用的原材料确定其标准用量，在菜谱中明确标明每道菜的标准用量，这样酒店的系统可以根据每天销售的菜品，对餐饮中使用的原材料进行登记。尽管这个标准用量可能与实际的消耗量有一定的出入，但是酒店的管理人员却可以以此为依据，来衡量和确定餐饮部门的工作，从而控制酒店的餐饮成本。

# 第二节　智慧酒店餐饮服务信息管理

## 一、智能预订排叫号系统

近年来，随着人们生活水平的提升，餐饮企业的规模也得到了快速的发展，开始向连锁化、集团化的方向发展。餐饮部门作为酒店的重要组成部分，是酒店盈利的重要来源，在激烈的餐饮竞争下，科学化、营养化成为酒店餐饮的重要指向指标。在这种发展环境下，酒店的餐饮开始向高端、规模、信息化方向发展。信息技术在酒店餐饮中的应用能够极大地提升餐饮部门的工作效率以及顾客的消费体验，因此，加强酒店的餐饮服务信息管理是酒店餐饮部门发展的关键。其中,排叫号系统是顾客在酒店餐饮消费的首要环节。

### (一)智能预订系统

生活水平的提升推动了餐饮行业的发展,具有广阔的市场规模,餐饮行业成为我国的黄金产业。酒店的集团化、连锁化发展趋势在某种程度上改变了以往酒店的餐饮管理,逐渐形成了标准化、科学化的管理。互联网的普及发展为酒店餐饮的发展提供了新的方向,形成了线上预订、线下交易的餐饮模式。将酒店的餐饮系统与顾客的移动客户端连接起来,不仅便于顾客的菜品预订,还简化了餐饮部门的工作,提升了其工作效率。

酒店的餐饮预订主要是面对酒店的顾客,使酒店的消费者能够随时随地使用手机、平板电脑等移动客户端完成菜品预订。酒店餐饮具有广阔的发展前景,餐饮系统的智能化是如今酒店餐饮的主要发展趋势。如今酒店的智能化主要有移动 Web 应用、桌面 Web 应用、手机应用等多种形式。多种形式的实现都是建立在信息化基础上的,包括数据库、数据访问、预订业务逻辑等,如图 7-2 所示。

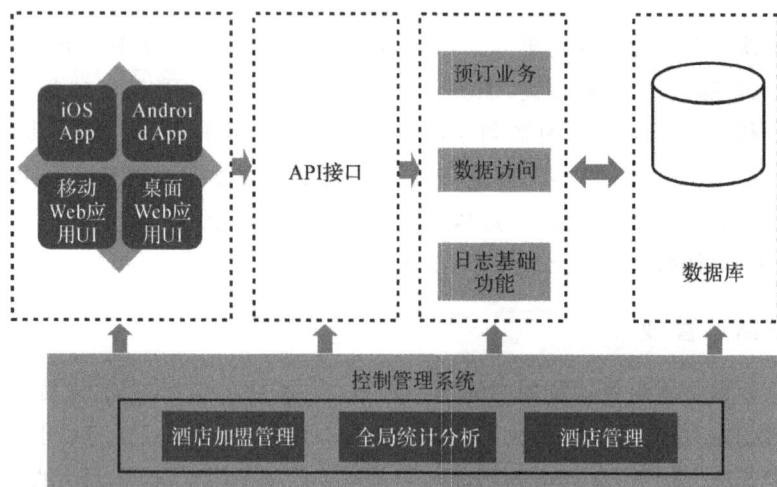

图 7-2　酒店信息化管理架构

面向酒店端的预订管理,提供两种方式实现:第一,平台提供酒店端预订管理 SaaS 应用,供酒店租用、定制面向自己酒店的虚拟化系统;第二,酒店仍然使用自己的餐饮管理系统,但需要做一些改造以便实现与消息中间件的通信,可使用平台提供的消息适配器组件来简化对餐饮管理系统的改造;对于某些预订服务平台需要但餐饮管理系统不具备的数据和功能(如酒店、房间及菜品图片管理),需要对餐饮管理系统做一些功能扩展。

通过消息中间件,实现预订与点菜服务系统和酒店端预订管理的交互,包括预订信息交换、基础数据同步等。

为了避免消息队列中消费消息的混乱,一个酒店只能选择一种方式,租用酒店端预订管理 SaaS 应用,或者使用适配组件改造酒店已有的餐饮管理系统。

### (二)智能排叫号系统

在互联网技术的支持下,餐饮中传统的点单方式发生了巨大的变化,开始向移动客户端方向发展,如美团、微信、支付宝等软件,将用户系统与酒店的餐饮联系起来,启用智能排号系统,使顾客明确看到自己的排号情况,从而留着那些没耐心的顾客,提升顾客的消费体验,提升餐饮部门的盈利,如图7-3所示。

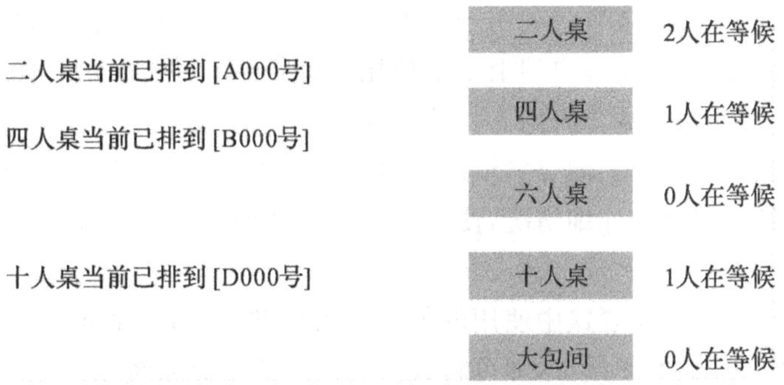

| | |
|---|---|
| 二人桌当前已排到 [A000号] | 二人桌    2人在等候 |
| 四人桌当前已排到 [B000号] | 四人桌    1人在等候 |
| | 六人桌    0人在等候 |
| 十人桌当前已排到 [D000号] | 十人桌    1人在等候 |
| | 大包间    0人在等候 |

图7-3 智能排叫号系统示例

## 二、自助点餐系统

互联网技术的普及发展给众多传统行业带来了挑战和机遇,网络技术的快速更新换代,给各行各业也带来了巨大的挑战,只有紧跟时代的发展,才能在市场中站稳,才能获得长远的发展。在这种社会背景下,酒店行业要想在激烈的酒店行业中站稳、走远,必须紧跟时代的发展潮流,实现酒店自身管理的特色发展,避免管理中的失误。互联网技术在酒店行业中的应用是酒店行业发展的必然趋势,对酒店开展的管理工作具有重要的影响,不仅能够提升酒店的工作效率,还能够为顾客提供更人性化的服务。

电视系统是酒店智能化发展的一个方向,体现了酒店管理的独特之处。随着网络技术的普及,如今的电视所提供的已不是单纯的影视观看服务,其与网络技术的结合,能够实现与酒店各服务平台的对接,这也是电视系统成为酒店智能化发展趋势之一的原因。酒店的电视系统不仅能够为顾客提供影视观看服务,还能够将其与酒店的餐饮系统结合起来,为顾客提供餐饮服务。对于长久居住的顾客,酒店还可提供电脑等设备,提升用户的体验感受。

如图7-4所示,将酒店的餐饮系统与电视系统结合起来,为顾客提供便捷的餐饮服务,加强酒店各个部门之间的联系,提升酒店工作人员的工作效率。

图7-4 数字化酒店中的电视系统

### (一)基于O2O的餐饮模式

移动手机和网络技术的发展,给传统的餐饮模式带来了巨大的挑战,酒店餐饮要想获得长远的发展,只有顺应这一发展趋势,对以往传统的运营模式进行改革。

以微盟智慧餐厅为例,该平台利用当下人们广泛使用的微信平台,通过微信公众号建立餐饮服务平台,使人们在移动客户端上平常使用的微信平台中,即可完成点单。此外,该系统还与微信支付结合起来,减少人们支付的流程,与顾客建立交互关系,降低传统收银模式中常见失误现象的频率。人们的点餐情况会直接记录在系统中,餐饮管理人员可进入系统数据库中查看该餐饮部门的详细情况,便于建立收支模型和核实账目,提升餐饮部门的工作效率。

迅捷是移动平台支付在餐饮中使用的另一显著优势,该种模式的实现无须花费大量的人力成本,只需要通过数据库接口,即可将其与酒店管理信息系统联系在一起。移动互联网的一个特点就是服务提供商会提供包括运营在内的服务打包,使使用者可以不用顾及具体实现,而使用提供方提供的大量的已经优化的系统服务,其中,比较值得一提的便是Web2.0的兴起,酒店管理甚至可以部署在云台之上,通过Web界面即可完成相关的所有操作,服务提供方会直接提供一个CMS。在如今各行各业激烈发展的环境下,企业不能单纯地只卖产品,还应与社会中的各种发展趋势结合起来,注重互联网的使用,将普及使用的互联网技术运用其中,提升企业的管理运营效率,从而实现酒店的长远发展。

### (二)酒店餐饮中的自助模式

自助模式是近年来兴起的一种新的运营模式,也是智慧酒店在建设中具有一定争议的讨论对象。互联网技术和智能技术的发展,为自助模式在各行各业的运用提供了条件,其开始应用在多个行业中,部分在酒店餐饮中使用的自助终端系统已发挥出一定的优势。以麦当劳为例,多数麦当劳的门店使用柜台＋自助终端的结合模式,顾客可以选择任意方式来点单,不仅缓解了柜台服务人员的压力,降低人力需求,还能够缩短顾客的排队时间,提升工作效率。将购买系统与企业中的其他系统结合起来,降低人力成本是自助终端的优势,尤其是在2020新冠肺炎疫情下,自助终端的优势得到了充分的发挥,因其有效减少了人员的接触而得到了广泛使用。

企业的自助模式不仅可以通过自助终端来实现,还可以基于已普及使用的微信平台来实现,将企业的点单二维码张贴在桌子或是用户经常使用的地方,使顾客只需要扫描二维码即可实现下单,顾客可以随时加菜,点单完毕后,会直接生成账单和费用,为顾客和企业提供了便利。在餐饮中经常使用的除了微信平台外,还有美团平台。

## 三、餐饮结算系统

### (一)移动互联网支付

互联网技术的普及发展改变了人们的支付方式,移动互联网支付成为支付的主流方式。移动互联网支付的便捷性使得人们在选择支付方式时更愿意选择微信钱包、支付宝之类的移动付款方式。因此,在酒店的运营过程中,应突破以往的支付方式,应用电子钱包的支付方式。

　　与二维码的结合使用是电子钱包的显著优势,酒店可以在客房处张贴二维码,然后利用商家功能,将酒店的一些服务添加进去,顾客可以直接扫描二维码选择自己需要的服务,然后进行支付,不仅为顾客提供了便利,也简化了商家的收款方式。

　　酒店的餐饮部门通过使用移动互联网支付,不仅能够节约人力物力,还便于及时更新餐饮菜单。此外,酒店还可以通过互联网平台中的数据信息,快速建立收支模型,为智慧酒店的发展提供数据信息。

### (二)酒店餐饮结算模式

传统的常规收支流程:

第一,餐厅结账单一式两联,第一联为财务联,第二联为客人联。

第二,当客人要求结账时,餐厅的收银员根据厅面工作人员所报的餐桌号打印出暂结单,然后厅面工作人员核对账单并在上面签上自己的名字,再凭账单与客人结账。如果厅面工作人员没签名,收银员应提醒其签名。

第三,客人结账现付的,厅面工作人员应将两联账单拿回交收银员总结后,将第二联结账单交回客人,第一联结账单则留存收银员。

第四,客人结账是挂账的,则由厅面工作人员将客人挂账凭据交收银员。

　　这是传统的结算流程,需要花费大量的人力,且流程较为繁杂,所花费的时间也较多,繁杂的流程还增加了人工失误的风险。而信息技术以及互联网在餐饮中的使用,极大地改变了传统的餐饮系统,结算模式也发生了变化。以酒店餐饮中经常使用的微信支付为例,顾客在就餐完进行结算时,只需要通过后台程序中的结算系统核实订单后支付即可,极大地节省了酒店餐饮支付环节的人工成本。如果顾客需要酒店提供发票,可直接标记"需要纸质发票",当顾客退房时,直接在前台领取即可,如图 7-5 所示。

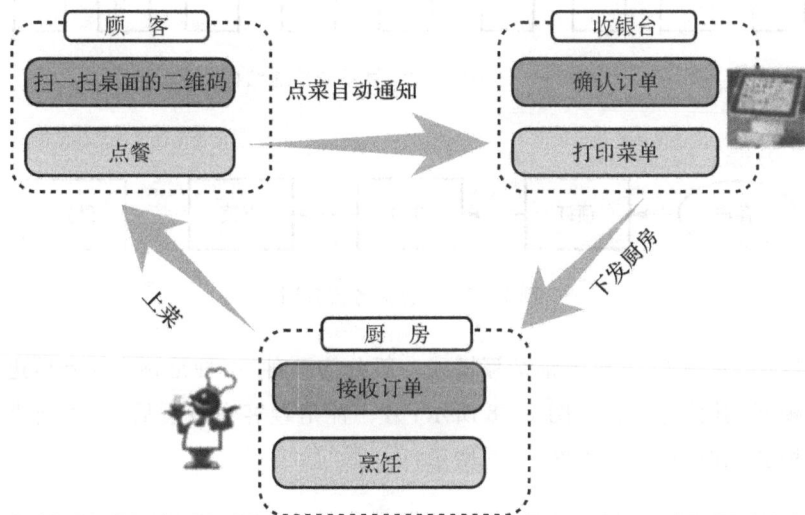

图 7-5　一个典型的餐饮结算流程

互联网在酒店餐饮中的使用,将酒店的各个部门联系起来,使酒店成为一个有机整体,不仅提升了酒店工作人员的工作效率,节约了成本,还提升了顾客的入住体验。如今的互联网技术处于快速更新阶段,酒店的管理者要及时关注其相关技术的更新,将更新发展的网络技术与酒店的运营管理结合起来,主动提出具有建设性的应用方案。其中,网络技术在酒店中的应用也是智慧酒店信息化运营的重要课题。

# 第三节 智慧酒店餐饮财务信息管理

## 一、酒店 POS 系统

随着酒店行业的规模不断扩大、酒店内产品的多样化发展,以往传统的人工结算方法已经无法满足如今酒店快速发展的需要,酒店的结算方式开始被效率更高、失误率更小的信息化的结算方式所取代。网络信息技术的发展推动产生了多种结算方式,其中,POS 和 POS 系统的终端结算方式是如今各行各业使用较广的一种方式,也是如今零售行业使用最广、必备的一种设备。以下就 POS 收银机在餐饮服务中的应用,解读 POS 机的信息传递流程,如图 7-6 和图 7-7 所示。

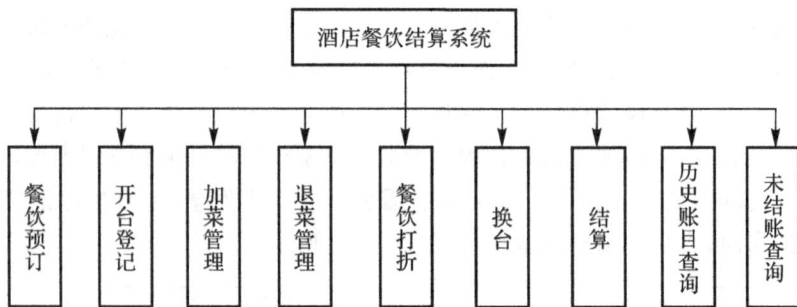

图 7-6 酒店餐饮结算系统功能结构

图 7-7 总体业务流程图

酒店餐饮中,使用 POS 机收银结算模式一般分为两种:一种是顾客就餐后进行结算,也称为后结算模式,其信息流程如图 7-8 所示;另一种是顾客在点餐后、就餐前进行结算,也称为前结算模式,其信息流程如图 7-9 所示。

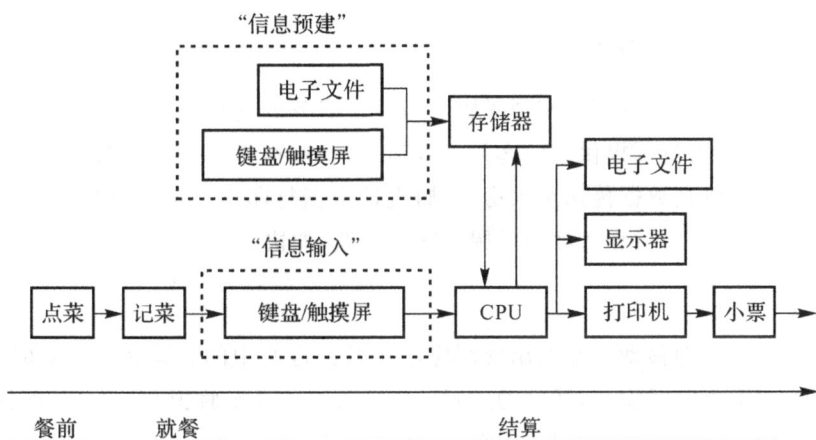

图 7 - 8　后结算模式

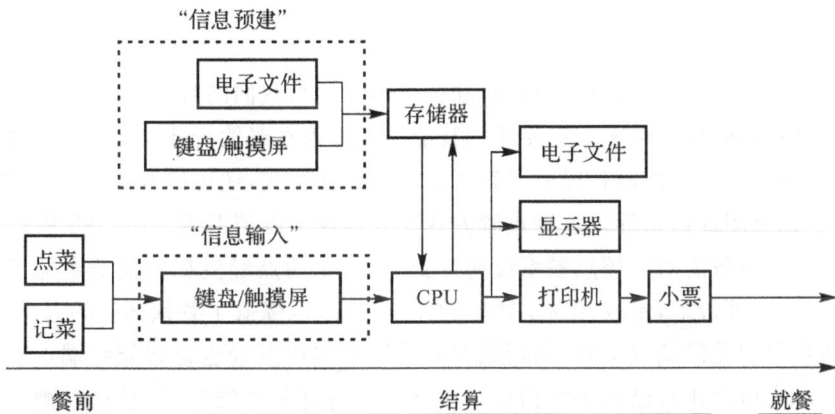

图 7 - 9　前结算模式

## 二、智慧酒店餐饮信息化

### (一)餐饮结算的信息化历程

在 20 世纪 70 年代我国电子行业的发展初期,电子设备不仅产量较少,且价格极为昂贵,在民用建设中鲜有应用,因此当时服务业一直采用的是人工操作方式。直到 20 世纪末,电子设备开始广泛出现在人们的生活中,餐饮行业的结算方式也发生了极大的变化。总的来看,餐饮行业结算方式的发展历程主要包括以下几个阶段。

#### 1. 电脑收银阶段

电脑收银阶段实现了餐饮财务管理的电算化,实现了餐饮的信息化管理,于 1986 年出现在餐饮管理中。在该阶段,消费者就餐完后,收银台的工作人员将会直接把电脑上顾客的消费信息打印成小票,不仅省去了人工结算环节,还避免了人工结算可能带来的失误,提高了工作效率。

### 2. 电脑收银、厨房打印阶段

在电脑收银、厨房打印阶段，实现了厨房与大厅服务的连接，提升了点菜系统的可操作性。首先，根据服务人员所提供的顾客的点餐信息，录单员将其录入电脑中，然后企业内的点餐系统将会直接将其数据传送至厨房，后厨直接根据打印出来的菜品信息进行烹饪。在该阶段中，减少了服务人员在大厅与后厨之间的奔波，加快了上菜速度。

### 3. 手持点菜宝

手持点菜宝是伴随移动终端的出现而应用在餐饮行业中的。顾客在点餐时，服务人员可以直接在点菜宝上实时输入，顾客的点餐信息会直接传送至收银和后厨，从而提升送餐速度，且服务人员无需在后厨与收银之间奔波，从而提升工作效率。手持点菜宝在使用初期主要应用于高档酒店餐厅中，但是随着互联网技术的普及，手持点菜宝的成本也逐渐降低，手持点菜宝也开始应用于中小型酒店餐厅中。

### 4. 智能终端点餐系统

科学技术的发展、社会的进步使得移动客户端开始与我们的日常生活紧密结合在一起，便捷的移动平板电脑作为电子点餐系统的智能终端出现在餐饮行业中。在基于平板电脑的点餐系统中，顾客不仅可以通过触屏了解菜品的价格和样式，还可以真实地查看菜品的原材料、烹饪方法以及图片信息等。这种点餐方式充分体现了以消费者为中心的理念，能够满足消费者的个性化点餐需求。该点餐系统通过直观、简单的点餐流程使消费者能够轻松完成点菜、加菜、结算、评价等，不仅提高了顾客的体验感受，也降低了餐饮部门的人力成本。

除酒店提供智能终端点菜外，利用顾客的手机来实现点餐也是智能终端点餐系统的另一种模式。顾客可以用自己的手机扫描餐厅桌子上的订餐二维码，然后通过酒店的点餐系统，直接在手机上完成点餐和结算。此外，当就餐人数较多时，顾客还可以扫描二维码查看排队情况，查看菜品的制作进度。

### (二)O2O模式对餐饮结算的影响

近年来，酒店餐饮业O2O市场能够迅速发展，与餐饮的整体市场规模大、需求刚性强、企业参与积极性高、网络技术的迅速普及密不可分。团购就是在这种环境下产生的，并得到了迅速的发展。现如今，团购已经普遍应用于餐饮行业中，而团购网站必然会提供餐饮服务。

2019年中国的本地生活服务的规模为7万亿左右，其中餐饮占本地服务整体规模的60%以上，位居第一。在团购的冲击洗礼下，酒店服务业的信息化建设和专业人才队伍建设已经走在生活服务行业的前列，美团、大众点评、拉手、糯米、窝窝团等团购网站充分发挥了市场推手的作用。

2020年6月，我国最大的本地生活服务平台——美团发布了最新的数据统计报告，对我国多达4.6亿外卖消费用户进行了相关的数据分析，针对人们的餐饮习惯进行了分析。

2019 年我国的餐饮外卖规模为 6 536 亿元,其中美团有 3 927 亿元,交易金额同比增长 38.9%,全年交易笔数达到了 87 亿笔,日均交易笔数为 2 390 万笔。无论是美团,还是商家和客户,完全依靠 O2O 模式在消费驱动的社会转型中得到了互利共赢。

通过 O2O 模式,餐饮企业和用户形成良性的互动,并且促进反复消费,这使得餐饮市场规模将继续保持较快增长。《2019 年至 2020 年上半年中国外卖产业报告》显示,2019 年我国的外卖人数在网民中的比例已达到 50.7%,占我国城镇常住人口的 53.9%。

通过对以上数据的分析,我们可以发现,O2O 模式给酒店的餐饮行业带来了巨大的影响,产生了一种新的结算方式。面对餐饮行业如今庞大的消费人群,采取电脑收银、刷卡、人工协助开展的方式已不现实。在移动互联网普及发展的今天,智慧餐饮成为餐饮行业结算方式的主要趋势。如今的团购网站如美团、饿了么等,采用的都是移动在线支付的方式,顾客可以通过日常使用的微信、支付宝等支付方式完成支付,实现随时随地预订、点餐、结账等服务。

### 1. O2O 模式简介

O2O 是由 TrialPay 创始人兼 CEO Alex Rampell 提出的。O2O 是 "Online To Offline" 的简写,即 "线上到线下"(见图 7 - 10)。

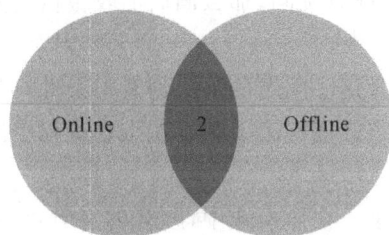

图 7 - 10  O2O 示意图

O2O 商务模式已经广泛应用于如今的各行各业中,是将线上和线下结合起来的一种商务模式。该种商务模式能用互联网将顾客和商家联系起来,借助互联网实现线上营销、线上购买,从而带动线下经营和线下消费。商家将自己的产品信息和营销活动上传至互联网平台,顾客在网上完成购买和支付后,可凭借凭证到线下商家的实体店内使用产品和享受服务。

### 2. 传统酒店餐饮结算

在酒店的餐饮部门中,采用传统的结算方式主要有现金、银行卡、住挂账、会员卡等。顾客就餐完后,收银员核算顾客的消费数据后,询问结算方式,如果顾客采用现金、银行卡的结算方式,则直接进行结算。如果顾客采用住挂账的结算方式,则需要查询顾客的住房押金,如果押金充足,则可直接挂账结算,然后将顾客的消费信息送至前台;如果顾客的押金不足,餐饮部门的收银员可先与酒店的总台联系,待授权后可挂账。如果顾客采用会员卡的结算方式,只需要确认顾客的会员卡余额充足即可。

整体来看,传统结算方式的效率较低,收银的速度也较慢,收银工作人员需要完成的工作量较大,而且在结算过程中还可能会出现一些问题,主要表现为:餐饮部门收银人员的工作量较大,既负责结算也负责收银,很容易产生漏洞;前台录入的菜单有误,导致后厨跑单。

总的来讲,传统的餐饮结算方式一般是由收银工作人员负责顾客就餐菜品的核算和结算,客人点餐后由服务员将菜单送至后厨,收银工作人员的输单和后厨的出菜情况无法有效衔接,从而容易导致跑单的现象。一旦出现错误,需要花费大量的人员和精力进行核对。

由此可见,传统的餐饮结算方式较为刻板,各环节工作人员缺乏有效的衔接,对于部分顾客少的时间段或是较小的餐饮企业来讲,可能较为适用,但是对于企业规模较大、用餐人数较多的高峰时间段来讲,不是很适用,顾客需要等待的时间较长,且会由于就餐人数较多而出现错误,进而影响顾客的体验,对酒店造成不利的影响。

### 3. 现代化的酒店餐饮结算

后厨自动分单的方式是如今酒店中经常采用的方式。服务员根据顾客的点餐情况,将菜品输入电脑中,待菜单输入完成后,将直接传送到酒店的后厨处,后厨根据分单情况来做菜,有效地避免了跑单现象的发生。此外,这种方式也简化了收银的流程,收银员只需要确定顾客的消费数据,打出消费清单,让顾客支付签字即可。虽然该种方式与传统的餐饮结算方式相比,其效率得到了大幅度的提升,但是不能满足如今人们快速发展的需求。如果顾客在结账过程中对自己的点餐情况有疑问,那么酒店的收银员就要给出解答,从而增加结算的时间。

移动互联网技术的发展,为这一问题的解决创造了条件,部分酒店开始采用O2O模式,将线上和线下充分结合起来,很好地解决了顾客在点餐过程中出现的问题,具体表现为以下几点。

第一,降低酒店的人力成本。在该模式中,顾客的点餐可以通过移动终端实现,服务人员并未参与其中,因此酒店的餐饮部门可以适当地减少服务人员的比例,从而降低酒店的人力成本。

第二,提高顾客的体验感受。传统的餐饮模式下,顾客只有通过纸质菜单了解菜品的详细信息,多数仅为菜品的价格和图片。而在移动终端中,顾客可以通过酒店所提供的电子菜谱,了解菜品的样式、原材料信息、烹饪方法等,使顾客获得人性化的消费体验。

第三,提升酒店餐厅的工作效率。在移动终端上,顾客可以查看酒店的特色菜品,根据自己的口味偏好点餐。待顾客完成点餐后,后厨可以直接接收到信息进行制作。后厨也可以直接将原材料情况及时反馈给顾客,以便顾客进行退菜、加菜、换菜等操作,简化了点菜的流程,提升了酒店餐厅的工作效率。

第四,自动结算。顾客在用餐结束后,可以直接在客户端上查看自己的消费清单和消费金额,然后在移动客户端进行结算。如果顾客需要开具发票,则可以直接在客户端上输入单位名称,如果采用其他支付方式,可以直接到收银处支付,极大地简化了结算流程。

第五,移动支付和在线支付。互联网技术的普及将移动设备带入我们的生活,极大地改变了人们的生活,人们的交易方式也发生了变化。O2O模式的发展推动了移动支付和在线支付的发展,此外国家相关政策的出台也为移动支付和在线支付的发展创造了良好的环境,为行业的健康发展提供了保障。

在酒店餐饮中使用移动支付，能够完成O2O的闭环，当消费者就餐且完成线下支付时，消费者的消费情况将会直接在一个闭环中传递，并将其信息上传至O2O平台中，实现酒店餐饮内顾客消费情况的线上线下核对。此外，酒店还可根据平台中用户的相关信息对用户进行分析，从而为顾客提供针对性较强的服务，提高顾客的消费体验。例如，人们在美团平台上购买产品且完成付款后，将会直接形成一个唯一的序列号和二维码，顾客到达线下的实体店后，直接出示二维码和序列号即可消费，极大地减少了消费者等候和核对的时间，而且具有较高的安全度。

随着互联网技术的发展，人们的支付方式也发生了巨大的变化，由以往的信用卡、储蓄卡开始向支付宝、微信等扫码方式倾斜。随着第三方支付机构以及国家政策的推动，移动支付将会成为人们支付的首要选择，给人们带来全新的消费体验。此外，人们的移动支付的类别也会呈现多样化发展。如表7-1所示，人们所使用的移动支付方式主要有以下几种。

表7-1　移动支付的主要类别

| 厂商属性 | 主要客户 | 竞争优势 | 主要参与者 |
| --- | --- | --- | --- |
| 互联网 | 手机网民 | 用户习惯从PC端到移动端的过渡，技术先进 | 支付宝、微信等 |
| 硬件支付 | 小微商户 | 申请门槛低，办理速度快 | 钱袋宝 |
| 网上银行 | 银行保险客户 | 具备安全口碑，收费低 | 银联、银行、保险 |

在线支付是O2O运营模式的核心，通过在线支付能够将企业的线上和线下连接起来。企业将自己的产品和服务上传至网络平台中，顾客可以直接在网络中查看企业的相关信息，可以在网上对不同企业的产品进行比对，根据自己的需求选择适合自己的产品和服务。O2O运营模式一方面提升了顾客的消费体验，另一方面也扩大了企业的宣传。

在如今的酒店行业中，要想运用好O2O运营模式，首先要解决的问题就是移动支付问题。从目前对酒店行业实际情况的分析来看，要想解决移动支付问题，在酒店中运用O2O运营模式，可以从以下三个方面入手，如图7-11所示。

一是与第三方平台合作，采用预付定金的方式。如今第三方酒店预订平台如携程、艺龙、美团等已经发展到一定的规模，不管是酒店的安全还是顾客的安全均可得到较好的保障。因此，酒店要利用好第三方平台，与其建立良好的合作关系。采用预付定金的方式不仅能够保障酒店和顾客双方的财产安全，还能节约酒店的人力成本。顾客在预订客房时，需要按照酒店的要求填写抵离店时间、选择的房型等相关信息，待顾客确定好入住信息后，需要在第三方平台中预付定金。顾客支付定金后，酒店将会提供房间信息。顾客到达酒店后可直接前往客房，而无须办理登记入住，极大地节省了酒店的人力和物力。

二是即时支付。酒店应积极与相关平台的管理系统联系，完善酒店的数据接口，开发二维码支付以及NFC近场支付业务，从而为酒店的移动支付创造条件。酒店还可通过一些优惠活动，积极鼓励顾客采用线上移动支付的支付形式。

三是酒店与相关的银行合作，建立与酒店集团进行战略合作的银行清算工具，使移动支付融入人们的生活中,提高人们使用移动支付的频率,从而提升顾客的消费体验。

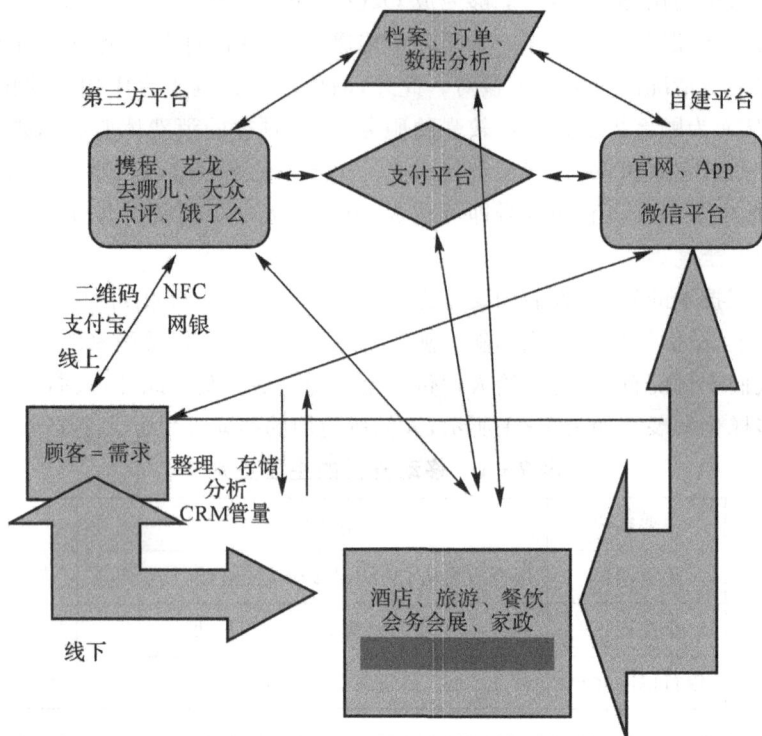

图 7-11 酒店 O2O 运营模式

### (三)餐饮结算的探索之旅

#### 1. 基于模式识别的餐饮自助结算系统

基于模式识别的餐饮自助结算系统是通过识别餐盘的颜色、形状特征来区分价格种类进而自动结算。其采用了灰度变换、高斯滤波、椭圆拟合的方法对模式特征进行预提取,采用 Sobel 边缘检测算子、快速 Hough 变换等算法对目标进行识别。试验表明该方法对非完整边缘目标的识别具有准确性和适应性,同时系统采用 DSP 实现,对一次目标识别结算不超过 3 秒,可以满足快速结算的要求。

传统的自选式餐厅在结算时,结算人员要根据顾客选取菜品餐盘的颜色和大小进行计价结算,受制于客流量大小和人眼疲劳的原因,经常会出现排队拥挤和结算出错的情况,导致经济损失。模式识别是通过计算机用数学方法来研究模式的自动处理和判读,具体是把一类事物可以和其他事物明显区分的特征称为模式特征,对这种特征进行提取分析,然后在含有该特征的信息集合中将其准确识别的方法。该系统使用颜色和形状区分餐盘,并以此为模式特征区别于其他目标。通过图像预处理、椭圆拟合等方法对空餐盘进行模式特征提取,再基于已提取特征,对放有菜品的餐盘进行识别结算,该方法可以很好地识别非完整边缘的目标,且对不同的餐饮场所具有适应性。同时图像数据的处理采用 DSP 实现,减小了系统体积,降低了配套设施的成本,使其在普及应用中成为可能。

2. 基于 ARM 和计算机视觉的餐厅快速结算系统

日本出现了一种建立在计算机视觉技术基础上的结算系统,主要是通过摄像头来获取物品的图像特征,进而判断物品的种类,从而实现快速结算的目的。这种方式是非接触式检测,虽然判断产品的速度增加了,但是其精确度却无法保障,会有错误情况的出现。此外,该种计算方法较为复杂,所需投入的成本也较高,因此适用性较低。

针对这一问题,设计了一种基于 ARM 单片机和机器视觉的餐厅结算系统,该系统在保留了上述优点的同时,拥有快速、准确的特点,而且其成本较低,不需要特定的餐盘和机器,因此适用范围较广。

在结算阶段,通过采集图像设备,检测托盘中餐盘边角提取餐盘颜色得到价格信息,然后发送信息至数据中心和读卡写卡设备。系统的模块结构如图 7-12 所示。

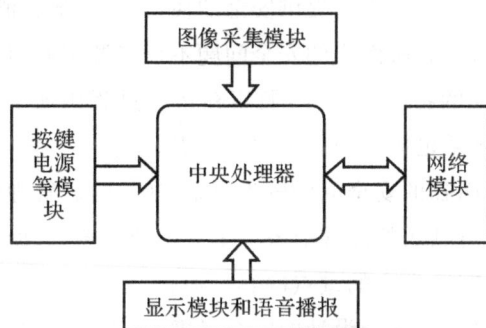

图 7-12 系统模块结构

图像采集模块主要完成餐盘图像获取的内容,把待结算的餐盘照片数据回传给 CPU。按键电源模块完成一些系统复位、供电功能。网络模块主要负责与数据处理中心和读卡刷卡设备之间的通信。显示模块和语音播报用来实现信息的交互,可以显示菜单、具体价格信息,播报欢迎语,等等。中央处理器则完成整个系统的协调、任务分配和图像处理、输出结算金额等内容。

# 第八章 智慧酒店安防管理

## 第一节 智慧酒店安全管理体系建设

在智慧酒店中,安全包括顾客和酒店的安全,是酒店得到长远发展的基础。如果酒店无法保障入住顾客的人身财产安全,为其提供安全的住宿环境,那么酒店势必难以获得人们的选择和青睐。从整体来看,酒店所面临的安全问题不仅来源于酒店自身的设备,还来源于动态的流动人员,呈现出复杂的特点。因此,酒店在运营过程中所面临的安全风险也较为多样,加强酒店的安全管理体系也成为酒店管理的重点。

酒店在日常运营中所面临的安全问题较为复杂,涉及酒店管理的各个方面。在酒店中,任何安全事件的发生都会对酒店的品牌形象产生一定的影响,进而影响酒店的可持续发展,因此酒店的安全管理是酒店管理中的重点内容。但是在实际中,多数酒店将消防安全管理与安全管理画等号,缺乏对酒店安全设计的安全考虑,对于酒店中容易出现的细节安全不重视,从而给酒店带来各种各样的安全问题。与此相反的是,如今的顾客在入住酒店时,会更注重酒店的安全问题。因此,加强安全管理体系的建设,是智慧酒店预防安全管理问题、减少安全隐患的必要举措。

### 一、智慧酒店安全问题的基本类型

在酒店运营的过程中,每个部门均会表现出不同类型、不同程度的安全问题,安全问题的产生不仅来源于酒店内部员工和基础设施的建设,还有可能来自酒店内入住的顾客。酒店内不同的安全问题使得酒店不能只局限于酒店的消防安全和食品安全,应对酒店内存在的各种安全问题进行分析,积极构建酒店的安全管理体系。在如今的智慧酒店中,常见的安全问题非常复杂,主要包括十个大类二十个小类,如表8-1所示。

酒店在运营的过程中可能会发生各种各样的安全隐患,安全事故的发生对酒店内的顾客和工作人员均会产生影响。因此,酒店的管理人员要重视酒店安全问题的管理,深入认识酒店内的各种安全隐患,并针对不同的安全隐患制定针对性的安全管理预案,降低安全事故发生的概率,减少安全事故给酒店带来的损失。

表 8 – 1 智慧酒店安全问题的主要类型

| 基础分类 | 主要表现类型 | 主要来源及特征 |
|---|---|---|
| 自然灾害型 | 各种自然灾害事件 | 气候灾害、泥石流、洪水、地震等，及各种灾害引发的二次灾害 |
| 事故灾难型 | 消防事故 | 损失面大、会造成财物和人员的综合损伤、损失难以恢复 |
| | 设施事故 | 设施陈旧缺乏安全性，设施故障引发安全事故等，比如电梯事故、顾客摔倒受伤、开水烫伤等 |
| | 施工事故 | 工程机械事故、施工火灾、施工时员工中毒、施工引致的死亡等 |
| 公共卫生型 | 食物中毒 | 因食品原材料不合格、烹饪操作不当、食品搭配不当、食品储存不当、投毒导致的中毒事件 |
| | 各类疾病 | 流行性感冒、传染性疾病、旅游者个人疾病、高原环境引发猝死等 |
| | 精神安全问题 | 名誉损失、隐私安全受损、受到心理威胁、受高度惊吓等 |
| | 职业危害 | 各种职业伤害和职业病，如客房中的粉尘危害、洗衣房的高温伤害，以及各类因工作引起的身体、心理和财物损伤 |
| 社会安全型 | 刑事治安事件 | 偷盗犯罪、打架斗殴、黄赌毒、公共恐怖行为、逃债、欺诈 |
| | 人员冲突 | 主客间口角冲突、主客间互施暴力、服务操作导致顾客受伤、服务投诉、法律纠纷等 |
| | 突发伤亡 | 顾客自杀、非正常死亡等 |

## 二、智慧酒店安全管理的主要目标

在智慧酒店中，安全管理是酒店的基础，酒店的各个工作人员均应重视这一问题，酒店的管理者应通过各种形式的活动加强酒店员工对安全问题的重视，此外还要引导酒店的顾客配合酒店安全工作的开展。不同的酒店存在不同的安全隐患，因此，各酒店在开展安全管理工作时，应对酒店的实际情况进行分析，在此基础上制定酒店的安全管理目标，充分发挥安全管理的作用，降低酒店的安全隐患。

上述将酒店的安全问题分为四个大类二十个小类，仅仅是对目前酒店安全问题的概括，随着社会和酒店的发展，还会有一些新的问题出现，危害酒店的安全。因此，酒店所建设的安全管理体系要具有较强的灵活性，及时就酒店中出现的新问题进行调整。酒店的安全主要是指保障酒店以及酒店内所有人员的人身、财产安全不受威胁的状态，既包括保障酒店顾客的人身财产安全，也包括酒店和酒店工作人员的人身财产和物的安全。根据酒店安全管理的不同主体，可将酒店的安全管理任务分为三类，即保障顾客的安全、保障酒店员工的安全、保障酒店的安全。整体来看，酒店安全管理主要是保障酒店内人员的安全，包括人身、财产安全。通过上述分析，可将酒店安全管理的主要目标概括为：保障与酒店相关的所有人、财、物的安全,构建一个没有威胁和危险的,在生理上和心理上均能使人放心的安全环境。

在智慧酒店中,安全管理系统主要分为三部分,即由无形行为所构成的行为服务系统、由设施设备所构成的设施支撑系统和由管理人员及各种管理指令所构成的管理系统三大子系统,它们分别承担着行为服务、设施支撑和管理调整等基本任务,共同维持着酒店系统的运行发展。在安全管理视角下,服务系统承载着行为服务的安全表达,设施系统承载着设施安全的体现,管理系统承载着安全监管控制等管理行为的表达。因此在管理维度上,可以把酒店安全简化为服务行为安全、设施本质安全和酒店安全监管三个维度层次。要想实现酒店的全面安全,应该构建系统性、全面性的安全管理体系,从而促进酒店的持续运转和动态发展,如图8-1所示。

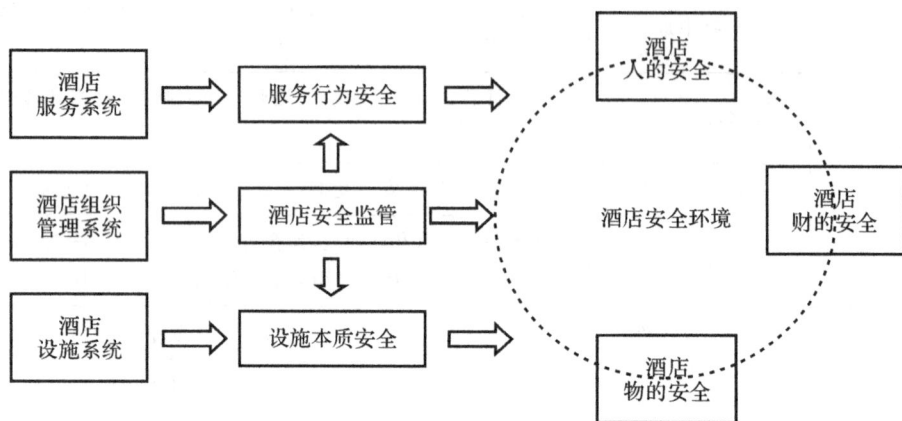

图 8-1 智慧酒店的安全管理系统

### 三、智慧酒店安全与应急管理系统

#### (一)酒店安全与应急管理系统

根据酒店安全问题的不同程度和严重性,可以将其划分为四个阶段,即风险隐患、安全事故、安全事件、危机事件,这四个阶段的安全问题严重程度逐渐递增,严重程度越高的酒店安全事件,给酒店带来的影响也会越大,所以更需要投入安全资源来妥善处理。针对不同程度的安全问题,酒店所采取的安全应急管理也分为四个阶段,即风险管理、事故管理、应急管理、危机管理。面对酒店内发生的各种安全问题,酒店要采取不同的安全管理方式。

酒店所开展的安全管理,要在国家有关安全管理制度的约束下开展,因此,根据国家现有的安全管理制度,应将酒店的安全管理系统分为四个部分,即安全管理体制、安全管理机制、安全管理法制、安全管理预案,这是酒店安全管理系统的要素,缺一不可。其中,酒店的安全管理制度是指酒店要根据酒店的实际情况,设立相关的安全管理部门和岗位人员,如保安部、安全委员会等;酒店的安全管理机制是指酒店的各个安全管理部门在开展酒店的安全管理工作时的机制,即当酒店出现安全问题时,各部门之间的工作方式,如当酒店内发生安全突发事件时,酒店内工作人员应采取的措施;酒店的安全管理管理法制是为保障酒店的安全所设定的制度规范,约束酒店人员的行为,进而提升酒店的安全系数;酒店的安全管理预案是指对酒店内可能存在的安全问题进行分析,针对不同的安全问题提前制定处置方案,以便能够在安全事故发生时第一时间解决问题,减少酒店的损失。酒店安全管理系统中的各个环节是紧密联系的,只有将以上四个环节有效地连接起来,才能实现有效的酒店安全管理,如图8-2所示。

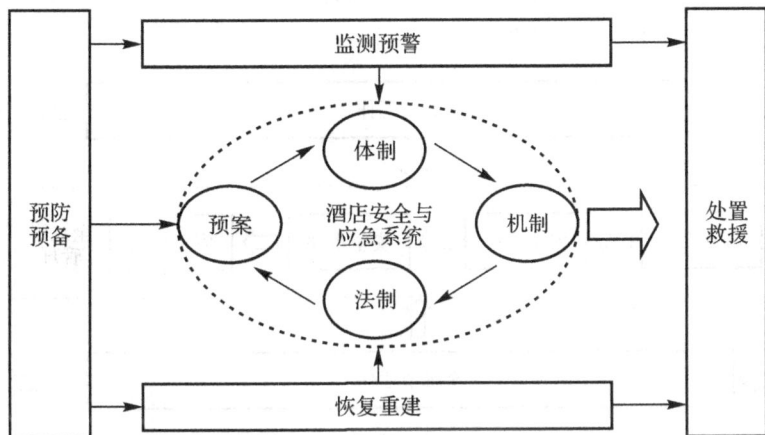

图 8-2　酒店安全管理系统

### (二)酒店日常安全管理任务

酒店日常的安全管理需要处理大量的日常性、事务性工作,保证酒店和顾客的安全,如果遇到突发事件则需要迅速做出反应进行应急处理。在日常情况下,酒店要做好安全预防处置,防止各种安全问题的发生,确保酒店日常运营的安全。酒店在日常工作中实施全面安全管理需要制定安全目标、对酒店的相关主体进行动员、采用适当的管理方法、关注工作中的安全细节,并以此为基础来进行服务过程安全管理。

1. 目标任务分解

酒店日常的运营需要多个部门的协调合作,其安全管理工作要渗透到酒店运行的方方面面,因此较为复杂。多数酒店内的安全性事务开展得较为混沌、不清晰,难以找到酒店管理的重心,其开展的安全管理工作多是应付性的,是出现问题后再解决。这种管理方式没有提前预测酒店中可能发现的危险并做好应对措施,往往会给酒店带来较大的损失。因此,酒店要认识其安全管理目标,明确其安全管理任务,对酒店内的安全管理任务进行分解,将其落实到酒店的各个部门、各个岗位中,在降低酒店安全管理成本的同时,提高酒店的安全管理效益,如图8-3所示。

2. 实施主体管理

酒店日常安全管理任务的实施主体主要包括三部分:一是酒店的各级管理人员,二是酒店的一般工作人员,三是酒店的顾客。在酒店的安全管理中针对不同的主体要采取不同的安全管理措施,实现酒店的安全管理需要酒店内所有人员的共同参与。酒店各级安全管理人员的主要任务是制定酒店的安全管理目标和任务,指导酒店安全管理工作的开展;酒店的一般员工是酒店安全工作的实施者,酒店员工在工作的过程中会遇到各种各样的安全问题,因此要加强酒店员工的安全管理,提升其在工作中的安全意识,培养其安全技能;酒店的顾客具有较强的流动性,且不同顾客之间存在较大的差异,因此,酒店在实行酒店顾客的安全管理时,应将各种复杂的情况考虑在内。此外,酒店还要与酒店所在地周围的社区建立良好的合作关系,协同促进安全环境的形成。

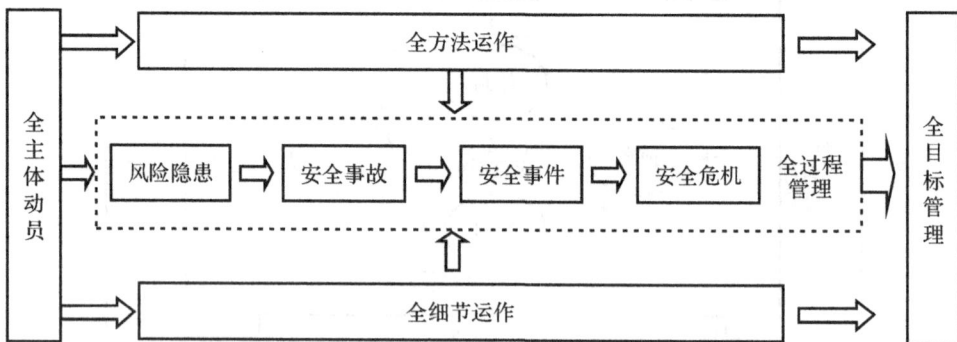

图 8-3  酒店安全管理的日常任务体系

### 3. 建立方法体系

在酒店的运营过程中,酒店内各部门会有不同事务,酒店内会有不同的人员来往,因此酒店安全管理工作具有任务量大、事务繁多、敏感性强的特点,在开展酒店的安全管理工作时,针对不同的安全事件要注意其方法的运用。例如,当出现酒店客人物品遗失时,酒店的处理方法既要符合国家法律的规定,也要参照行业的通行标准,给客人以满意的答复;当顾客在住宿期间不幸生病时,虽然不是酒店的原因,但如果酒店能处理得当,就会提升顾客在酒店中所获得的体验感,提高顾客对酒店的忠诚度。由此可见,酒店应采取不同的方法来防范和控制酒店在运行过程中出现的不同安全问题,建立科学的方法体系,从法律、心理、技术等多方面入手,找到科学、合理的安全管理法则。

### 4. 关注细节管理

酒店作为集住宿、餐饮于一体的服务行业,其服务工作是细小、烦琐且复杂的,在服务的过程中隐藏着大量的安全隐患。为了防范酒店运营过程中的细节安全问题,酒店应强化全体员工的安全意识,帮助员工建立细节管理,从细节的角度去分析行为安全、服务安全,在日常工作中杜绝安全隐患,从而实现酒店的全面安全。其中,最重要的是提升员工的安全意识,让员工认识到细节安全的重要性。

### 5. 强调过程控制

酒店安全事件会经历不同的阶段,处在不同阶段的安全事件其严重性也不相同,给酒店带来的损失也各有差异。通常情况下,安全事故在安全隐患阶段时,给酒店带来的影响相对较小,如果酒店的管理者没有重视该安全问题,任由其继续发展,当其发展为安全危机事件时,会给酒店带来巨大的损失。因此,对于酒店内发生的各种安全问题,酒店的管理者应重视其过程控制,及时采取相应的措施来解决。例如,当顾客在酒店就餐时,吃到了不干净的东西,并向酒店投诉,这时酒店的管理者应及时出面与顾客协商解决,避免事件的进一步恶化升级,降低对酒店的影响。

### (三)酒店应急管理任务

酒店应急管理是指酒店安全问题演变为突发事件或危机事件时酒店应该采取的各类紧急应对措施。酒店应急管理的职能任务包括应急预防与预备、应急监测与预警、应急处置与救援、应急恢复与重建等阶段性任务。

#### 1. 酒店应急预防与预备管理

酒店的应急预防和预备管理是在酒店安全事故发生前,对酒店中存在的安全隐患进行分析,进而开展的防范工作。酒店应急预防与预备管理的主要任务是"一案三制"的建设,其中"一案"是指应急预案,"三制"是指应急体制、应急机制、应急法制。酒店"一案三制"的建设要在对酒店实际情况的分析上建设,切实与酒店的实际情况相匹配。如果酒店没有制定应急的"一案三制",当酒店发生紧急安全事件时,就会盲目地进行各种活动。

#### 2. 酒店应急监测与预警管理

在酒店内,存在着各种各样的场所,如客房、餐厅、娱乐场所等,不同的场所由于其功能的不同具有不同的特点,因此,应针对性地开展安全管理工作。此外,酒店还存在一些私密性较强的场所以及具有较大安全风险的场所。因此,酒店要根据不同场所的特点和安全系数,制定不同的应急监测和预警管理。在进行风险识别和检测时,要注意从人员因素、设施设备因素、环境因素、管理因素等风险来源进行系统分析。酒店应建立风险信息数据系统,建立酒店与社区、气象、公安等部门间的信息交流与情报合作机制。对检测搜集的各类风险信息要及时进行分析和评价,预测未来风险的发展趋势,为酒店突发事件的预警工作提供基础。当酒店发生突发事件时,酒店方应立即按照预案的要求进行通知和预警,避免扩大突发事件给酒店和顾客带来的不良影响。

#### 3. 酒店应急处置与救援管理

当发生突发事件时,酒店应该按照《中华人民共和国突发事件应对法》(简称《突发事件应对法》)、《中华人民共和国旅游法》(简称《旅游法》)等法律法规的要求开展应急处置工作,按照相关要求及时上报事件的真实信息并及时采取应急处置。当酒店突发紧急事件时,应根据提前制定的紧急预案,开展应急事件的处置工作,调动酒店的各个部门参与到解决安全事件中去,如火灾发生时的救火、救援酒店受困的人员等。其中,对酒店内人员的救援是最重要的任务,应尽可能地保障酒店内人员的人身安全。当突发事件的规模较大、较严重时,酒店应积极借助公安、消防、医疗等部门人员的力量。对于那些对酒店会产生较大影响的突发事件,酒店要及时采取相应的措施,尽可能地将安全事故对酒店的影响降到最小。

### 4.酒店应急恢复与重建

当酒店出现突发事件时,酒店除了要进行紧急处置外,更重要的是开展酒店的应急恢复与重建工作。首先,酒店应对事件发生的原因进行调查,厘清事件发生的缘由,为事后的处理和赔偿提供依据,这一环节通常由专业部门进行处置;随后,酒店应对在该事件中受到损失的顾客提供补偿,对事件发生的现场进行重建。不同性质的事件其恢复重建的任务也各不相同。例如,火灾事件后,酒店的恢复重建的任务量就较大,需要付出较高的成本;如果是打架斗殴后的恢复重建,酒店只需要对事件发生的场所进行清理即可。安全事故发生后,酒店的重建除了包括对酒店内的基础设施的恢复外,还包括对事故中受到损失人员的补偿、恢复酒店的市场形象等,尽可能早地恢复酒店的正常运营。其中,对于在酒店中受到伤害人员的合理赔偿是恢复酒店形象的关键所在,如果酒店的安全事件涉及人员死亡,酒店还要加强对相关员工和顾客的信息疏导,维护相关人员的心理健康。

# 第二节　智慧酒店安全服务体系建设

酒店行业作为一个综合性的服务行业,酒店安全是其发展的基础条件,同时也是顾客的基本需求。传统的管理模式是酒店基于管理控制的视角,从酒店员工的安全操作以及行为规范出发来对酒店的安全隐患和事故进行调控和管理,从而避免酒店运营中各种事故的发生,保障顾客的安全。这种管理方式虽然能够有效避免酒店内部安全事故的发生,但是忽视了顾客在酒店入住期间可能制造的安全隐患,忽视了顾客的主观能动性。因此,酒店除了要注重自身安全体系的建设外,还应注重构建面向顾客的安全服务体系,强调对顾客的安全引导和自我安全管理。加强顾客的安全管理对于酒店的安全发展具有十分重要的作用,同时也是当代酒店安全管理发展的重要趋势。

## 一、传统安全管理与安全服务体系之间的差别

酒店作为综合性较强的服务业,为顾客提供的产品主要是酒店的服务。当顾客入住酒店时,酒店有必要为顾客提供一个安全的环境,保障顾客的人身、财产安全。如果酒店内各种安全事件频发,不仅会给酒店带来财产损失,还会影响酒店的形象,阻碍酒店的发展。因此,为了避免各种安全事件的发生给酒店带来损失,酒店应健全安全管理,加强酒店的安全防范措施,降低安全事件发生的概率。

传统的酒店安全管理,侧重于内部要素的安全控制,所开展的主要是酒店内部的安全管理工作,参与人员也主要是酒店内部工作人员。但是在实际的酒店运营过程中,除了有内部人员直接参与外,顾客也是直接参与酒店的服务过程的,顾客在酒店中的行为会直接影响酒店的安全管理效果。因此,酒店的安全建设也要将顾客考虑在内,通过指示标志、警告提示等引导顾客的安全行为,推动酒店与顾客之间建立安全的互动关系,为顾客提供安全的服务。

由此可见,酒店的安全服务不能等同于酒店的安全管理,二者具有不同管理目标的工作方式。整体来看,酒店的安全管理和安全服务之间的差异主要体现在实施主体、实施对象、

实施方式、实施内容、实施范围和易接受程度上等,如表8-2所示。

表8-2　酒店安全管理与安全服务体系之间的差别

| | 酒店传统安全管理 | 酒店安全服务体系 |
|---|---|---|
| 实施对象 | 酒店人、财、物等内部要素 | 酒店顾客 |
| 实施主体 | 酒店企业 | 酒店企业、公共事业机构、相关政府、社区居民、酒店顾客、行业协会、上下游旅游企业等 |
| 实施方式 | 隐患消除与事故管理 | 安全引导与服务 |
| 实施内容 | 安全生产、监测预警、重点防控、应急管理、恢复重整、总结评价 | 基础保障服务、安全信息服务、行为引导服务、应急酒店服务、善后处理服务 |
| 实施范围 | 侧重于酒店内部要素 | 侧重于酒店顾客 |
| 易接受程度 | 以酒店企业为动向,顾客具有一定被动性,不易于接受安全管理 | 根据酒店顾客需要定制,顾客易于接受和配合,容易达到效果 |

## 二、酒店内顾客安全需求的类型

需求是指人们在不同环境下所产生的对某种事物的渴望,顾客的安全需求就是顾客在酒店入住期间所产生的生理、心理需要,是顾客在选择酒店时的关键因素。酒店在为顾客提供安全服务时,要将顾客的安全需求考虑在内,满足顾客的安全需求。

酒店通过对网络平台中存在的安全数据信息进行整合分析,能够了解酒店中经常发生的安全事件类型,进而在一定程度上反映顾客在酒店入住过程中所产生的安全需求。在搜索时应以"酒店/饭店+事故""酒店/饭店+受伤""酒店/饭店+死亡""酒店/饭店+火灾/爆炸/打架斗殴/盗窃/赌博/强奸/抢劫/涉黄/食物中毒/摔伤/烫伤/投毒/吸毒/一氧化碳中毒"为关键词,对网上公布的各种安全问题进行遴选,然后对其数据进行分析。

通过对搜集到的数据进行分析,在一定程度上反映了酒店运营过程中普遍存在的威胁,明确顾客在酒店入住期间所产生的安全需求。对近年来酒店中普遍存在的安全事件进行分析,可以按照顾客的需求将其划分为人身安全需求、心理安全需求和财产安全需求,如表8-3所示。

表8-3　酒店内顾客安全需求类型分析

| 酒店顾客<br>安全需求类型 | 酒店顾客<br>安全需求内容 | 酒店顾客<br>安全需求特征 | 酒店顾客<br>安全需求表现形式 |
|---|---|---|---|
| 人身安全需求 | 顾客在酒店消费期间,保证顾客身体健康,无受伤、死亡情况 | 满足酒店顾客饮食、住宿安全,人身不受伤害 | 酒店干净卫生、设施设备安全舒适、防控技术先进、员工操作正确无误、无安全事故 |

续 表

| 酒店顾客<br>安全需求类型 | | 酒店顾客<br>安全需求内容 | 酒店顾客<br>安全需求特征 | 酒店顾客<br>安全需求表现形式 |
|---|---|---|---|---|
| 心理安全需求 | 一般心理安全需求 | 顾客到相对陌生的酒店而导致复杂的心理状态,酒店要尽可能使顾客感到舒适安全 | 避免酒店顾客产生紧张、不安、恐惧等心理 | 酒店干净卫生、设施设备安全牢靠、酒店氛围舒适温馨、员工态度和蔼可亲 |
| | 隐私安全需求 | 顾客的一些个人习惯、爱好、嗜好甚至一些不良行为和生理缺陷等与公共利益、群体利益无关的个人信息或个人私事不被泄露或曝光的需求 | 酒店顾客的个人信息或私事与他人无关,不愿意透露,避免影响顾客的社会形象甚至正常的工作、生活 | 酒店应妥善保管顾客个人入住信息并做到不外泄、不打听,不偷听酒店顾客隐私,让顾客放心地、无拘束地消费与生活 |
| | 名誉安全需求 | 顾客在消费期间,要避免因酒店或他人的行为而使其名誉或人格受到损害 | 顾客所消费酒店应与其身份思维相符,否则,顾客所获得的社会尊重便会降低 | 酒店应保持良好的美誉度,避免安全事故、黄赌毒等犯罪问题的存在 |
| 财产安全需求 | | 顾客到酒店消费时随身携带的金钱、物品无损 | 避免顾客所携带的金钱、物资及行李被盗、遗失或遗忘 | 防控设施应齐全,酒店工作人员应洁身自好且自觉保管好客人的寄存物品,并提醒客人保管好自己的随身物品 |

### 三、智慧酒店安全服务体系的基本结构

为顾客提供安全服务需要酒店各部门的重视,用自己的行动来提升为顾客提供服务的安全程度,酒店的管理者要积极调动酒店内全体员工共同参与这项工作。为顾客提供的安全服务应在顾客安全需求的基础上来开展,以此制定酒店的安全服务体系。整体来看,酒店的安全服务体系应包括基础安全保障服务、安全信息服务、安全行为引导服务、安全应急服务和安全事故善后处置服务五个方面的内容。

#### (一)基础安全保障服务

酒店的基础安全保障服务是酒店为顾客提供安全服务的基础,涉及酒店产品的安全和周围环境的安全等问题。为实现酒店提供安全服务的目标,酒店要加强自身的安全建设和酒店员工的安全准入,保障酒店所在社区的安全建设工作。总的来讲,酒店的基础安全保障主要包括以下几方面内容。

第一,符合酒店行业的安全规范,严格遵守相关法律的要求。酒店的消防、建筑、卫生等的建设要符合相关的标准,这也是酒店运行的基础。

第二，酒店员工的安全保障。酒店员工是顾客在酒店入住过程中直接接触的人员，因此酒店员工的健康状况、安全技能、自身的安全因素等都直接关系着是否能为顾客提供安全服务。酒店在选聘员工时，要核实酒店员工的健康状况、以往的工作经历、是否具备相应的技能知识等。

第三，酒店周围社区环境的安全保障。酒店应加强对周围社区安全的监测与管控，与周围的社区建立沟通交流关系，与周围社区共同构建安全的环境。

第四，酒店内保险体系的完善。对于酒店内无法预料的安全事件，为减少酒店的损失，酒店要善于转嫁风险，完善酒店的保险体系，购买必要的保险，提升酒店的保险保障能力。

### (二)安全信息服务

安全信息服务是指酒店为顾客所提供的与酒店安全相关的警示信息、标志、告知使用方法等安全信息的服务工作，其目的是消除酒店内顾客的信息盲区，提升酒店的安全系数。酒店所提供的安全信息服务应面向酒店中处于不同消费阶段的顾客，包括消费前、消费中和消费后。处于不同消费阶段的顾客具有不同的安全需求，因此酒店应针对不同消费阶段的人们提供不同的安全信息服务。

在消费前阶段，酒店为顾客提供的安全信息服务，是指为顾客提供真实、有效的信息，避免因酒店与顾客之间的信息不对称而导致消费者的人身财产遭受损失，对于酒店的相关信息，消费者要有知情权；在消费中阶段，酒店为顾客所提供的安全信息服务，是指通过在酒店内张贴指示标志、摆放安全手册和使用说明以及口头表达等方式，为顾客提供在酒店入住过程中需要的安全信息；在消费后阶段，酒店为顾客所提供的安全信息服务主要是通过口头表达和网络表达等方式，给顾客以离店后的安全提醒。

无论酒店面对的是何种类型的顾客，为其提供的信息都应是真实、客观的，避免顾客因获取错误的信息而导致人身财产遭受损失。酒店为顾客所提供的安全信息服务应从顾客的需求出发，满足顾客的需求，在顾客心中树立酒店良好的形象。同时，酒店所提供的各类安全信息既是服务工作，也是行为警示工作，是酒店承担安全责任的重要体现，可以帮助酒店规避部分安全损失。

### (三)安全行为引导服务

针对顾客在酒店入住期间所产生的与安全息息相关的行为，酒店要给予告知，但是如果只是一味地采用口头方式告知，很容易引起人们的反感，给消费者留下不好的印象，因此，酒店要通过适当多样的方式对顾客的行为加以引导，通过潜移默化的方式对顾客的言行产生影响。在酒店中针对顾客的行为，常用的引导方式主要有以下几种。

第一，安全标志引导。酒店可通过在合适的位置摆放信息明确、符合标准、容易引起人们关注但又不会给顾客带来困扰的标志来传达安全信息知识，指导顾客的行为。

第二，语言引导。对于一些比较重要的安全信息，为保证每位顾客都能接收到，酒店可将其用简洁生动的话语告知顾客，这也是最为直接的安全引导方式。

第三，环境引导。酒店可通过为顾客构建干净、安全、规范的环境来约束顾客的行为，确保顾客在酒店入住过程中的安全。

第四，知识引导。酒店可以将酒店内的安全知识整理起来，将其印刷成安全手册，然后分发给入住酒店的顾客,巧妙地将酒店的安全知识传递给顾客。

### (四)安全应急服务

当酒店突发安全事件时,酒店的相关人员应能迅速做出反应,尽可能地保障酒店内所有人员的人身和财产安全,降低突发事件对酒店的影响。酒店所提供的安全应急服务主要有以下几点内容。

第一,酒店具有基础的救援能力,在突发事件初始阶段能够实施自救,酒店内有一定能够应对突发事故的设备,如应对火灾发生的消防设备。

第二,酒店的管理人员具备较强的突发事件的应对能力,当酒店内发生突发事件时,能够及时疏散酒店内所有人员,通过酒店内的广播发布紧急通知,现场指导人员疏散,避免突发事件给顾客和酒店带来损失。

第三,当安全事故发生时,酒店应能发挥自身的主导作用,积极引导顾客实施自救和他救。

第四,酒店的安保部门以及相关部门,能够第一时间参与安全事件的救援工作,尽最大努力保障酒店内顾客的人身财产安全。

第五,酒店要第一时间为突发事件中的受伤人员提供医疗救治,必要时可联系当地的医院,为其中受伤人员提供有效的服务。此外,对于那些影响重大的安全事故,酒店还要注重在事故中受到惊吓的顾客的心理安抚,对顾客开展生理、心理两方面的救治。

### (五)安全事故善后处置服务

酒店的安全事故善后处置服务主要包括妥善处理酒店安全事故遗留问题、查明事故原因、抚慰酒店顾客情绪、给予精神和物质方面的补偿等一系列积极措施,为与安全事故有关的顾客提供全方位的善后服务,保障酒店顾客的利益,维护酒店的形象。酒店的安全事故善后处置服务主要包括三点,具体内容如下。

第一,安抚事故中顾客的情绪,及时帮助顾客解决问题,协调好与顾客之间的关系。酒店安全事故所涉及的内容较为繁杂,会危及顾客的人、财、物的安全,给顾客带来较大的影响,引发顾客的不满情绪,因此事故发生后酒店应及时安抚顾客的情绪,缓解与顾客之间的矛盾,重塑与顾客的关系。

第二,积极配合有关部门对事故发生的原因进行调查,还原事故发生的真相,使酒店和顾客了解安全事故发生的始末,重视酒店事故的发生,让顾客感受到酒店的诚意。

第三,在酒店查明安全事故发生的原因后,根据酒店在安全事故中的责任,对在酒店中人身、财产安全受到损失的顾客酌情补偿,尽量使顾客对善后结果满意。

## 第三节　智慧酒店会展活动的安全管理

近年来,我国综合实力水平的提升,使酒店和会展活动的数量均得到了增加。承接会展活动也成为如今酒店业务的重要组成部分。会展活动的开展在一定程度上能够带动酒店内客房、餐饮等多种业务的消费。整体来看,酒店因承接会展活动而给酒店带来的综合效益,可达到酒店综合效益的20%～30%,如果是会议旺季,甚至能达到50%以上。此外,部分特殊的会展活动还会吸引大众的关注,扩大酒店的宣传。酒店在会展活动中所展示出来的接待水平自然也就成为酒店的形象代表。智慧酒店由于其信息化技术水平和设施水平相对较高,所承接的会展活动也相对较多,因此更要注重酒店承接会展活动的相关问题。其中,由于会展活动中人员的复杂、密集,给酒店的安全管理问题带来了巨大的挑战,智慧酒店有必要就酒店的会展活动构建一套安全管理系统。

## 一、智慧酒店会展安全管理的特点

### (一)智慧酒店会展安全管理的针对性

在智慧酒店中,承接的会展活动不仅数量繁多,且会展活动的性质也各异,如贸易洽谈会、环境保护论坛、佛学交流会、服装展销会、公司年会、政府工作会议等。不同性质的会议由于其所开展的活动不同、与会人员不同,酒店所要提供的安全管理行为也各不相同,因此酒店在承接不同性质的会展活动时所提供的安全管理要具有针对性,具体如表8-4所示。

表8-4　酒店会展类型及其安全问题

| 酒店业的会展类型 | 展会活动的特点及特殊安全问题 |
| --- | --- |
| 产品展销会 | 以商品、设施的陈列和销售洽谈为主,主要涉及物品安全、人流安全 |
| 商务会议 | 人流量变化大、人员层次高,主要涉及人员安全、信息安全 |
| 政治会议 | 人员层次高、社会影响面宽,主要涉及人员安全、信息安全、形象安全 |
| 新闻发布会 | 媒体人员多、社会关注度高,主要涉及信息安全、形象安全 |
| 科技教育艺术展览 | 展览文化层次高、艺术展品价值大,主要涉及物品安全、形象安全 |
| 团体节庆活动 | 人流量大、人员层次复杂,易有突发事故,主要涉及人员和财物安全 |
| 家庭或个人节庆 | 人流量小、人员结构简单,服务要求高,主要涉及人员和财物安全 |
| 婚庆活动 | 人流量大、人员层次复杂,易有酗酒、礼金失窃事故,涉及人财物安全 |
| 培训研讨会 | 人流量大、人员结构简单,主要涉及信息安全 |

智慧酒店在承接会展活动时所提供的针对性安全管理行为主要包括:第一,判断所承接会展活动的性质,明确会展活动中存在安全隐患的对象,确定会展活动的安全管理内容;第二,明确会展活动的形式、规模等,确定会展活动中需要的保安数量、安全设备的数量等;第三,了解与会人员的具体情况,针对不同国家、种族、地区的人们,提供针对性的服务,做好针对性的防范工作。

### (二)智慧酒店会展安全管理的基础性

安全不仅是酒店举办会展活动的基础,同时也是酒店经营的基础,只有保障酒店内人员和酒店的安全,酒店才能得以正常运营,而酒店会展活动的顺利举办也需要在安全的基础上才能实现。如果无法保障会展活动的安全,那么再好的服务质量和管理水平也只是一纸空文。在大型会展中,与会人员的复杂性、活动项目的多样性、会展活动的信息保密性等,都会增加会展活动的安全风险,会展活动举行期间也成为酒店内各种安全事件的高发期。因此,酒店要做好会展活动中的安全管理工作。

### (三)智慧酒店会展安全管理的关联性

酒店承接会展活动,所提供的不仅仅是会展活动举办的场地,还与酒店内其他服务产品具有较强的联系。在大型的会展活动中,参会人员的来源较广,为了在会展活动中的方便,需要预订客房的参会人员会直接在酒店预订。此外,酒店还会承接在会展活动期间与会人员的会议工作餐和宴会,从而带动整个酒店的发展。因此,酒店内会展活动的安全举办,需要酒店内所有员工的共同配合,并将酒店内的各方面资源结合起来。

## 二、智慧酒店会展活动的安全管理体系

酒店业会展活动的安全管理体系包括会展活动对象的安全管理和会展活动过程的安全管理两个主要部分,这两个部分在实践中又互相交叉、互为影响。智慧酒店会展活动的安全管理体系如图8-4所示。

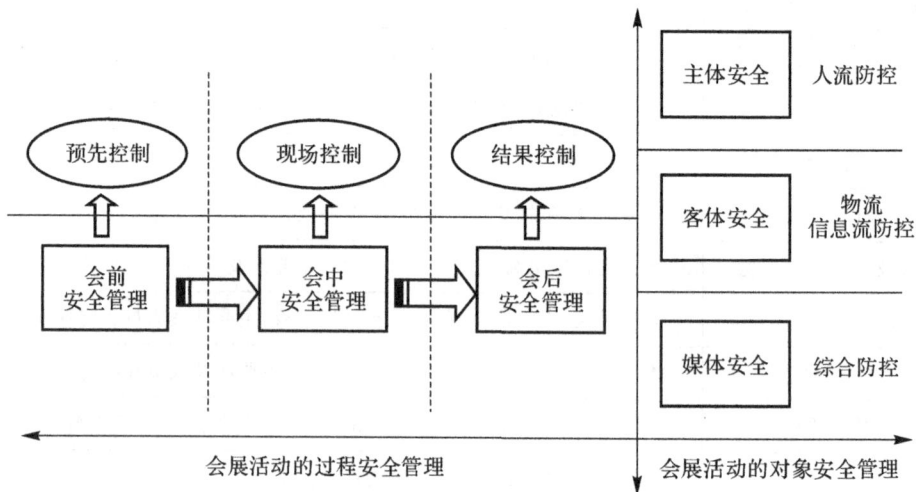

图8-4 智慧酒店会展活动的安全管理体系

### (一)智慧酒店会展活动的对象安全管理

智慧酒店会展活动的对象主要包括与会展活动的举办、运作、参与相关的会展活动主体、会展活动客体以及会展活动媒体等,人员类型具有一定的复杂性。会展活动的对象安全管理主要是指保障与会相关人士在会展期间的会展、食宿、娱乐等方面的安全。在实际的会展活动中,与会人员呈现出较强的复杂性,不仅有正常的与会主体对象,如与会者、新闻记者等,同时还可能有寻机作案的人员,如窃取机密的商业间谍以及骗吃骗喝的“会虫”,通常情况下,仅凭外表是无法将其区分开来的。

会展活动的客体是指在会展活动开展期间所发生的与物流、信息流等相关的非与会人员的活动。在物流中,有酒店与会展客人的高新设施设备,有客人展销的物品资料,还有会

展服务过程中所发生的物品流动；信息流是会展活动的关键，它既包括电波流、文件流、数据流，也包括会展过程中的洽谈、会展期间的报告和产品演示的文稿与图案。大量物流和信息流的存在造成了会展活动安全管理的复杂性，使其既要保障财产安全，又要保障信息保密安全，既要防火、又要防盗，既要防常规安全隐患，又要防紧急事故等。

会展活动的媒体是指承接会展活动的酒店，其安全管理也就是酒店自身的安全管理。在酒店会展活动的安全管理中，要求酒店对会展活动所涉及的接待部门、岗位以及所涉及的设施设备进行安全管理，包括酒店员工的工作安全、防火防盗系统安全、设施设备等酒店财产安全以及酒店名誉安全等防控方向。

**(二)智慧酒店会展活动的过程安全管理**

会展活动分为会前、会中、会后三个不同的阶段，每一阶段所表现的安全问题各不相同，因此需要针对每一阶段的安全问题进行监管防控。

1. 会前安全管理

(1)会前的主体安全管理

会展活动前的主体安全管理是指对酒店内参与会展活动人员的安全管理，主要包括以下几方面。

第一，详细了解与会展活动有关的信息，明确会展活动中的重点防护工作，根据会展活动的实际情况与需求，制定针对性的安全管理。对于一些较为机密或重大的政治会议，酒店还应积极配合警方开展工作，必要时可通过封闭酒店的措施确保会展活动安全、顺利举行。

第二，会展活动开始前，了解与会人员的行程信息，根据其行程信息，提前与相关的车站、机场、码头等机构联系沟通，做好与会人员的接送工作。

第三，对于那些安全风险较高的会展活动，酒店要针对性地加强其安全管理，增设监控设备对会展活动的现场情况进行监视，确保会展活动的安全。

第四，酒店还应增加会展活动中安保人员、接待人员的数量，在提高服务效率的同时，还能起到恫吓危险人员的作用。

(2)会前的客体安全管理

在会展活动中的客体是指会展活动中使用到的展品和资料等。在会展中，会有具备不同安全等级的展品，酒店应根据实际情况，对会展活动中的展品实行对应的安全管理工作，对于会展活动中那些非常重要的展品，必要情况下酒店可以请专业机构进行保管。

会展所需的资料和信息也要根据情况拟订保密计划；根据会议内容密级和议程时间确定保密范围和保密环节；建立保密制度，规定岗位和工作环节的保密责任；酒店要设置专门的文件存放室或保密室。

(3)会前的媒体安全管理

会展活动的媒体安全管理是指对酒店的会展场馆以及工作人员的安全管理。会前的媒体安全管理措施主要包括：第一，承接与酒店的星级档次相匹配的会议活动，避免因承接活动档次不匹配而造成酒店设备损耗；第二，根据承接会议活动的规模安排相适宜的会议室，避免会议室超载；第三，会议旺季时要注重对酒店会议设施的维护，防止因盲目接待而使酒店设施超常损耗；第四，会展活动的布置应尽量选择安全材质，提升酒店活动的安全性，在进出口以及安全出口处摆放明显的标志,便于紧急情况的人流疏散;第五,加强会展活动开始前的安全隐患排查,消除酒店硬件设施方面存在的安全隐患。

酒店还要加强酒店员工的安全意识,在会场布置的过程中,防范各种安全隐患。在酒店的会展活动开始之前的会场布置中,会议中心和工程部所承担的工作任务较多,因此开展会前的媒体安全管理时,应注重加强该部门工作人员的安全意识。会议中心员工的主要工作任务是定摆台型、悬挂横幅和设置绿化盆景,在开展这些活动时,应强调检查扶梯,防止悬挂横幅或布景时出现摔伤事故。工程部员工主要负责会议声像系统的调试、会议设备的安装、酒店的电路检查等。在涉及电类工作时,应及时告知其他员工,避免事故的发生。保障会前的酒店安全,需要酒店内各部门员工之间的协调合作,在开展活动前互相考虑对方的安全。

此外,酒店在承接会展活动时也要核实与会单位的真实情况,确保会展活动的真实,谨防虚假与会单位,避免虚假信息给酒店的名誉带来不利影响。比如,酒店承接了一个知名品牌的商品展销会,但是在展销会举办的第二天,就被举报说产品造假而被工商局查封了,造成了与会人员的不满,认为酒店为了利益什么都不管,酒店的品牌形象也因此大打折扣。因此,酒店在会展前的安全管理要将众多的安全问题考虑在内,尽可能地减少会展活动中可能存在的安全问题给酒店带来的不利影响。

**2. 会中安全管理**

会中安全管理是酒店会展安全管理的中心环节,它所涉及的安全管理对象、内容都比会前和会后要更为集中。主要的安全管理工作包括以下几点。

(1)会场的人员安全管理

对于密级程度较高的会展活动,酒店应严格落实保密措施,在会场活动周围设置必要的安全警卫,限制无关人员接近会场,确保会展活动的安全。会中,要加强入场人员的审查,强调只有会议成员和相关的媒体可进场,通过检查徽章、请柬、证件来核实入场人员。对于与会人员数量明确的会展活动,可安排与会人员在入口处迎宾兼盘点人数。

(2)会场无干扰服务的提供

对于高密级别的会展活动,酒店所提供的接待人员在会议过程中所提供的添加茶水这一服务,会给会议单位以及与会人员带来心理上的不安全,无法适应高密级别会议的需求。因此,酒店的会议接待部门可与会展活动主办方协商后为其提供矿泉水,而在场外为其提供咖啡、茶水、点心等,避免酒店的服务给会议带来干扰,保证会议活动的安全性。

(3)相关保密技术或设施的提供

酒店可提供相关的保密技术或设施来保证会展活动的会中安全,现如今酒店使用的保密技术或设施主要有:第一,移动电话保密,酒店可与主办方协商,考虑是否需要使用通信屏障或信号干扰以控制会中移动电话的使用;第二,有线电路保密,会议使用经过改造、没有泄密可能的扩音设备进行有线广播;第三,电脑保密,加强对电脑操作人员的安全管控,防止电脑中毒、黑客入侵和数据被盗等不安全问题的发生。

**3. 会后安全管理**

会后的安全管理是指酒店在会展结束后所进行后续工作的安全管理。每次会展结束后,酒店应对本次会展活动的安全管理情况进行分析,结合与会人员和主办方的意见对会展活动进行评价,及时改进其中的不足之处,以提升酒店承接会展活动的安全管理水平。

（1）会后的主体安全管理

会展活动结束后,酒店要根据主办方的安排,协助完成后续工作,暂时对会场进行封闭,防止不法分子趁机破坏或偷盗。整体来看,会展结束后的人流量要大于会展开始前的人流量,因此,酒店要配备充足的服务人员和引梯员,疏导顾客有序离场,防止因人数较多而产生的踩踏隐患。

（2）会后的客体安全管理

会展活动结束后,酒店内的员工要提醒与会人员带好自己的随身物品,对于与会人员遗留在酒店中的物品,应及时告知酒店的管理人员与主办方,将物品物归原主。此外,在活动结束后,酒店内工作人员还应对酒店的设备进行检查,确保酒店设备的完好。

（3）会后的媒体安全管理

会后的媒体安全管理工作主要是指对酒店设施的维护保养,确保酒店的设施能够正常、安全地使用。在大型酒店中,通常会同时承接多种会议,甚至同一会议设施一天内会多次使用,此时应加强设施更换人员的安全防护工作,配备足够的人员。此外,部分会展活动会在晚上举办,酒店应关注夜班工作人员的出行安全。

### 三、智慧酒店会展活动的联动安全管理

在酒店的会展活动中,酒店所提供的是综合性的服务,对于那些举办会展活动较多的酒店,会创设专门的安全管理小组对整个会展活动进行安全管理,这一工作机制不仅便于酒店开展会展活动前的统筹规划,还能够实现对会展活动中的各种安全细节进行监督管理,易于调动酒店内各种资源保障会展活动的安全。该小组的工作人员要真实了解会展活动的情况,综合考量会展活动中可能存在的各种问题,针对性地制订应对计划,明确各个部门在会展活动中所发挥的作用,调动酒店内的所有力量,确保会展活动的顺利举办。在会展活动举办的过程中,还要密切关注会展活动的举办情况,及时消除会展活动中的安全隐患。此外,酒店的安全管理小组还要与和会展活动相关的饮食、住宿、娱乐等部门建立联动,确保会展活动的全面安全。

在举办会展活动期间,酒店往往要为与会人员提供饮食服务,因此应注重其饮食安全管理。首先,针对与会人员的国籍、地域等实际情况,了解与会人员的饮食禁忌,制定安全的饮食菜单,避免因饮食禁忌而给顾客带来不适感,使饮食成为酒店的优势。例如酒店在承接一项与会人员都是老年人的会展活动时,将老年人的饮食习惯和饮食需求考虑在内,为其提供专门的菜品和菜单,获得举办单位的赞赏,为其开展后续的合作提供了机会。其次,加强饮食的用料安全管理,对厨房中使用的食品原材料严把关,确保食品的安全,做好菜品留样,防止中毒事件的发生。最后,对于与会人数较多的会展活动,要合理分配用餐时间和用餐区域,避免在就餐过程中发生碰撞事件,如果是中式的宴会,应将桌与桌之间的安全距离考虑在内,如果是自助宴会,应根据人流量合理摆放食物位置,为人们取餐提供便利,避免发生安全事故。

酒店承接会展活动中的住宿安全管理除了要加强防火防盗等安全防护工作外,还要加

强与会人员的排房管理、设施安全管理和安全巡视工作。在安排与会人员的住宿时,应尽可能进行集中排房,一方面增加与会人员的安全感,另一方面便于酒店进行集中管理。对于酒店所承接的商务活动,多数与会人员会自带电脑等演示设备,因此,酒店还应安排专门的技术人员每天对酒店内的设施进行巡查,确保酒店内设备的安全,避免火灾、漏电等安全事件的发生。此外,还要加强酒店内住宿范围内的安全巡查,张贴一定的安全警示信息,提高顾客的安全防范意识,防止不法分子的偷盗行为。

在酒店举办会展活动期间,酒店的娱乐场所人数也相对较多,与会人员在参加会展活动之余,还会与其他与会人员结伴去酒店的娱乐场所。而酒店的娱乐场所作为大众消费的场所,不仅人流量大,且人员也较为繁杂,容易发生各种冲突。因此,在会展活动期间,酒店要适当地增加娱乐场所的安防人员数量,维护好娱乐场所的秩序,确保与会人员在娱乐场所中的安全。

在酒店中,会展活动的顺利举办需要酒店内各个部门的协调配合,其所开展的安全管理也不是被动的、消极的、临时的、局部的,而是在会展活动开始前,就对整个会展活动进行分析,有计划地制订对应的安全管理计划,所制订的安全管理计划需要将酒店内与会展活动相关的各个部门考虑在内。在会展活动举办期间,也要加强对会展活动的安全控制。在会展活动结束后,对酒店举办会展活动的整个安全管理进行分析,以实现酒店安全管理能力的不断提升。由此可见,会展活动的安全管理是全局的、有计划的、主动的。

安全无小事,只有酒店员工全面提升安全管理意识,树立安全管理观念,才能保证酒店安全管理工作的顺利开展,才能确保酒店会展活动的安全。

# 第四节 智慧酒店盗窃案件的管理

酒店盗窃案件是指不法分子以非法占有为目的,在酒店场所窃取顾客、员工或酒店本身财物的窃案类型。盗窃案件是酒店中常见的安全问题,并且随着社会的发展,盗窃案件发生的情形也越来越复杂,向智能化、高科技化发展,给酒店的安全带来了巨大的安全隐患。酒店盗窃案件的发生不仅会给酒店和顾客的人身财产安全带来损失,同时还可能会导致顾客投诉,影响酒店的声誉,甚至还有可能会产生法律纠纷。因此,应加强对酒店盗窃案件的研究,通过对酒店盗窃案件发生的特征进行研究,优化酒店的盗窃案件的安全管理体系,减少酒店、顾客和员工的财产损失,进而提升酒店的质量。

## 一、研究背景

盗窃案件一直是较受关注的社会治安问题,国内学界的研究主要侧重于对盗窃案的定性、盗窃罪的法律认定等进行理论分析。由于时代的发展,安全问题受到人们的关注,盗窃案件作为酒店安全的重要隐患之一,引起了众多学者的关注。近年来,学者对酒店盗窃案件的对象、虚拟财产盗窃的入罪问题、盗窃案件的防控与安全管理、专项类别、空间以及地理因素等进行了研究,并产生了一定的研究成效。

与国内注重外部人员盗窃案件相比,国外对酒店盗窃案件的研究,多注重内部人员的职场行窃。西方学者普遍认为,雇员行窃是社会中非常常见的一个问题,是企业损失的主要来源。研究发现,雇员行窃跟组织机构的规模大小和结构、盗窃的机会成因、雇员的个人压力等有密切的关系,其中机会行窃是雇员行窃的最主要成因。

## 二、研究方法

真实案例数据采集一直是酒店安全研究的重难点。在以往的酒店安全事件管理中,由于难以找到足够数量的酒店安全事故亲历者,因此采用问卷调查等研究方法难以实现对真实发生的酒店安全事故进行信息模拟和反馈。尽管基于案例统计的方法是一种较为可行的选择,但是由于缺乏足够的案例数据,因此少有基于规模性的案例数据分析。近年来,网络技术的普及发展给信息的传播提供了条件,人们的信息传播意识逐渐增强,大多数具有一定社会影响力的典型事件能够在网上传播,为酒店安全事件的案例分析打下了基础,便于研究人员收集大量酒店安全事故案例进行研究。

为广泛地搜集与酒店窃案有关的案例数据,研究者通过百度、谷歌等主流搜索引擎进行网络搜索和案例遴选。搜索时以"酒店/饭店＋盗窃""酒店/饭店＋窃案"等作为搜索关键词,检索最近几年网上、报纸上等刊登的真实的盗窃案例,然后对这些数据进行信息分解,并从窃案的发生时间、发生部位、失窃酒店星级、案犯来源、案犯数量、案犯行为特征、盗窃对象和窃案损失等多个维度进行信息编码,建立酒店窃案数据库,同时依据数据库中的编码信息进行统计分析,以识别和描述我国近十年酒店盗窃案件的发生特征。研究过程采用 Excel 进行信息登录,使用 SPSS 进行频数和比率分析,并使用该软件对部分问题进行快速聚类分析和相关分析。

## 三、构建智慧酒店盗窃防控体系

通过对我国部分盗窃案件进行分析研究,我们可以构建图 8-5 所示的面向酒店盗窃案件的防控管理体系,并采取下列措施进行防盗管理。

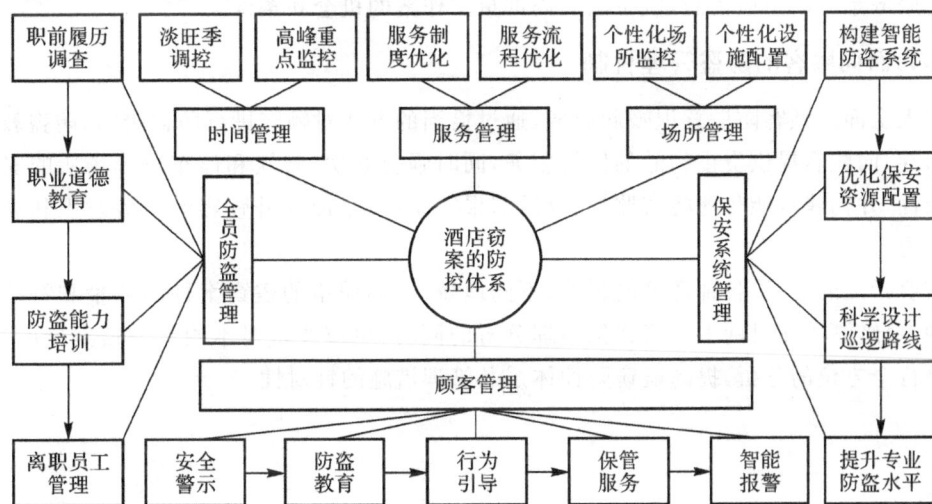

图 8-5　面向酒店的盗窃防控体系

## (一)优化保安系统

要想实现对酒店安保系统的优化,首先,要增加酒店内安保人员与设施之间的联系,充分发挥安防设施的作用,积极引进先进的智能安防设备和系统;其次,对酒店的实际情况进行分析,合理配置现有的保安资源,提升保安系统的使用率;再次,根据酒店的整体情况合理安排巡逻的路线和巡逻的次数,加强酒店内易发生偷盗事件场所地点的巡逻;最后,通过设计多种实战演练活动、培训活动,来提升酒店安保人员的防盗水平。

## (二)实施全员防盗

员工偷盗事件在众多偷盗事件中占了很大一部分比重。为了有效提升酒店的盗窃防控体系的效果,酒店还应对酒店的内部员工进行防盗管理,实现酒店内的全员防盗。首先,酒店应对酒店内入职新员工的履历进行调查。其次,要加强酒店内工作人员的职业道德教育,通过真实的案例警示员工。再次,通过各种培训、演练,提升酒店员工的防盗水平。最后,加强对离职员工的监督管理,降低离职员工盗窃案件的发生频率。

## (三)基于时间的防盗管理

通过对盗窃案件的研究,了解盗窃案件发生的实践规律,从宏观上加强旅游旺季的保安配置和管理,从微观上加强一天内盗窃案高峰时段的保安配置。

## (四)基于场所的防盗管理

优化酒店保安资源的场所配置以及盗窃案高发区、多发区的保安资源,优化多发区的保安资源安排,并通过全面加强各种区域的电子监控,提高盗窃案高发区和多发区的监控密度。

## (五)优化服务系统的防盗机制

加强酒店内服务系统的防盗机制的优化,建立透明的监控机制和服务信息公开机制,通过优化服务系统的防盗机制,减少酒店内部员工作案的机会和条件。

## (六)面向顾客的防盗管理机制

引入全面的顾客防盗意识唤起服务,通过恰当的方式对顾客进行防盗警示、防盗教育和行为引导,向顾客提供贵重物品的保管服务,同时强化客房、餐饮和停车场等场所的安保设施与条件,并构建智能化的防盗监控、分析与报警系统,全面提升顾客的防盗意识和酒店的防盗能力。

需要指出的是,受各种环境的影响,不同地域、不同城市的盗窃案件的数量和特征具有一定的差异,酒店在对网上盗窃案例整理分析的同时,更应注重对本酒店盗窃案例的整理,对其进行全方位的分析,提高盗窃防控体系及管理措施的针对性。

# 第九章　智慧酒店电子商务管理

## 第一节　智慧酒店电子商务概述

### 一、酒店电子商务的概念和特点

电子商务是指在互联网技术和信息技术的基础上,实现酒店各环节的电子化发展,是智慧酒店中的基础内容,包括酒店信息的网络发布,线上实现酒店的宣传、促销,实现酒店与顾客之间的联系。此外,还包括酒店内部运营流程的电子化和管理信息系统的应用等,是电子商务在酒店行业中的具体体现。

例如,我国第一家开拓电子商务平台的经济型酒店——7天酒店在成立之初,就将电子商务作为酒店的发展定位。从技术角度来看,酒店的电子商务是指将酒店的相关信息数字化、信息化,以电子的方式开展酒店的商务活动。从层次上来看,酒店电子商务主要分为两个层次,即面向市场和面向酒店内部。面向市场的酒店电子商务是指酒店在网上发布的酒店信息、网上交易、网上支付、售后、市场调研等市场行为,其目的是以市场为中心促进酒店的交易。面向酒店内部的酒店电子商务是指利用网络技术实现酒店内部的经营管理,形成酒店的信息管理系统。

由此可见,酒店的电子商务不仅指酒店在网上开展的电子交易,也包括利用现代信息技术,在商业目的的驱使下发布和宣传酒店相关信息的活动。电子商务在酒店中的使用突破了酒店在空间上的限制,扩大了酒店的品牌知名度,实现了顾客在网上预订酒店的产品,为顾客提供了更为人性化、个性化的服务。总的来讲,酒店的电子商务主要具备以下几个特点。

#### (一)时空性

互联网的普遍使用,使人们突破了地点的限制,可以通过互联网获取世界上的各种信息。互联网在酒店行业中的使用,极大地推动了酒店行业的发展,为其带来了众多增值服务,例如酒店内的全球分销系统,能够将酒店的信息传递到世界各国,使远在他国的人们也能了解到酒店的相关信息,酒店的在线预订系统能够满足人们随时随地的房间预订需求。从酒店的长远发展来看,电子商务的发展会使人们在预订酒店客房时更倾向于使用线上预订的方式。第46次《中国互联网络发展状况统计报告》数据显示,截至2020年6月,我国网络购物用户规模达到7.49亿,占网民整体的79.7%,手机网络用户规模达到7.47亿,占手机网民的80.1%;截至2020年6月,我国网络支付用户规模达到8.05亿,占网民整体的85.

7%,手机网络支付用户规模达到 8.02 亿,占手机网民的 86.0%。互联网的这种发展趋势为电子商务的发展提供了良好的环境,推动了酒店电子商务的发展。

### (二)聚合性

在传统酒店中,餐饮、住宿是其为顾客所提供的主要产品。但是如今的智慧酒店则是利用互联网,将与酒店相关的各方面资源整合起来,从而为酒店的顾客提供全面的服务。例如,酒店可以与航空、旅游结合起来,形成一个巨大的产业链,使酒店和客户之间能够充分利用 B2C 的交易方式进行买卖,酒店利用网络平台充分体现了酒店的供求消息、信息的更新、客户的在线预订功能的整合聚集效应。

### (三)个性化

在众多行业中,旅游行业与酒店行业的关系最为紧密,对酒店行业的发展产生着重要的影响。近年来,科学技术的进步使旅游业出现了新的方式,由以往传统的观光游览转换为商务旅游,旅游开始向个性化自助游的方式转变。酒店作为旅游发展的重要行业,日常所接待的散、小客户等多种预订需求对酒店行业提出了更高的要求,而电子商务的在线预订系统刚好能够满足酒店的这一个性化发展的需求。

### (四)经济性

网络经济是在网络技术发展的基础上,将电子商务模式运用其中,而产生的一种新型的虚拟经济形态。著名的网络经济法则"Metcalfe 法则"指出,互联网的价值等于节点数的平方,在互联网中,用户数量的增加将会带动交易行为以成倍的速度快速增加,网络上总的交易机会与互联网节点数目的平方呈正比,互联网中每增加一位用户将会给互联网中其他的用户带来一定的额外价值。现如今,电子商务开始应用在各个行业中,应用在酒店行业中而为众多的旅游者和相关的企业单位所使用,随着网络节点的增加,酒店的信息资源也开始被人们广泛使用,酒店的信息资源价值也得以彰显,酒店电子商务的潜力被充分激发出来。

## 二、国内外酒店电子商务发展的状况

信息技术最早被用于大型旅游企业集团、大型饭店集团的中央预订系统(Center Reservation System,CRS)。国际上,最早的中央预订系统是由假日饭店集团于 1965 年 7 月建立的假日电讯网(Holier-Ⅰ),是最初电子商务运用于酒店的表现形式,目前假日电讯网已升级为 Holier-Ⅱ,并拥有自己的专用卫星。通过 Holier-Ⅱ,客人可以预订假日饭店集团在全球各地的 200 多家酒店和度假村不同等级的客房,并在几秒钟内得到确认。Holier-Ⅱ系统每天可以处理 7 万间客房的预订服务。美国喜来登集团的 Reservation 中央预订系统于1970 年开通,1976 年完成它的 1000 万次预订,1983 年在中东设立它的第一家电脑预订中心办事处。电子商务网络的运用使喜来登酒店的业务量迅速上升。目前,喜来登的 CRS 办事处已遍布全球。假日集团、喜来登集团的网上电脑预订系统与美国的希尔顿集团的 Hilton 电脑预订系统、法国雅高的 Prolog in、华美达的 Room finer、顺领的 Stealing Hotel & Resorts、环球的 World Hotel & Resorts 等皆属于当今世界上运用网络预订处理最大的饭店集团预订系统,利用网络管理是这些饭店集团有效控制客源市场的有力工具。2000 年以来,Internet 广泛运用到酒店信息管理系统,酒店运用电子商务迅速发展起来。酒店信息管理系统分别运用于酒店网上办公、酒店决策支持系统、酒店的安全门禁信息系统、酒店客房预订系统等。世界旅游组织(World Tourism Organization,WTO)资料表明,在 1971 年世界上把计算机技术引入酒店的只有 4 家,到 20 世纪 80 年代发展到近 300 家,到 21 世纪初酒店电子商务的运用普及中小型酒店。

我国酒店行业对计算机应用,实行网络管理起步较晚,直到 1983 年,国内几家著名酒店才开始建立计算机管理系统。当时都是引进国外比较成熟的酒店管理软件。但由于这些系统价格昂贵以及采用英文界面等原因,使用面不广。随着我国计算机行业的发展,在吸收国外先进软件管理系统的同时,逐渐开发出各种适合我国国情的酒店计算机系统。这些系统价格便宜、性能好、适合国情,因此极大地促进了国内饭店计算机管理系统的普及应用,并有效地提高了我国饭店业的竞争能力和服务水平,促进了饭店业的发展。就整个酒店行业的运用程度来看,最初加入 GDS(Golbal Distribution System,全球分销系统)的大多是星级标准较高、自我运作实力比较强的酒店,发展到 20 世纪 90 年代,随着互联网科技革命,共有 168 家中国大陆饭店加入 GDS 预订,GDS 的兴起,使部分中小型独立的酒店集团和大型的酒店连锁集团站在同一起跑线上,带来了新的发展机遇。

### 三、酒店电子商务功能

电子商务的发展给传统的商务活动带来了巨大的变化,提升了其销量和收益,其在现代酒店中的使用也很好地促进了酒店信息化的快速发展,给酒店行业注入了新的发展力量。电子商务在酒店行业中的使用对酒店的发展发挥着重要的作用。通过电子商务,酒店方可以将酒店的信息更形象地展示在人们面前,将自己的优惠信息快速地发送到每个目标消费群体手中,从而获得消费者更多的关注。酒店还可以在电子商务的基础上,将酒店的资源进行整合,使其更为合理,充分发挥酒店内各种资源的价值,使酒店的利益最大化。

#### (一)提升酒店形象,塑造独特品牌

在网络技术的支持下,酒店可以构建具有较强特色的网站,将酒店的承诺和特色服务展示在网络中,将酒店的特色充分展示出来,提升酒店的品牌形象,这是传统的营销模式所不能实现的。顾客无须到酒店真实查看,即可了解酒店的相关信息,还可以通过以往顾客的消费体验、评论来决定自己是否要办理入住。顾客在网上即可了解酒店的信息从某种程度上提高了酒店的形象,从而帮助酒店塑造独特的品牌。

#### (二)拓宽酒店的销售渠道

具有全球性、面向大众特点的网络,为酒店开展电子商务提供了良好的环境,提升了酒店电子商务的服务能力。在电子商务中,酒店顾客不受时间、地点的约束,可以借助网络平台随时随地了解酒店的详细信息,在网络平台中预订酒店的客房。酒店可以在全球范围内传递自己的相关信息,提高酒店的宣传力,拓宽酒店的市场销售渠道,降低酒店的销售成本,提高酒店的效益。

### (三)加快酒店的销售速度

酒店电子商务是借助互联网渠道,实现酒店的宣传,酒店不需要采用传统的通过酒店说明和印刷宣传单等方式来进行宣传,也无须通过电视、报纸来宣传,只需要将酒店的信息发布至网上即可,不仅减少了信息传递的时间,减少了酒店的营销成本,同时还减少了酒店的销售环节,提升了营销效果,提升了酒店的效益。通常来看,电视和报纸广告的营销模式需要花费较多的费用,而且所需时间也较长。而在电子商务中,不仅减少了营销成本,互联网可视化的营销渠道还增强了酒店的营销效果。酒店的网上预订系统能够帮助顾客完成酒店预订的整个环节,从而提升酒店的销售速度,优化酒店的工作,实现经济效益的增长。

### (四)降低酒店的采购成本

在酒店的电子商务系统中,可以对酒店的采购成本进行管理。酒店可以对网上发布的各种产品信息进行对比,对产品的价格、质量进行分析,然后匹配最优的选择,再进行采购,从而降低酒店的采购成本。电子商务在酒店行业中的运用,将酒店的各个服务环节串联起来,使其数据信息更直观地呈现在人们的面前。酒店的管理者可以在此数据信息的基础上来制订酒店的配置计划、预定设备、明确货物配送的数量,降低酒店在采购环节所花费的人力、物力成本,将酒店的采购成本降至最低。

### (五)降低酒店的管理成本

从酒店的短期发展来看,要将电子商务运用在酒店中,首先要花费大量的时间和成本构建酒店内部的管理信息系统和网站,但是从酒店的长远发展来看,电子商务在酒店中的应用能够有效减少酒店在运营和管理过程中的成本,优化酒店的内部结构,提升酒店工作人员的效率,进而实现酒店利润的提升。例如,通过酒店电子商务的开展,能够有效减少酒店在交易、订货和营销环节中所花费的人力成本和时间成本。在酒店电子商务中,可以将酒店的销售信息和产品信息发布在互联网上,不仅提升了酒店信息传播的速度和广度,还减少了酒店传统营销方式纸质印刷品的费用。与传统的营销方式相比,互联网营销具有费用低、效果好的优势。此外,酒店电子商务的开展使还能够优化酒店的管理系统,节约酒店在运营中的人力成本,使酒店在各个环节的情况更加明确。

### (六)为顾客提供个性化服务

酒店开展电子商务最大的价值在于可以将酒店的市场进行细分,使酒店能够全面了解酒店的顾客群体的需求,从而针对性地为顾客提供信息、产品和服务。通过电子商务,酒店可以对顾客有全面的认识,了解顾客的兴趣、爱好和消费习惯等信息,这些信息对于酒店的发展具有十分重要的作用。随着酒店行业的发展,酒店所面临的竞争也越来越激烈,顾客的个性化需求也越来越明显,因此,实现酒店的个性化营销是酒店未来发展过程中的必要条件。在互联网技术的支持下,酒店可根据顾客的消费信息和访问信息,更准确地预测市场的发展方向,从而进行更有针对性的宣传。

客人在预订客房时,需填写自己的个人信息,其信息会反馈到酒店的资料库里,酒店的服务人员可以根据资料库中的顾客信息,了解消费者的兴趣爱好和需求,为消费者提供针对性较强的个性化服务,比如在房间内放置一些小礼物,或为客人提供喜欢的饮品。一方面,能够提升酒店的体验感,使顾客在入住过程中获得满意的体验;另一方面,能够提高顾客的回购率,提升顾客下次入住时的选择可能性。

### (七)虚拟形象化酒店产品,增强先期体验

由于酒店的产品具有无形性和无体验性的特点,顾客对于未入住过的酒店只有根据酒店的宣传广告做出决定,只有顾客购买了酒店的产品,才能切实体会到酒店的产品。这就导致酒店的顾客由于之前无入住体验,在选购酒店时做出不正确的选择。而在互联网中,酒店可以通过虚拟酒店将大量酒店信息有形化,使顾客在入住前切实体验到酒店的产品和服务,从而提升顾客在预订酒店产品时的信任度。

### (八)完善酒店内部管理

随着酒店规模的扩大,酒店的员工数量也不断地提升,其内部员工的管理也愈加复杂。酒店方可以借助电子商务的力量,实现企业网内部的信息共享、工资结算、财务累计、核心数据存储、客户信息保存、员工电子档案的建立、评奖评优、上下班打卡监督等,使得酒店内部管理更加便捷高效。

# 第二节　智慧酒店电子商务业务

互联网以及酒店行业规模的扩大,使酒店行业的在线交易规模逐年上升,在线市场交易成为酒店交易中的重要组成部分,我国酒店的电子商务模式逐渐成形,并呈现出多模式并存的发展特点。根据运营商的不同,可以将我国酒店电子商务的运营模式分为四种:一是以酒店官网为主的产业链上游企业;二是以携程、艺龙、同程网等为主的在线代理商;三是以淘宝、京东、美团等为主的平台运营商;四是以点评网站和社交媒体为主的网络媒介和营销平台。在如今的社会环境中,电子商务在酒店行业中的应用能够帮助酒店获取一定的利润,从而在激烈的市场竞争中获得发展的优势。

智慧酒店是酒店中的一种,属于特殊的服务业,无形性、空间性、即时消费是其为顾客所提供产品的特点,将酒店产品的这些特点与信息技术结合起来,形成了智慧酒店的多种电子商务模式。酒店产品所具有的无形性和时间性特点,决定了酒店只有将其产品销售出去,才能实现其价值,这也使得酒店行业需要迫切提升其销售效率。又由于酒店产品具有季节性的特点,因此在线预订成为顾客购买酒店产品的主要方式。在这里酒店的在线预订对应的就是酒店电子商务中的交易功能,是酒店电子商务中的核心功能。

鉴于上述对酒店电子商务的分析,可以将其分为无交易功能的初级模式、无交易功能的复杂模式、单一交易功能的中级模式、多功能综合的高级模式四种。

## 一、无交易功能的初级模式

无交易功能的初级模式是酒店电子商务的基础,一般不会独立存在于酒店中,主要包括

信息发布和信息收集等内容,是酒店电子商务中较为简单的功能,普遍存在于各种模式中,如酒店在官网中所展示的酒店信息、顾客的评价留言等功能。

## 二、无交易功能的复杂模式

无交易功能的复杂模式虽然是酒店电子商务模式中不具备交易功能的模式,不能直接为顾客提供预订服务,但它却在酒店电子商务中发挥着重要的作用,能够实现酒店的多种功能,为酒店与顾客之间的交流提供了可能,主要包括酒店的招聘、虚拟社区、酒店点评等。

最佳东方(veryeast.cn)是我国酒店行业内具有较强权威性和专业性的招聘网站。网站为求职者和酒店的招聘者提供了交流的平台,为酒店寻求合适的专业人才,帮助求职者选择合适的酒店,从而满足双方的个性化需求。

酒店点评网则是根据顾客在网上真实的点评信息,结合酒店的电子商务系统,为顾客的酒店选择提供参考,如携程网、大众点评等。多数网站为用户提供的酒店信息均是免费的,其盈利主要是通过用户的点击量以及发布酒店品牌的广告。在如今流量为王的时代,该类网站就是通过为用户提供多样的选择,获取大量的点击量而实现盈利的。

酒店行业是一个信息依赖性较强的行业,网络中充斥着各种各样的酒店信息,为消费者提供更多选择的同时,也增加了消费者的选择难度,顾客需要付出非常多的搜索成本来获取适合自己的酒店信息。垂直搜索的出现极大地解决了这一难题,能够对大量的酒店信息进行筛选分类,进而提高用户选择酒店的效率。去哪儿网(qunar.com)是我国领先的在线旅游媒体和专业的旅游搜索引擎,满足用户在旅游过程中产生的各种需求。去哪儿网借助先进的垂直搜索技术,对国内外的机票、车票、酒店、度假等信息进行筛选,利用先进的数据挖掘技术,对各种信息进行整合处理,将最新最准确的产品信息提供给用户,帮助用户高效地获取自己所需要的旅行信息,购买自己需要的旅行产品。该类网站主要是通过竞价排名和返佣两种方式来实现企业的盈利。

酒店的电子媒体主要是提供各种酒店行业信息、培训和管理等相关内容,通过在平台上充实大量的专业信息,为用户提供付费服务。例如先之教育(9first.com)的定位是成为酒店咨询品牌的酒店电子媒体,通过整合大量的酒店信息,为人们提供部分免费信息而推动网站其他付费项目的发展,如订阅费、培训费、广告费等。

## 三、单一交易功能的中级模式

单一交易功能的中级模式能够进行线上预订,从而实现酒店产品的销售,但是除交易外的其他功能相对较少,功能较为单一,在该模式中,酒店在销售中所产生的收入是其主要的收益。整体来看,该种电子商务模式相对较为单一,其影响力也相对较低,在我国的酒店电子商务模式中不具备代表意义。

## 四、多功能综合的高级模式

目前我国多数酒店所采用的电子商务模式主要是多功能综合的高级模式。在该模式中,主要是以在线预订为主,为用户提供大量的酒店交易信息和预订信息,通过设计多种商业模式,来满足用户的需求,从中获取盈利,这也是如今我国酒店电子商务的主流模式和主要收益来源,包括连锁酒店官网、在线代理商、平台运营商、团购等。连锁酒店官网往往以酒店预订为核心,同时有信息介绍、网络营销、会员管理、酒店论坛等多个功能,利用完善的网站建设实现网络低价直销是这些酒店的主要销售模式。代表性网站比如 7 天连锁酒店(7daysinn.cn),它是业内少数能实现企业门户网站和数据库实时对接的电子商务平台,通过电子商务和会员制的"IT 思维"的运营模式实现网络互销,大大减少对第三方的依赖,从而让利于顾客。以携程(ctrip.com)和艺龙(elong.com)为代表的酒店在线代理商具有庞大的酒店会员数量,利用精准搜索、低价、团购、秒杀、特惠等多种营销及定价方式进行在线销售,占据了我国酒店在线分销市场的大量份额,其主要收入来源是代理佣金。酒店平台运营商,即利用自身的技术和资源为酒店提供交易平台,广告费和管理费是其主要收益来源。团购网站,是一种新型电子商务模式,它通过将消费者联合起来提高与商家的议价能力,从而使消费者能够以较低的价格购得所需商品,携程、艺龙等都开辟了专门的酒店团购模式,美团(meituan.com)也有专门的酒店团购频道,销售返点是其主要收入方式。

# 第三节　智慧酒店电子商务网络营销

电子商务网络营销是指在互联网的基础上,利用网络交互技术和数字化信息,实现酒店营销的一种营销方式。智慧酒店作为在信息化技术基础上发展的酒店形式,应依附于自身的网络技术和信息,积极开展网络营销,在满足消费者需求的基础上,实现酒店的利润最大化。互联网技术的发展为酒店的网络营销创造了良好的条件,不管是知名的品牌连锁酒店还是单体酒店,在如今酒店行业激烈的竞争中,只有充分发挥互联网的优势,才能顺应时代的潮流,获得长远的发展。如果运用得当,能够有效减少酒店的人力、物力、财力的支出,而且还可以拉近与顾客之间的关系,直接与客人交流,及时根据顾客的需求对酒店的产品和服务进行调整。因此,开展酒店的网络营销具有极大的开拓价值。

## 一、网络营销在酒店中的应用现状

### (一)酒店网络营销产业链模式

艾瑞互联网大数据服务平台所提供的统计分析显示,中国的酒店网络营销产业供应链中,像我国的 7 天、汉庭等酒店品牌以及国际上的希尔顿酒店集团、万豪酒店集团等,在新的预订模式和新的营销方式的推动下,通过代理商的渠道,为用户提供产品服务。作为一种新兴的酒店营销方式,用户在网络平台中的使用感受起着决定性的作用,因此网络营销平台要充分利用网络上的大量信息,运用大量信息技术,对网上的信息进行整合筛选,提升用户的搜索效率,为用户提供更为精准的信息。

在线旅游服务代理商和在线旅游搜索平台是如今酒店网络营销产业链模式中的主要形式,整体来看,这两种形式无论是在商业模式还是在经营服务上都存在一定的差异。第三方在线旅游服务代理商能够较好地把控酒店的产品和服务质量,能够较好地把控营销渠道,但同时还需要建立强大的地推团队,以获取更高的利润。而平台类的企业则强调丰富产品的类型,投入成本也相对较小,能够直接获取用户的核心信息,但是难以把控酒店的产品和服务质量。

### (二)在线酒店产业链特点分析

批发商、代理商、酒店以及其他平台是整个酒店在线产业链中的四个利益相关体。大型批发商和代理商通过掌握大量的相关信息,与全国多数酒店建立合作关系,订单量相对较高,部分区域性较强的批发商通过价格优势而掌握着部分酒店资源和渠道。大型的代理商通过与酒店建立合作,通过先进的支付预订方式,为用户提供产品预订服务,此外,还通过团购等模式为顾客提供预付产品的预订。其他平台主要是指第三方营销平台,能够帮助酒店和代理商完成线上消费。

## 二、酒店实施网络营销的必要性

### (一)可持续发展的战略选择

实施网络营销是酒店适应如今社会发展的战略考虑,是酒店在激烈的竞争中获取自身发展优势的战略需要,也是酒店树立自身品牌意识、提升品牌宣传力度的需求。在信息化时代,互联网为酒店行业的发展提供了无限的发展空间,对扩大酒店的品牌影响力、促进酒店与顾客之间的沟通交流发挥着重要的作用。对于目前酒店的发展来讲,无论是采用何种经营模式,都应积极地实施网络营销策略,通过互联网平台拓展酒店的客源,通过相关的数据分析,了解顾客的深层次需求,为顾客提供细致、周到的服务,提升顾客的消费体验,从而扩大酒店的品牌影响力。

### (二)拓宽销售渠道的需要

在如今酒店行业竞争激烈的今天,渠道是酒店获取成功的关键。"酒香也怕巷子深",即使酒店的产品和服务再好,但是没有构建自身良好的销售渠道,也会湮没在市场竞争中。

互联网的发展丰富了酒店行业的销售渠道。与传统的销售渠道相比,互联网销售渠道具有鲜明的特征:一是传播符号的多样化。互联网具有多媒体特征,酒店可以借助图片、文字、影视等多样的形式,来吸引消费者的关注,从而获得较好的传播效果。二是表现方式灵活化。酒店可以利用互联网中的各种交流平台来开展营销,而且其中还有部分免费的信息发布平台,降低了酒店的宣传成本。

### (三)满足顾客个性化的消费需求

随着酒店行业规模的发展壮大,酒店行业市场开始细化,酒店不仅呈现出不同的档次,而且不同的酒店有不同的目标群体,为顾客提供不同的服务。而与酒店对应的消费者也呈现细化发展,会根据自己的个体需求选择不同类型和服务的酒店。借助酒店在互联网平台上开展的网络营销,消费者可以根据自己的需求,筛选符合条件的酒店,对酒店的产品、服务以及价格进行对比,从而找到符合要求的目标酒店。网络营销一方面减少了消费者在酒店选择、计划安排上所花费的时间和精力,另一方面能够预期消费者在酒店入住各个环节的消费情况。因此,酒店应提升其信息技术水平,完善酒店的信息服务系统,从基础设施、服务内容、公开信息等方面全面提升酒店的服务质量。在网络营销中,如果顾客对酒店的产品信息有疑惑,可通过平台上所提供的电话咨询和网络咨询方式直接与酒店沟通。为实现优化酒店为顾客所提供的服务,满足顾客的个性化需求,酒店还应根据网络信息平台上的用户信息,了解用户的兴趣和偏好,对其产品信息进行调整、改进,提升酒店所提供产品和服务的优势,尽可能地满足用户的需求,提升酒店的竞争力。

### 三、我国酒店在网络营销应用中存在的问题

互联网技术的发展为网络营销在酒店行业中的使用提供了良好的环境,目前网络营销已经应用于我国多数酒店中,包括星级酒店、品牌酒店、连锁酒店等,在实际应用中,酒店的网络营销也得到了进一步的深入发展,我国的酒店企业规模也得到了扩大。但是从整体来看,我国酒店行业的网络营销水平参差不齐,多数酒店所开展的网络营销还属于低层次阶段,是较为简单的网络营销,甚至部分酒店为开展网络营销,从而使得网络营销模式无法在酒店中发挥其原本的优势。造成我国酒店网络营销无法发挥其效用的主要原因有以下几种。

#### (一)观念和意识的淡薄

酒店的网络营销观念和意识淡薄是制约酒店网络营销发展的关键所在。尽管网络营销的便利性吸引了众多的酒店,但是还有部分酒店由于缺乏对网络营销的正确认识,未重视酒店的网络营销发展。

利用网络营销的酒店多采用与第三方网络平台构建合作关系的方式开展酒店的网络营销。这种方式虽然降低了酒店网络营销的成本,为酒店提供了便利,但是却使酒店缺失了自主网络营销的观念。尽管第三方网络销售平台开始向专业化方向发展,但是毕竟不了解酒店的真实信息,不能及时、准确地了解酒店的信息变化,无法根据酒店的经营管理情况策划酒店的网络营销。

#### (二)信息化力度不够

多数酒店开展的网络营销只是将互联网作为一个发布信息的工具,没有充分发挥网络营销的作用。目前开展网络营销的酒店主要是在互联网中发布酒店的相关信息,通过第三方平台或酒店的官方网站进行客房预订。多数酒店所开展的网络营销只是酒店商务网络营销中的一小部分,并未将酒店的核心业务、产品、客户关系管理、客户服务等与互联网结合起来,没有与顾客建立互动交流关系、对网络信息资源进行分析。

酒店通过在互联网上建立自己的官方网站,拓宽了酒店的宣传渠道。但是目前多数酒店建设的网站内容较为简单,缺乏一定的信息,酒店的信息化力度较差,从而无法发挥酒店官方网站的作用。酒店的官方网站所提供的信息主要是酒店的外部环境、客房环境、大厅状况、餐厅情况等,呈现给消费者的信息较为刻板,酒店举办的各种活动、优惠情况等信息无法及时通过官方网站呈现给消费者,消费者难以在网站上获取到有价值的信息,进而导致消费者再次查看酒店官方网站的概率较低。

### (三)遭遇技术瓶颈

基于酒店信息化基础上的电子商务网络营销,具有较高的技术水平。目前来看,多数酒店存在一定的技术问题。

首先是网站建设过程中的技术问题,一些规模较小的酒店自身并不具备具有网络技术能力的专业技术人员,无法实现酒店网站的后期维护和产品更新,从而导致酒店官网缺乏自身的特色,风格单一,无法通过酒店官网将酒店的优势发挥出来,进而可能导致酒店在行业发展中失去竞争优势,湮没在众多酒店中。

其次是顾客在消费过程中的安全问题。随着移动支付和在线支付的发展,各种线上支付的安全问题逐渐突出,保障顾客在消费过程中的财产安全也成为酒店行业网络营销发展的瓶颈问题。目前,网上支付的方式主要有第三方中介支付和网商银行自动支付两种方式,其中我们熟悉的第三方中介支付主要有支付宝、微信、财付通等。这两种支付方式分别具有各自的优势,但无法有效保障顾客的财产安全是其共有的弊端,不法分子可通过网络病毒入侵顾客的支付系统,盗取顾客的个人信息和个人财产,给顾客带来较大的安全隐患,这也是部分顾客不愿选择网络支付的关键原因。只有解决好这一安全问题,为顾客提供安全的交易环境,才能扩大酒店网络营销的适用范围,增加酒店的收益。

### (四)投入高回报低

对于部分刚开始使用网络营销的酒店来讲,需要花费大量的时间和人力成本,从最基本的信息化开始,慢慢探索酒店的网络营销发展。在初始阶段,酒店的网络营销是不成熟的,所投入的成本与网络营销给酒店带来的收益是不成正比的。这就导致部分酒店在探索了一段酒店网络营销的发展道路后,不愿继续投入大量的资金来发展酒店的网络营销。

### (五)网络营销人才匮乏

酒店的网络营销是建立在酒店信息化技术基础之上开展的,因此需要具备具有网络专业知识的专业技术人员和后期维护酒店网站运营和更新的技术人员。但是技术人员的短缺却成为如今酒店网络营销的突出问题,成为制约酒店网络营销发展的关键所在。造成这种现象主要是由于酒店行业的特点需要酒店网络营销的技术人员具备三方面的知识,不仅要具备酒店行业的基础信息,对服务行业有深刻的理解,还要具备管理的相关知识和互联网的营销方法,能够熟练地将网络技术运用在酒店行业中。只有具备这三方面的相关知识,才能发展为合格的酒店网络营销人员,这也是造成酒店网络营销人员匮乏的原因。

## 四、网络营销在酒店应用中的解决策略

### (一)加强网络营销意识

在酒店的应用中,互联网发挥着重要的作用,酒店的工作人员要意识到互联网在酒店行业中发挥的重要作用,重视互联网在酒店中的使用。互联网的特性决定了互联网是一种非常便捷的互动渠道,能够实现酒店的信息发布、宣传以及客户之间的沟通。互联网的优势主

要表现在以下几点:一是传播范围广,网络上的信息不受时间和空间的限制,随时更新的信息能够不间断地传播到世界的各个角落;二是交互性强,消费者和酒店能够通过网络实现信息的交互传递,消费者能够在网上查找自己所需的信息和服务,酒店也可以及时得到用户的反馈;三是针对性强,酒店开展网络营销的受众往往比较明确,而信息查阅者也往往具有较强的目的性,双方都是有针对性地开展活动的;四是灵活、成本低,在以往传统媒体上做广告和推广信息,不仅需要付出很大的经济代价,而且无法保证其宣传效果,宣传的内容无法实现实时更新,而在互联网中,酒店的宣传信息和服务内容能够随时更新,及时将有价值的信息推送给目标受众;五是感官性强,在以往传统的媒体形式中,人们只能通过平面的文字和图像来了解信息,而在互联网中,信息可以通过视频播放、图片浏览、动画等形式表现出来,丰富人们的感官感受,使顾客身临其境。

### (二)充分利用信息技术,打造智慧酒店

近年来,在各种信息技术和网络技术发展的环境下,旅游开始向信息化发展,智慧城市的建设也开始兴起,随之发展的还有智慧旅游。在这种社会环境下,酒店作为与旅游业紧密联系的行业,也应紧跟这一发展趋势,充分利用当下的信息技术,将电子商务运用其中,发挥智慧酒店的优势。从整体来看,目前我国多数智慧酒店的建设还停留在酒店设施的智能化和信息化发展的阶段上。

在这种情况下,酒店要充分利用现在的信息技术,发挥网络营销在酒店行业中的优势,推动智慧酒店的形成与发展。在网络营销中,可通过具有较强操作性的微信、微博、美团等中介平台,扩大酒店的宣传力度,提升酒店品牌的知名度和影响力。此外,酒店还要提供顾客评价和与顾客沟通交流的平台,及时了解顾客的需求,为顾客提供个性化服务。酒店在通过网络营销方式为顾客提供便利的同时,还要将顾客的隐私安全、财产安全等因素考虑在内,通过在酒店中运用现代的智能化技术提升顾客在酒店的体验感。

### (三)培养网络技术攻关

在如今的信息化时代中,信息具有巨大的经济价值,保障企业和用户的信息安全是各行各业的重要问题。在酒店行业中,如果在顾客预订和支付环节中存在较大的漏洞,具有较大的安全隐患,则会对顾客的网上消费行为产生影响,降低顾客使用网络消费的热情,从而抑制酒店网络营销的发展。因此,加强酒店在网络营销环节的安全技术建设,是酒店网络营销的必要条件。对于酒店来讲,酒店的数据库中具有大量的用户信息以及酒店的机密信息,如果酒店无法保障数据库的信息,数据信息的泄露会给酒店带来不必要的经济损失,损失大量的顾客,甚至有可能还会承担法律责任。对于消费者来讲,酒店只有做好安全保护措施,保障顾客在消费各个环节的安全,顾客才会放心消费,才会信赖酒店。因此,酒店的管理者要注重酒店网络营销中的安全建设,构建一个安全可靠的交易系统。

### (四)策划有效的营销方案

在互联网环境下,酒店所开展的网络营销是一个系统且复杂的工程,其中的每一个环节都要精心策划和规范执行,只有这样才能实现预期的效果。网络营销方案的构建主要包括

三方面的内容,具体如下。

第一,开展调研分析,明确市场的发展现状,确定酒店的市场定位,对酒店的顾客人群进行分析,确定酒店的个性化发展方向,设计特色的酒店产品和服务,针对性地开展营销。

第二,打造全方位的网络销售渠道,建立酒店独立的官方网站,与其他网络平台建立合作,构建酒店自身多维一体的网络营销模式。不同的酒店可根据其实际情况,选择合适的渠道进行网络销售。

第三,完善酒店网络营销的管理机制,确保酒店的网络营销能够有效实施。网络营销管理制度实质上就是"规矩",它是在酒店网络营销业务流程、业务范围、业务内容、业务效果等方面作出规定,从而保证酒店网络营销方案的实施效果。

### (五)培养网络营销人才

电子商务网络营销的实现需要大量的人才注入,酒店要重视人才的培养和利用,培养酒店的多层次人才,提升酒店员工的操作能力。首先,酒店可以根据酒店的发展定位和内部员工的实际情况,对酒店员工开展针对性的培训,使其掌握网络营销的知识和技能,同时提高员工的酒店管理知识储备,提升酒店员工的综合素质。其次,酒店可以为酒店内部分优秀员工提供深造机会,提升员工的技术水平,待员工学到一定的知识后,再回到酒店为酒店做贡献。最后,酒店可以根据员工的实际情况进行明确分工,充分发挥每个员工的优势,激发员工的工作热情,形成良好的工作氛围,从而提升自身所提供的服务,形成酒店内的良性循环,在这种环境下,酒店的网络营销也更易于发展。

## 五、酒店电子商务网络营销未来发展趋势

酒店电子商务网络营销未来的发展趋势主要体现在三方面:首先,随着互联网经济的进一步深入,酒店在线预订加速发展,在在线旅游市场中的比重将得到进一步提升,酒店信息化和收益管理水平提升,市场需求的爆发,促使在线酒店预订快速提升,其中基于 LBS(Local Based Service,基于位置的服务)和 Mobile 的酒店移动客户端发展潜力巨大,另外,点评对用户酒店预订的决策影响也逐步增大;其次,社交、点评及攻略等旅游媒体在市场中的地位必将凸显,伴随着消费者需求的升级,酒店自助预订等在线预订将进入快速成长期;最后,各种在线旅游平台将进一步规模化,OTA 分销、旅游平台、在线直销将呈现三足鼎立的局面,开放和合作逐步加深,将使在线旅游整个产业更加高效和完善。

# 第四节　智慧酒店电子商务的应用与发展

## 一、电子商务在酒店中的应用

### (一)酒店应用电子商务的驱动力分析

酒店是特殊的服务业,具有开放性、时效性和物资管理复杂性等特点,因此,酒店行业对信息技术具有较高的依赖性,信息技术在酒店中发挥着重要的作用。社会的快速发展、经济

水平的提升、所获取的信息增加使得如今的人们开始追求更高质量的产品和服务,旅游产品更是如此。近年来,伴随着人们生活质量的提升,人们外出旅游的次数也增加了,获得了不同的旅游体验,对新的旅游的预期也提升了。旅游业是带动酒店发展的重要行业,酒店要紧抓旅游者的心理,及时了解消费者的最新需求,了解行业中最新的技术和理念,不断更新完善酒店内的产品和服务,以满足消费者不断发展的需求,提升酒店在行业中的竞争力。

电子商务在酒店行业中的实际应用,可以分为面向酒店内部的网络系统和面向酒店外部的网络系统两种。面向酒店内部的网络系统能够为顾客提供各种自助服务,如自助结账、自助预订等。面向酒店外部的网络系统主要用于酒店与其他行业之间的联系和发布酒店信息、接受在线预订等,例如与上游的供应商联系,选择合适的供应商,实现降低酒店成本的目的。因此,酒店的管理人员要重视酒店电子商务,积极构建一个广泛、迅速,能够面向社会的营销网络,以发挥电子商务在酒店应用中的积极作用,实现对酒店产品的宣传,扩大酒店品牌的宣传力,提升酒店的盈利。

**(二)酒店电子商务应用现状**

目前我国酒店电子商务的应用主要分为两种,即针对消费者的电子商务形式和针对企业的电子商务形式。针对消费者的电子商务形式也就是企业对消费者的电子商务(B2C),对应在酒店行业中就是酒店与顾客之间的电子商务,是酒店利用网络平台,及时了解顾客的需求,满足顾客的需求,使顾客无须到达酒店即可了解酒店的详细信息,完成在线预订等。而针对企业的电子商务形式也就是企业对企业的电子商务(B2B),对应在酒店行业中就是酒店与其他企业之间的电子商务,如酒店通过互联网建立其与旅行社、代理商、交通部门等相关部门的合作。

目前,我国酒店的电子商务已经得到了一定的发展,并具备了一定的规模,但是从整体来看,酒店的电子商务发展还不够成熟,酒店电子商务的发展不平衡、不均等的问题还较为突出。高星级酒店的电子商务水平相对较高,酒店的信息化程度也较高,具备较为完善的酒店电子商务系统,多数高星级酒店已经具有自己的网站,且开通了网上订房或加入了酒店中央预订系统(CRS)和全球分销系统(GDS),而一些低星级酒店的信息化建设水平较低,电子商务的使用程度也较差;经济发达地区酒店的电子商务水平明显高于经济欠发达地区酒店的电子商务水平;国际酒店集团的电子商务水平要比国内酒店高;等等。虽然电子商务在酒店中的应用具有重要的价值,但是还需要长时间的探索才能获得成熟发展。

**二、电子商务在酒店应用中存在的问题**

**(一)网络运行意识有待提升**

近年来,随着网络的普及化发展,我国的电子商务得到了快速的发展,电子商务的适用范围也日益广阔,酒店的管理者开始注重酒店电子商务的使用。从目前我国酒店行业的电子商务的使用来看,多数酒店的电子商务管理平台还有待完善,管理人员的网络运行意识还有待提升,电子商务还未与酒店的运营管理充分地融合在一起,无法充分发挥电子商务的优势,不仅难以达到电子商务的预期效果,可能还会不利于酒店管理工作的开展。

### (二)缺乏足够的技术支持力量

技术和设备是开展酒店电子商务的基础,为酒店电子商务的开展提供了保障。如果酒店缺乏技术支撑,就只能获得短期的效益,而无法实现酒店的长远发展。但是部分酒店为了节省运营成本,而无法加大网络运行的技术支持,如引进先进的网络技术和设备、加强酒店工作人员的培训工作、引进专业的技术人员、后续的管理和维护等,从而导致这些酒店无法充分发挥电子商务的优势。还有部分酒店为了酒店的短期效益,而直接忽略开展酒店电子商务的运营管理,以获得短时间内的节约成本,从而导致酒店电子商务无法顺利开展,无法实现酒店的长远发展。

### (三)电子商务利用率低

电子商务在酒店中的使用,不只是单纯地展示酒店的信息,促进网上销售,需要包括旅游信息采集、加工、筛选,以及酒店产品包装、设计、客户管理、营销策划以及资金流控制,从而构造完整健全的商务链。然而,目前多数酒店对电子商务的使用多是停留在建立网站和广告宣传上,无法充分利用电子商务。虽然部分酒店提供客房预订服务,但是也仅是简单地进行查询和预订,与周围环境的互动性较差。少数酒店提供旅游线路检索,但是总体来看功能较为简单,且操作性较差。此外,信息的更新速度也较慢,缺乏专业的技术人员对其数据信息进行维护和修改,游客无法获取到最新的信息。

### (四)电子商务人才缺乏

电子商务在酒店中的应用需要具备具有较强能力的专业人员,但是由于酒店行业具有较强的人员流动性,因此,酒店行业中普遍缺乏专业的电子商务人才。尽管如今多数院校开设了酒店管理和旅游管理专业,但是该专业的许多学生在毕业后并不会选择该专业就职,主要是由于这些具备专业知识的学生进入酒店后,需要从最基本的工作开始做起,且在学历上给予学生的补贴也不可观,相对于酒店其他员工来讲,其优势无法得到彰显。此外,酒店也缺乏对酒店内员工的专业技术培训,提升酒店员工的综合素质。这就使得部分酒店尽管能够开发出电子商务软件,但是缺乏日常操作和运营的工作人员。

## 三、电子商务在智慧酒店中的应用策略与发展

### (一)改变酒店传统观念

智慧酒店作为新的酒店形式,在经营方式上与传统的酒店具有较大的差别,因此,为使电子商务能够在智慧酒店中充分发挥作用,酒店的管理者应改变传统的观念,及时了解酒店电子商务领域的新技术,及时在网络上更新自己的品牌信息,树立良好的品牌形象。酒店的网站要具有较强的可操作性,能够将酒店的相关信息展示给顾客,顾客能够在网上查询酒店的房价、客房设施信息、酒店真实图片等,酒店给顾客所提供的信息也应真实准确,避免因信息差异而造成不必要的误会。

### (二)提高电子商务技术水平,满足用户需求

为充分发挥电子商务的效果,提升酒店的电子商务应用水平,可以采取以下几点措施,完善电子商务的功能,提高酒店网络平台的技术含量。

首先,充分利用网上的评价体系,与顾客建立良好的沟通关系,满足顾客的多样化需求。其次,定期对酒店的电子商务平台的数据和功能进行更新,在获取用户反馈意见的基础上,对其电子商务平台进行更新。最后,提高酒店发布信息的真实度,尽可能地满足用户的需求。

### (三)整合酒店资源

电子商务在智慧酒店中的应用并非是简单地建立酒店的网站,而是将酒店内外的各种资源充分整合在一起,使酒店成为一个有机的整体,将酒店的潜能充分地发挥出来。智慧酒店在开展电子商务的过程中,需要根据酒店自身的特点,建立内部网和外部网,将酒店的各部分业务整合在一起,实现酒店业务的信息化,充分发挥互联网的即时性特点,使各部门能够第一时间处理酒店内的各项业务,从而提升酒店的工作效率。只有建立完善的管理系统,才能充分发挥电子商务的各项功能。

### (四)培养酒店电子商务的专业人才

电子商务在智慧酒店中的应用需要大量专业的技术人才,而人才缺失也是如今我国酒店电子商务应用中的关键问题。在多数酒店中,技术人员仅占员工总数的很小一部分,酒店员工的综合素质水平普遍较低。因此,提升酒店工作人员的技术水平是构建高质量的酒店员工电子商务应用在智慧酒店中应用的关键。酒店可通过招募专业的技术人员,来充实酒店的电子商务人才,也可以通过对酒店员工开展的专业化培训,提升酒店员工的电脑操作水平,明确酒店内不同员工的分工,针对性地进行培训。

### (五)完善酒店的数据库以及支付平台

智慧酒店要想充分发挥电子商务的作用,一方面要构建全国范围内的酒店数据库,配合政府建设电子商务网站和酒店的信息数据库,从而实现酒店电子商务的数据共享,发挥电子商务的价值。另一方面,酒店要加强与银行以及各支付平台的合作,解决网上的支付安全问题,保障顾客在支付过程中的安全。随着网络支付在各行业的广泛应用,网络安全问题也随之产生,酒店要注重网络平台中的支付安全问题,与各银行展开合作,提高网上支付的安全性和便捷性,保障顾客的财产安全。

### (六)实现企业资源共享

电子数据库是酒店电子商务发展的基础和依据。互联网为数据库的建立和资源共享提供了条件,使酒店行业内的信息能够得到及时传递和更新,各地的酒店应配合国家级的电子商务网和数据库的建设。

首先是"横向一体化战略"(即酒店主业的规模扩张战略),如为了形成"规模经济"而有计划地对酒店、度假村或其替代品进行翻版复制与连锁经营,并在此基础上组建成专业化与

智慧酒店转型理论与经营实践研究

一体化的管理公司或酒店集团;其次是"纵向一体化战略"(即酒店上、中、下游之间的范围扩张战略),如为了降低交易成本并形成"范围经济"而有计划地整合酒店上游的资源供应商和下游的产品或服务分销商,并在此基础上组建成集上、中、下游于一体的旅游集团;最后是"相关多元化战略"(即对与酒店主业相关的其他产业或行业进行跨业范围扩张的战略),如把房地产、交通运输、景区景点等相关产业或行业与酒店主业整合起来进行统一经营管理,以期实现资源共享、优势互补和产业互动,并进而发展成泛旅游集团。

综上所述,电子商务在智慧酒店中的应用对智慧酒店的发展具有极大的影响,能够增加酒店的市场竞争力,顺应时代和市场的发展趋势,同时也能与国际接轨,充分发挥酒店数据信息的价值。只有顺应酒店电子商务的发展趋势,酒店才能掌握市场的发展动向,满足顾客的需求,从而获取更大的经济效益和社会效益。

· 170 ·

# 第十章　智慧酒店文化体系与塑造

## 第一节　智慧酒店文化管理的结构体系

文化是酒店在长期发展中形成的,是能够彰显酒店特色的更高一层的内容。成功的酒店均具有自己独特的文化体系,比如土耳其的洞穴酒店将悠久的基督教历史、拜占庭风格式建筑融合在一起,给客人一种穿越时空的体验。酒店文化不仅能够体现出酒店的层次和规模,还是酒店提升自身核心竞争力的关键因素。高质量的酒店文化有利于酒店的长远发展,对内能够提高酒店员工的归属感、荣誉感,提高对酒店员工的管理效能,促进酒店各部门之间的协作;对外有助于树立酒店的品牌和形象,扩大酒店的影响力,提升酒店的竞争力和可持续发展的能力。

企业文化是指指导公司员工和管理层如何互动和处理外部业务交易的信念和行为。通常,企业文化是隐含的,没有明确定义,但是它独有的行为协调作用使其对具有协调密集特征的酒店企业有着强大的管理效能。酒店的企业文化与当地的民族文化通常有着较强的关联,这种关联导致酒店的企业文化往往具有较强的地域特色,这也是我国学者研究酒店企业文化的理论依据。智慧酒店文化管理的结构体系主要包括四个层面的内容,即酒店文化的内涵、酒店文化的管理功能、酒店文化的管理方式和酒店文化的冲突与渗透,具体内容如下。

### 一、酒店文化的内涵

#### (一)酒店文化的概念界定

目前我国学者多是在企业文化认知的基础上开展酒店文化研究的,但是在实际界定酒店文化时,难免会受到酒店存在特性的理解的限制。由此导致的分野使得要想开展对智慧酒店文化的全面研究,就需要从演化、服务、发展三个角度来解读。

演化论的观点认为,每个酒店均有自己的文化,强弱、显隐程度不同的酒店文化会发挥不同的作用,酒店在长期的发展中通过提升自己的文化内涵,使之成为酒店的核心竞争力。按照这种观点,酒店文化是在酒店的经营管理中逐渐形成的一种管理理念和组织文化,是酒店在向公众提供各种产品和服务的过程中所代表的物质与精神活动的结合。具体来讲,它体现了酒店独特特点的文化现象,在酒店长期的经营管理中基于其社会文化资源而逐渐演变和演进,并且一定程度上反映酒店的发展状况。我国部分学者对这一内涵下的酒店文化的外延进行了具体的描述,认为酒店文化是酒店员工在经营管理过程中共同拥有的一系列价值理念,其内涵表现在四个方面:书面和非书面的标准和程序,由现存的管理制度和管理程序构成的管理氛围,由管理作风和管理观念构成的管理氛围,酒店员工所共有的观念、价值取向及行为方式。

发展论是从发展的角度来强调酒店文化的存在价值。酒店员工是酒店存在和发展的基础,他们是酒店的主体服务力量。但是在根本上,我们越来越难以用"经济人"对其进行界定,他们应该是"社会人"和"自我实现的人",他们的努力工作需要一个良好的心理气氛和文化氛围作支持。但酒店文化显然是一种酒店风格,是一种独创的精神,是酒店以组织精神和经营理念为核心,以特色经营为基础,以标志性的文化载体和超越性的服务产品为形式,在对员工、顾客及社区公众的人文关怀中所形成的共同的价值观念、行为准则和思维模式的总和,它的形成是一个长期的、渐进的过程,而酒店之所以要不辞辛劳地去塑造酒店文化,是因为它可以达成两个目的,一是增强内部凝聚力,二是提高外部竞争力。由此,我们可以说,酒店文化是酒店根据自己的特点,为达到一个共同认可的目标,为酒店的生存和发展而树立的一种价值取向。酒店需要建立一种以人为本、人与自然和谐发展的酒店文化。

服务论是从酒店行业的服务特性来解读酒店文化的内涵。众所周知,酒店行业服务于旅游、商务、社交活动,它本身带有较强的文化特质,因此文化意识是酒店文化的重要特点,而酒店行业的服务特性决定了服务意识是酒店文化的基本特点。从内部管理角度而言,酒店管理应该考虑员工的人性需求,因此酒店文化必须突出人性化的特点,而旅游消费的感情化倾向和消费者的个性化需求又决定了酒店文化必须突出个性化特点。显然,酒店文化与服务有着天然的联系。在酒店文化体系下建立一整套明确的价值观念和行为准则,目的是要营造一种宜人的文化氛围,进行卓有成效的经营管理,以达到"培养高素质员工,实现高质量服务,促进高质量旅游"的目的。

事实上,酒店文化是一个极富张力和弹性的概念,它需要酒店的领导人根据各自酒店的环境和时机来领悟其内涵。当然,我们也不能忽视酒店主体间的心理互动在酒店文化中的基础作用。实际上,酒店文化的核心内容是酒店在提供服务产品的过程中所形成的价值观念和行为准则,而它们的形成是酒店主体间在长期的心理互动过程中对非制度行为以心理契约的方式模式化的结果。因此,酒店文化是一种服务产品的运作与感知的消费文化,由服务意识所催化的酒店员工行为是酒店文化较为综合的外显形式。而服务的心理直接感触性,更强化了酒店文化心理契约式的交互特色。与此同时,酒店展现出的服务品位的高低也体现了酒店产品消费的文化倾向性,这些特点正是酒店文化的特殊内涵。

## (二)酒店文化的结构

酒店文化结构的描述分为两个层次:一种是意在描述酒店文化内部结构的层次,二是描述酒店文化外在表达的层次。内部结构的层次有助于我们了解酒店文化的本质,外部活动的层次有助于我们了解酒店文化的表象。

在内部结构方面,酒店文化包含了从物质到精神的多个层面的联系。研究人员普遍认为,最表面的酒店文化是酒店的物质文化,最深层的酒店文化是酒店的精神文化。对于中间层次的酒店文化,不同学者产生了分歧,但多数学者认为中间层次的酒店文化主要为行为文化和技术文化。

从外在表现层次来看,酒店文化也分为表层结构、中层结构和深层结构三个方面,其中表层结构包括酒店景观文化和产品文化,中层结构包括经济体制文化、组织文化、规章制度文化、酒店管理文化,而深层结构则包括员工素质、知识和知识结构、礼仪、人际关系、职业道德、价值观和经营风格等方面。对表层物质文化的表象讨论主要从服务文化氛围、陈列文化、服饰艺术与酒店形象等角度展开。

## 二、酒店文化的管理功能

酒店文化具有一定的管理功能,对内能够规范员工在酒店中的行为,对外是酒店品牌的象征,有助于形成酒店的核心竞争力,从而获得竞争优势。

### (一)酒店文化的基础功能

酒店文化能够促进酒店的良好运作,具有一定的规范功能。酒店文化对酒店的品位产生着重要的影响,是酒店内各项工作的灵魂,具有极强的凝聚力。除此之外,酒店文化还具有教育功能、导向功能、调适功能、辐射功能。同时,良好的酒店文化不仅有助于协调酒店内部部门的活动,还可以减少酒店内部交易成本。因此,酒店文化的发展对于酒店的发展非常重要,通过创建酒店文化,有助于提升酒店员工的忠诚感和归属感。

酒店文化自身所具有的渗透作用使得酒店文化还具有良好的品牌宣传功能。品牌不仅代表着酒店的服务和产品,还包含酒店的文化。酒店良好的内部运作是树立酒店文化品牌并获得成功的基础,只有在此基础上才能发挥酒店文化的影响力。要想创建知名的酒店品牌,酒店的管理者要充分认识到酒店品牌文化的重要性,在文化内涵上寻求突破,完善酒店的品牌文化。在酒店的品牌中,其中一半是酒店的文化,而大多数酒店在经营品牌时,仅关注其品牌的具体属性和利益,而对于酒店品牌文化的培育和宣传较为忽视。此外,酒店文化的培育还要注重结合酒店的 CIS(Corporate Identity System,现代企业经营战略)建设。

### (二)酒店文化的结构功能

酒店文化的结构功能是指酒店文化能够推动形成酒店的核心竞争力。在如今的酒店发展中,缺乏有凝聚力的酒店文化是制约其发展的原因所在。现如今多数酒店缺乏专利保护,因此构建酒店文化是酒店形成自身个性优势的主要渠道。除此之外,酒店文化也是酒店构建自身竞争力的制度基础。从酒店市场的发展来看,如今我国的酒店市场开始由价值竞争逐渐向质量竞争过渡发展,进而向文化竞争发展。酒店文化竞争的本质就是将酒店文化融入酒店的产品和服务中,让顾客从中获得文化体验和自我价值体验。

酒店文化是酒店自身在发展过程中形成的独特的资源,是真正经得住考验的竞争力来源,良好的酒店文化有助于酒店形成自身的核心竞争力。因此,要提升酒店品牌的核心竞争力,其核心是提升酒店的文化竞争力。

## 三、酒店文化的管理方式

### (一)酒店文化的塑造与建设

在酒店设计和建设之初,需要注意其文化内涵的注入。酒店文化在酒店的发展中扮演着重要的角色。酒店在初始阶段的文化缺位将会给酒店的经营管理和服务带来一系列的问题。在酒店文化形成的过程中,酒店管理者,尤其是总经理,是酒店文化的"创造者"和"领导者",他们的价值观直接影响着酒店文化的成败和发展。

顾客主要是通过一线员工的文化表现获得对酒店文化的认知的,普通员工对酒店文化的认知和身体力行是强化和提升酒店文化的重要保障。因此,酒店要提高酒店员工的文化品位和素质,创造具有一定影响力的文化氛围,员工也要利用好外界的各种条件和机会,满足顾客的文化和精神需求。

酒店文化建设强调尊重人、理解人、关爱人、培养人,从软硬两方面着手,通过文化内涵的丰富,提升酒店的服务水平。文化建设要注重由内而外的统一,既要通过精神文化建设来凝聚酒店灵魂,又要注重员工行为的文化规范和管理制度的文化基础,还要强调酒店的环境文化建设。

### (二)酒店文化的管理方法

酒店文化的不同使得酒店的管理方式也各不相同。不同的酒店文化可以通过酒店的建筑设计、员工服饰、服务程序等营造的文化氛围表现出来。对酒店员工的文化管理应通过"柔性调节手段"来激励员工的使命感、自豪感和责任感,以使员工在工作中散发更具魅力的酒店精神。人本式的酒店文化管理是将人本理念和文化管理双向结合的产物,酒店文化的实质就是制定"以人为本"的价值体系、经营目标、管理制度和服务流程,以实现顾客、员工和酒店的三重满意。酒店管理者应综合运用情感管理、民主管理、自主管理、人才管理和团队管理等多样的管理手段来建立人本式的酒店文化环境。只有在人本的文化氛围中,酒店员工才能认识到"以人为本"文化价值观的重要性,才能将其运用到日常的工作中,为顾客提供人本化的服务。

## 四、酒店文化的冲突与渗透

酒店文化是酒店在当地的地域文化和民族文化的基础上发展的,文化差异会导致不同酒店管理模式间的跨文化冲突,也会导致同种文化内不同酒店间的文化摩擦。文化渗透的存在,使得酒店文化更加多元化。

### (一)酒店管理中的跨文化冲突

#### 1. 跨文化冲突的根源

国外酒店文化在我国的兼并、收购以及我国的酒店集团与国际的酒店集团的合作已经成为酒店市场发展的潮流趋势。对于跨国集团来讲,其所接触到的文化是多种多样的,不同的文化反映为不同的酒店管理方式,进而形成酒店间的文化冲突。酒店文化的差异在影响国外集团在我国发展的同时,也影响了我国酒店集团的国际化发展。

### 2.酒店文化差异的冲突表现层面

酒店的文化冲突是指酒店内由于未对文化差异进行合理控制和管理,而表现出来的文化摩擦。中西方由于地域差异和文化差异,在酒店文化上也表现出较大的差异,主要表现在行为文化、制度文化、精神文化、人力资源管理等方面。其中差异的核心是酒店的管理文化差异,具体体现在:西方酒店的管理文化是在现代科学的基础上发展的,而我国酒店的管理文化则是在传统文化的基础上发展的;西方酒店的管理模式为现代化大生产方式,我国酒店的管理模式则为手工作坊模式;西方采用科学管理技术对酒店进行制度化、标准化、规范化管理,而我国则是凭经验管理酒店。通过对众多跨文化内容进行分析,可将其分为正式规范冲突、非正式规范冲突、技术规范冲突三方面内容。

### 3.跨文化冲突的管理

跨文化冲突管理工作主要分为跨文化理解、跨文化融合、跨文化培训三方面。跨国经营的酒店集团容易受到本土国家文化的影响,因此酒店的国际化发展通常面临着标准化服务模式与跨文化差异有机融合的重大挑战。针对酒店国际化发展中存在的跨文化冲突,通常使用的策略是实行酒店工作人员的本土化战略,在酒店的产品开发方面以满足当地消费者需求为主。跨文化管理的关键是均衡考虑不同文化环境下的需求差异和作为人的非文化差异。此外,不可否认的是,文化差异还可转化为酒店经营的吸引力。酒店文化的理论结构如图 10-1 所示。

### (二)酒店文化摩擦

酒店文化摩擦多发生在酒店接管过程中的磨合期,其主要原因为文化差异。酒店易主后,其文化会产生一定的变化,甚至是全盘否定以往所有的文化内容。酒店文化的改变一定程度上会改变酒店制度、管理等内容,从而产生文化摩擦。此时酒店应通过情绪调整、员工沟通、参与式管理等多种方式来缓解其中的摩擦,甚至是聘请专门人员来促进接管过程的文化融合。

### (三)文化的渗透与酒店文化的选择

国际化是如今酒店发展的主要趋势,这也决定了酒店文化的世界性,酒店必须处理好酒店文化个性化和国际化之间的关系。由于酒店文化具有较强的渗透性,因此,酒店在建设自身的文化时,要将国际化与本民族、本地区的文化结合起来,在注重国际化发展的同时也要注重发扬本地区的优秀传统文化。酒店设计突出民族或地区的文化特色是酒店实施差异化战略的关键。

要促进酒店的国际化发展,就要能满足国际游客的需要,才能拥有良好的国际顾客基础,酒店才能走出国门,实现国际化经营。因此,酒店在功能上应与世界接轨,符合国际标准,但酒店的精神取向以及文化品位应考虑地域性及文化性的区别。只有这样,我国的智慧酒店才能在文化上相互区别,又具有与其他国家酒店竞争的竞争力,这也是我国酒店在文化发展上应有的战略选择。

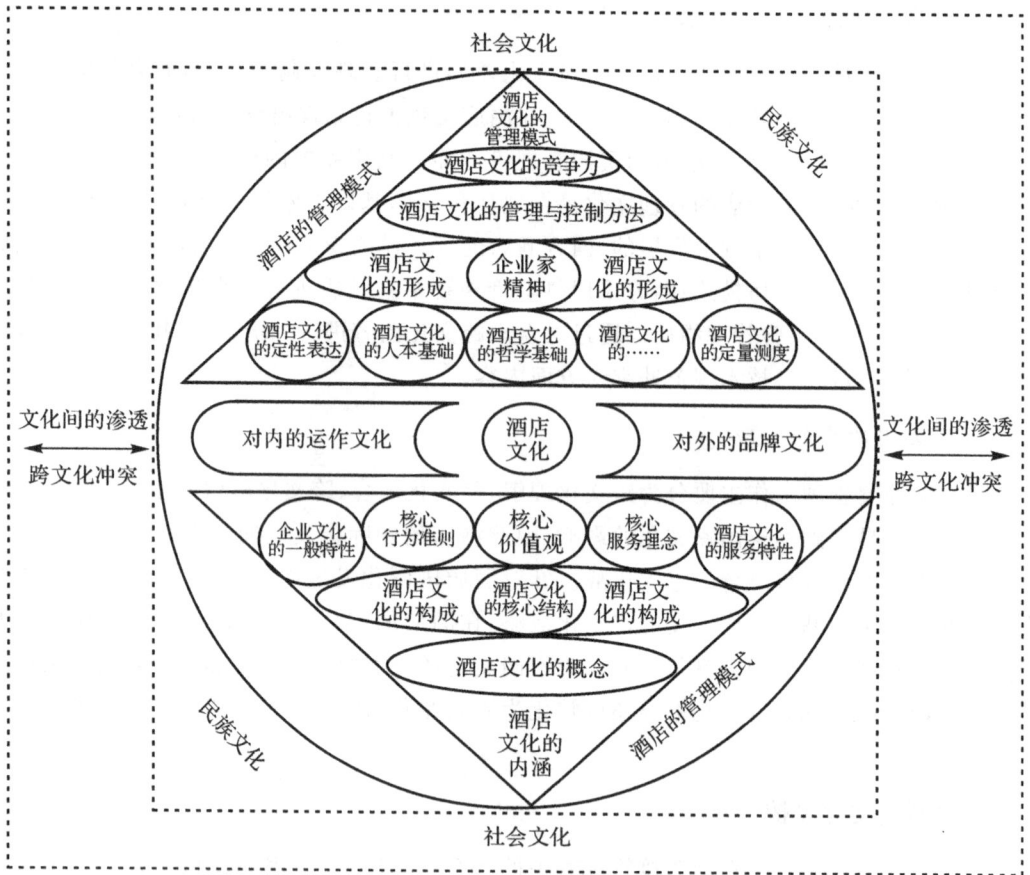

图 10-1　酒店文化的理论结构

# 第二节　心理契约范式与智慧酒店文化网的运作体系

　　酒店文化能够起到一定的管理作用,是一种特殊有效的管理手段,但是它的无形性、内隐性使得难以为人们所把握和控制,因此,酒店文化管理往往难以实现其行为规范作用。传统观念认为,酒店文化中的行为文化是一种外在行为表现,一种在期望和被期望之间所形成的特定行为体系。因此,酒店行为文化实质上是一组特定的心理契约,它为酒店的行为主体所认可和遵循。但本研究认为,酒店文化在物质层次、行为层次、精神层次等各个层次都具有心理契约的特征,都存在具有软性约束力的心理契约。我们可以借助心理契约这一酒店文化构成中的基础要素去解读酒店文化的各个层次,并由此去建构一个由众多文化要素所构成的酒店文化网,以此取得酒店文化网的清晰的逻辑架构。酒店文化网可以演化为众多可以控制的行为关系和实体要素,我们可以通过对这些行为关系和实体要素的把握来实现对酒店文化网的管理,进而实现对酒店文化的管理。

## 一、酒店文化网的心理契约层次

酒店文化网是针对酒店文化的一种调控管理体系,它的层次区分和酒店文化的层次区分既有联系又有区别。酒店文化网主要包括三个基本层次,即体现为外显饰物要素的表层物质文化、体现为员工行为要素的中层物质文化、体现为酒店经营价值观要素的深层精神文化。上述不同层次的文化要素是逐渐深入的,但是它们都是在一定的心理契约基础上建立的,都具有心理契约的特征。

### (一)物质文化层的心理契约

物质文化层是酒店通过外在感官而表现出来的文化,包括酒店的建筑、装修、设计等,它的形成不仅要与酒店的文化相适宜,还要符合特定时代的审美心理,满足目标客户对酒店的文化期望。这种社会文化在酒店上表现出来的物质审美期望,就是酒店与社会在相互交流中形成的审美心理契约,它决定着顾客对酒店文化的第一印象,顾客对酒店文化所产生印象的好坏,就是从这里开始的。

### (二)行为文化层的心理契约

行为文化是酒店员工在服务过程中对工作行为所产生的共有认同。在不同的酒店中均存在着大量的潜规则和非制度行为,这是酒店员工的个体行为在长期的发展过程中形成的,体现为对酒店员工在行为上的期望,进而使员工在心理上形成一种行为契约,这就是酒店的行为文化层的心理契约。按照一般规律,酒店运行过程中所存在的好的运作方法、方式、行为习惯等,最初会成为要求员工都遵守的心理契约,等这些方式方法完全成型,为众多人们所遵守时,它们就会被制度化,成为酒店员工必须遵守的制度。因此,制度在本质上也来自于心理契约,员工对制度行为和非制度行为的遵守都体现了对心理契约的遵循。而这种心理契约的形成是酒店价值期望、社会服务需求期望和员工期望相互均衡的结果。合理的酒店员工行为文化应该是在酒店价值观文化和社会主流文化的指导下形成的,是酒店员工以酒店服务主体的角色参与酒店的运营过程,帮助酒店兑换对顾客的服务承诺而表现出来的行为体系。

### (三)精神文化层的心理契约

酒店的精神文化是其价值目标、经营哲学等方面的内容之和,是酒店与其客源群体之间互动和选择的结果。在酒店中,酒店的精神文化并不是一个独立的存在,而是与社会和顾客紧密联系在一起的,不仅要符合社会的一般经济伦理,同时还要迎合客源群体对酒店的价值期望。比如,厦门京闽中心酒店的价值目标是"追求至真的品质、为宾客创造难忘的体验",喜来登酒店以"物有所值"赢得人心,曼谷东方酒店追求"给客人无限的尊重与尊贵"。酒店只有遵循社会和客源所期望的合理要求,并在管理的过程中,将酒店中的制度或非制度契约化,才能实现酒店的可持续发展,在此过程中所形成的契约就是心理契约。由此可见,酒店的经营价值观是一种深层次的先导文化,由此所形成的心理契约在酒店的心理契约群落中具有先导性。

从酒店的存在和发展角度来看,酒店建立在一种与社会发展相容的基本假定基础上,而这种基本假定就是一种基础性的心理契约,它同时也是酒店文化存在的基础和酒店文化进一步发展的根源,其逻辑关系如图10-2所示。在酒店文化网的三个基本层次当中,心理契约是一个基础的结构元素,心理契约和酒店文化网的关系就好像原子和物质的关系,它贯穿于酒店文化的三个层面,也最能体现酒店文化的本质,它属于约定俗成的基本假定,是潜意识的,被视为理所当然的运作准则,也是酒店员工实现各种价值的来源和保障。

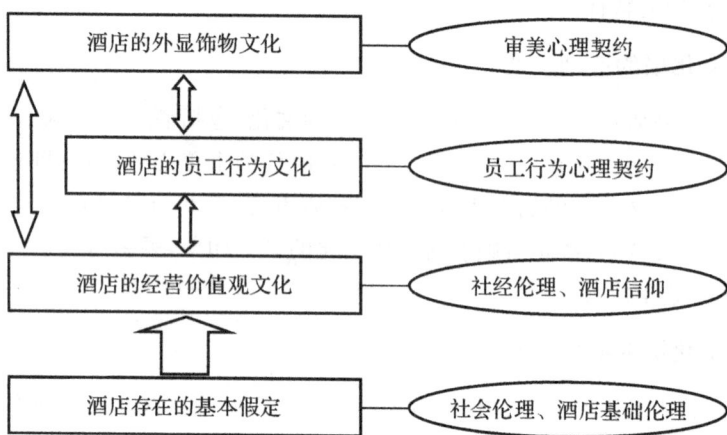

图10-2 酒店文化网的心理契约层次解析

## 二、酒店文化网心理契约群的逻辑结构

酒店文化的心理契约型特性决定了心理契约必然为酒店文化网的建构基础。心理契约是一种主观心理的无形约定,其主要指向的是组织内外的权益关系人对彼此间制度关系以外的权益和责任,它常常表现为组织内外利益关系者之间的行为期望。动态性和发展性是心理契约的特点,因此,酒店应时刻关注利益需求的心理变化,对自身的契约进行适当的修改,确保酒店的心理契约能够获得不断的提升,否则可能会出现违背契约或遗弃契约的现象,从而制约酒店的发展。

个体水平、组织水平、社会水平是影响心理契约的主要因素,在酒店中,这三个因素是相互制约、相互渗透的,而非独立存在的。提升酒店的组织水平不仅可以通过提升酒店员工的个体水平来实现,还可以在社会中汲取养分,获得自身水平的提升。此外,酒店员工个体水平的提升和组织水平的提升,能够推动整个社会水平的提升,社会水平的提升反过来也会推动酒店员工个体水平和组织水平的提升,最终推动酒店的心理契约朝规范化、符合道德法律规则的方向发展。

在酒店中,个体水平指的是酒店员工的个体素质,组织水平指的是酒店的组织特性,而社会水平则是这两个因素的综合,包括酒店目标客户群体的水平、酒店行业的职业规范水平、社会的整体道德水平。其中,酒店员工个体、酒店组织、酒店客源、酒店行业、社会大众彼此之间产生着互动关系,这种互动和影响会逐层传递、渗透。

如图 10-3 所示,酒店行业的心理契约和酒店客源群体的心理契约能够对酒店组织心理契约起到规范和指引作用,酒店组织的心理契约不仅要符合酒店行业的心理契约范式,同时还要与酒店的客源群体进行心理互动,双方就服务的互动的主要形式进行心理上的约定和契约联结,从而构成个性化的酒店文化,再将其外化为酒店的个性化服务方式。而这种个性化的心理契约,需要依赖于酒店组织的心理契约与酒店员工个体的心理契约之间进行的良性互动,最终通过酒店员工的个体来实现和体现。从结构上来讲,酒店行业的心理契约内容、细分群体的心理契约内容、酒店组织的心理契约内容和酒店员工的心理契约内容都会受到社会道德契约内容的影响,它们彼此之间会形成互动、渗透的关系,从而构成酒店的心理契约群。

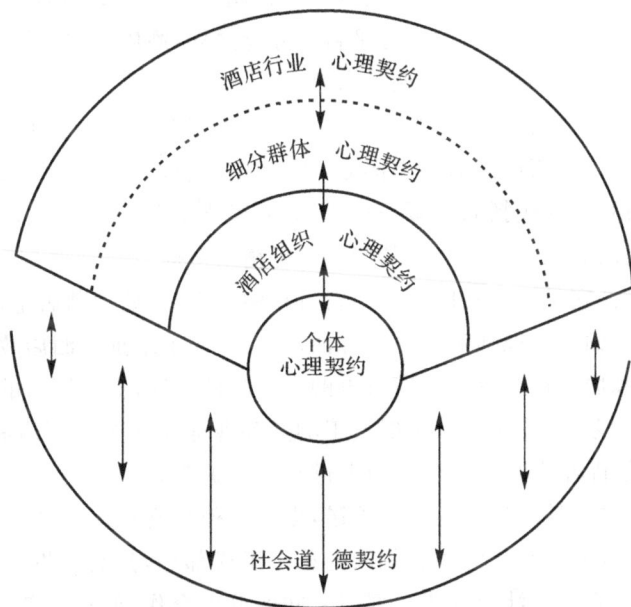

图 10-3　酒店心理契约群的逻辑结构

由此可见,酒店心理契约群的逻辑层次和酒店文化网的逻辑结构两者之间既有联系,又有区别,正是这种不同的心理契约群共同组成了不同层次的酒店文化网。

### 三、智慧酒店文化网的运作体系及其管理

#### (一)酒店文化网运作体系的构成

酒店文化网能够反映酒店的物质文化、精神文化和行为文化,它在本质上展示和折射了酒店不同心理主体的心理契约所构成的心理契约群。酒店文化网包含多方面的内容,主要有组织标识、服饰礼仪、仪式惯例、服务流程、酒店故事和文化组织控制。酒店文化网就是由这些不同角度、不同层面的心理契约共同构成的,是在"文化组织控制"这一中心的协调下运

作的。通过构建酒店文化网的架构体系,我们能够对抽象的酒店文化进行细致的剖析,以便于更好地了解和管理酒店的文化。

第一,组织标识。它是能够彰显酒店组织身份或酒店状况的标志性形象,能够体现出酒店的文化期望和文化认同以及酒店在心理契约上所表现出来的动态调整,主要表现为酒店的建筑外观、标识、格言等。

第二,服饰礼仪。它是酒店服饰文化和员工个人素质的外在表现,在酒店服务中能够起到服务标识的作用,能够促进主客之间的和谐沟通交流。它主要包括酒店员工的服饰、铭牌、言谈举止、礼仪范式等内容。目前酒店中员工的统一着装、统一佩戴胸牌、规范礼仪,一方面是遵循酒店行业的职业规范、职业规则,另一方面也体现了酒店的特色审美心理。

第三,仪式惯例。它是酒店组织的特定组织程序,不仅指出了酒店的工作重点,同时还能够强化员工的行事方式,是酒店内员工应遵守的行为规则。仪式惯例是酒店内兑换心理契约的必要环节,涵盖了酒店日常的工作会议、工作制度以及培训程序、晋升程序等各类项目,是酒店传递和扩展其心理契约的良好平台。除此之外,酒店的仪式惯例还能够直接地体现出酒店心理契约的实际调整方向和调整内容。

第四,服务流程。酒店行业作为服务业,其所提供的服务产品是酒店的重要组成部分,其中酒店的服务流程是酒店产品的核心部分,能够直观地将酒店的整体文化层次表现出来。在酒店中,其服务流程主要包括酒店服务程序、服务规范原则以及服务技巧等。宾客对服务流程的感知过程,是酒店兑换员工心理契约的良好衡量依据。

第五,酒店故事。它是酒店在以往的运营过程中发生的,处理酒店主体间利益关系和行为关系的典型范例。酒店应该通过举办各种活动,自上而下地推广酒店故事,在组织内外宣传酒店的敬业精神和服务精神等。酒店故事的内容多种多样,上至酒店的企业家精神,中至中层管理人员的管理艺术,下至酒店基层员工的兢兢业业工作等。酒店故事在酒店内外的传播,不仅能够促进酒店员工在心理契约上进行自我调整,而且还能够向宾客提供服务预期,因此它实质上既是一种心理契约上的承诺,更是一种有效的激励方式。

第六,文化组织控制。它是酒店文化网的重要组成部分,是其中枢神经,能够综合协调控制各要素之间的关系。它涉及酒店各部门之间的分工合作,要求各部门具备一定的文化管理意识。就酒店的本质而言,文化组织控制不仅要加强对酒店文化外在展现物的管理,更要深入酒店文化各层次的内在,对其心理契约进行管理。

由此可见,酒店中的心理契约主要界定在酒店主体间的互动关系情境,贯穿酒店主体间的责任与义务的信念系统以及双方的体验和见解,是构建酒店文化网的基础,在酒店文化中发挥着十分重要的作用。

### (二)酒店文化网的运作管理

酒店是具有较强综合性的服务行业,其中酒店员工行为文化是酒店文化的主要执行层面,是酒店文化中最重要的表现形态。在酒店文化中,物质文化、行为文化和精神文化分别对应不同的心理契约群。在价值观指导上,它们逐层深入,并在决定其相对应的文化要素的基础上,共同构成酒店文化网的动态运作体系。酒店文化网的管理首先要奠定作为其基础

的心理契约群,同时可以从横向和纵向两个层次分别对其进行控制和管理,如图 10 - 4
所示。

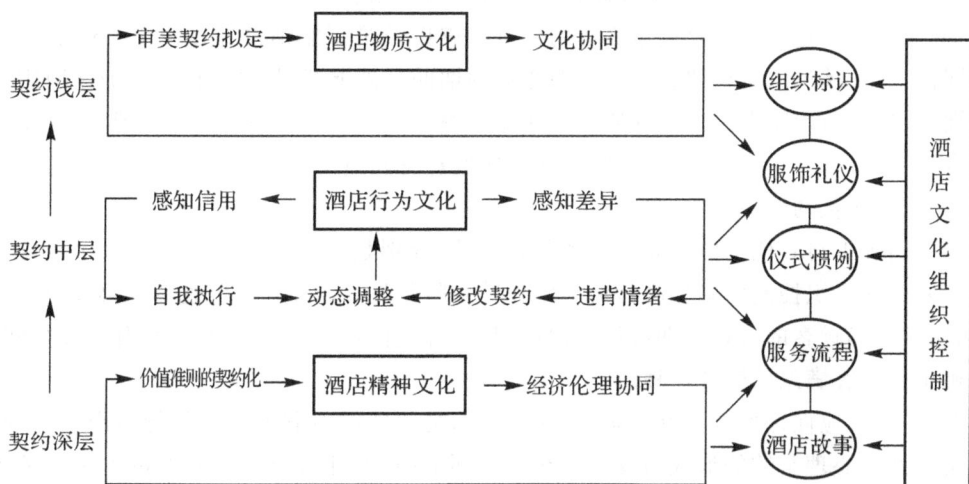

图 10 - 4  酒店文化网的动态运作模型

**1. 酒店心理契约群的管理**

在酒店文化中,酒店员工是酒店文化的最终实施者和传递者。因此,在酒店心理契约
中,酒店员工的个体心理契约处于执行地位,个体心理契约的管理也成为酒店文化管理的重
点内容。从管理角度来看,主要是通过个体素质管理和物质保障管理两个层面来执行酒店
员工的心理契约管理。其中,个体素质管理主要包括酒店员工职责的约定、职业生涯管理和
关系管理等。物质保障管理主要包括通过优化工作环境、薪酬体系以及奖惩措施来引导员
工的工作预期,从而激励酒店员工的工作行为。

根据马斯洛需求层次理论可知,酒店首先要为员工提供基本的生活和安全保障,适时关
注、帮助员工解决困难,消除酒店员工的后顾之忧,使酒店员工能够全心地投入工作中。此
外,酒店还应注重员工的长远发展,通过全套的职业生涯管理,帮助员工不断提高自我、完善
自我,使酒店员工能够与酒店建立情感性的心理契约,形成情感纽带,还要加强与酒店员工
建立沟通性的关系,使酒店员工在实践中敢于尝试,充分发挥自己的价值,甘愿为酒店奉献。

从整体来看,酒店员工来自不同的文化背景,日常工作中所接触的内容较多,此外新老
员工的替换,使得酒店员工处在一个较为庞大的关系网,容易给酒店员工的心理带来较大的
影响,因此酒店员工的个体心理契约具有从众性、不稳定性等特点。

在酒店文化中,心理契约贯穿其始终,是酒店文化的重要组成部分,是酒店文化的根基,
有其自身的发展规律。因此,酒店应该不断超越心理契约群的现状,通过不断地动态调整来
提升其隐性的规范力,从而最大限度地发挥酒店文化对酒店经营管理的贡献力。

**2. 酒店文化网的管理**

酒店文化网的管理主要包括物质文化的管理、行为文化的管理、精神文化的管理三方面

内容。

（1）物质文化的管理

物质文化主要通过酒店建筑外观、酒店标识、酒店格言和服饰礼仪等物质文化来体现。因此，酒店物质文化的管理要注重酒店的建筑装修以及员工服饰设计在文化品位上所体现的协同性，文化品位的定调要在挖掘客源心理预期的基础上开展。同时，还要加强酒店员工的培训，展现酒店内特有的文化气质。它还要求酒店加强内部组织的控制管理，充分发挥员工自身的积极性，群策群力，不断向宾客征求发展意见和建议。

（2）行为文化的管理

酒店内员工与其他主体之间的关系分为三种，分别是员工与酒店、员工与员工、员工与宾客。酒店的组织控制应确保酒店员工所提供的服务与酒店经营价值观达到协调统一。比如，酒店应明确顾客的心理预期，以此对员工与顾客之间的心理契约方向和内容进行调查，从而确定令宾客满意的服务流程。

此外，酒店应促进形成良好的氛围，使优秀的员工能够对其他员工的行为产生影响，从而促进良好的心理契约的形成与发展。在这一环节中，要注重有经验的老员工对新员工的带动作用，使新员工能够快速产生对酒店文化的认同意识，尽快地提升自身的服务水平。员工是推动酒店文化的主要群体，优秀的员工能够推动酒店文化的发展，因此酒店应加强员工对酒店文化的学习。

酒店与员工之间在心理契约上的违背会直接导致员工行为文化的变异和恶性发展，从而破坏酒店文化的良性循环发展。针对这一问题，酒店应建立信用机制，使酒店双方均感知到信用，一旦感知出现差异，酒店必须通过调研，结合自身实际和心理契约的各层次水平来修改契约，直到酒店心理契约都能够基本自我执行，最终通过规范酒店员工的行为来达到员工行为文化和酒店整体文化的协调发展。而酒店心理契约自我执行的关键，是让员工认为遵守心理契约或信守承诺的未来收益大于违反心理契约的当前收益。因此，研究酒店员工的心理契约在内容、结构、影响因素和动态变化中的特点，是十分重要的管理课题。

（3）精神文化的管理

酒店的精神文化主要体现在酒店的价值标准、伦理信仰等精神层次的文化，酒店可以以此为标准来选定一些酒店内的正面酒店故事，其对象可以上至企业家，下至酒店员工，能够彰显酒店文化的好的方面。通过对酒店内好事迹的宣传能够对酒店员工的行为起到感染作用，感动酒店的顾客，建立起具备较强推动力的心理契约，进而推动酒店经营价值观的发展。

此外，酒店应加强人性化管理，其流程、规则的设计要站在员工的角度来考虑，让员工产生认同感，并逐渐融入、参与酒店的发展。

总而言之，心理契约是构建和管理酒店文化网的基础，酒店应积极提倡情感成分的心理契约，减少交易成分的心理契约，同时酒店还应认识到心理契约是一个动态的发展过程，它需要进行适当的调整和完善，从而强化和提升酒店文化的力量。此外，酒店文化网的良性发展并不是一朝一夕的事情，它需要酒店内全体成员的共同努力，在不断的动态循环中推动其发展。

# 第三节 智慧酒店文化的创意表达与塑造

酒店文化是酒店在精神层面给顾客和员工所带来的认知,它与酒店的文体活动具有较大的差异,也不是一两句简单的口号。如果将酒店看作一个个体,那么酒店的文化就是酒店的人生观、价值观、认识论以及品性等,好的酒店文化能够给人带来舒适感,让人慢慢品味。

## 一、酒店文化的创意表达

酒店文化主要包括物质文化、行为文化和精神文化三方面内容。有部分学者认为,酒店在管理物质文化、行为文化和精神文化的过程中,也具有一定的文化属性,透过酒店的文化管理活动,能够表达出酒店一定的文化现象。因此,将酒店的文化分为物质文化、行为文化、管理文化和精神文化有利于酒店文化要素的表达与展示。

### (一)物质文化的创意表达

酒店物质文化的创意表达主要通过建筑、设施建设、环境要素和酒店用品四个层次。

第一,建筑是酒店的基础,是酒店内最大的存在实体,也是影响顾客第一印象的重要因素。酒店建筑可以以民族、历史、生态、艺术等作为出发点,设计形成创意的建筑风格,使之成为吸引众多消费者的元素。如迪拜的帆船酒店、北京的鸟巢、央视"大裤衩"、上海的东方明珠等,这些建筑的创意设计使之成为当地的地标,也吸引了众多消费者的关注。

第二,设施建设是酒店文化中极具塑造色彩的元素,酒店可以根据自己的酒店文化选择各种各样的设施元素,既可以选择中规中矩的设施元素,也可以选择具有浓郁地方特色的设施元素,还可以选择具有较强科技感的设施元素。能够彰显酒店文化的建设设施具有多样的形式,既可以通过先进、整洁、完美的硬件设施来表现酒店的文化,也可以通过画作、艺术品来体现酒店的风格。

第三,酒店的环境要素发挥自身在酒店文化中作用的形式多种多样,既可以作为衬托酒店主体文化的存在,也可以加强或独立表达酒店的文化。通过酒店的环境要素,我们可以看出酒店的风格是古色古香、现代科技还是极具艺术特色的。酒店的环境要素设置不仅要注重发挥人的主观能动性,对酒店的环境进行创造性的设计,同时还要利用好自然环境的优势,巧妙利用当地的环境要素来强化酒店的文化风格。

第四,酒店的布草、摆设用品虽是酒店内不起眼的物品,但是精巧的设计能够提升酒店的品格,提升消费者的入住体验,让消费者在入住的过程中感受到精致与华丽。如有的酒店愿意花费额外的费用为酒店的老顾客提供量身定制的睡衣和用品,将顾客的名字绣在上边,提升消费者的入住体验感,增加消费者对酒店的忠诚度。酒店内的一些其他的细小物品可以在造型、颜色、质地等方面进行创意的设计,让顾客获得意外的惊喜。台湾的一些民宿会将一些极具当地特色的文创小物品摆放在客房内,既可以增加房间的特色,还可以通过销售文创品增加收入。

### (二)行为文化的创意表达

酒店员工的服务操作体现了酒店员工的行为,表达了酒店的文化形象。例如,在入住台湾地区、日本等地的酒店或民宿时,其服务人员会轻声细语地与人交流,使人产生放松的感觉。民宿的服务人员通常是其老板,他们一般愿意与人交流沟通,在交流过程中也体现了其人文内涵。

此外,酒店还可以采取创意的方式来体现酒店的行为文化。例如有的茶楼所提供的大碗茶服务,聘请专门的茶博士在较远的地方上茶,既为顾客提供了新颖的服务,也传递了大碗茶文化。有的餐厅还为顾客提供创意的餐厅服务行为,例如厨师炒完菜后用甩的方式将菜隔空盛到盘子里、海底捞员工当众甩面等,既为顾客提供了服务,也吸引了顾客的眼球。通过各种创意的服务方式,能够彰显酒店的特色,使之成为酒店独特的文化内涵。

酒店行为文化的创意表达,除了可以通过酒店员工的行为动作彰显出来外,还可以通过服务原则、服务理念表达出来。例如有的酒店遵守"顾客至上""顾客永远是对的"等服务原则,沃尔玛设定的日落原则、十步服务原则、提供比满意更满意的服务原则等,都给顾客留下了深刻的印象。

### (三)管理文化的创意表达

酒店的管理文化的创意表达主要表现在管理思想、管理制度、管理组织和管理方法四个方面。酒店文化的形成会不可避免地受当地文化的影响,因此会具有较强的民族色彩。不同地区、不同国家的酒店由于其民族文化的差异,在管理上也会体现出不同的风格。例如,美国的大企业强调规范和严格;日本企业强调团队精神,注重"终身侍奉精神";闽南地区的老板强调拼搏意识;等等。

企业的管理文化是酒店开展管理经营的指南针,决定着酒店如何开展经营管理工作,酒店的管理制度体现为标准、程序和规范,酒店应根据社会的发展以及酒店员工的需求灵活地对管理制度进行调整。管理组织是酒店实施管理制度的平台,酒店可以通过设置员工组织、开展员工活动来体现酒店的温暖关怀。管理方法是酒店实施管理的过程中具体使用的方式、机制和过程,如与新员工进行沟通,通过奖惩措施来激励员工向更好的方向发展。

### (四)精神文化的创意表达

酒店企业的精神文化是酒店的灵魂所在,其主要由四部分组成,即价值观、企业精神、服务理念和行为准则。其中,价值观占据主导地位,是指导其他三项内容的思想纲领,是酒店精神文化中最重要的部分。酒店的价值观回答了酒店存在的意图,决定了酒店未来的发展方向,如是向更高层次发展还是为了赚钱。只有拥有长远的发展目标,酒店才能获得长远的发展。

酒店的精神文化是酒店内员工共同的基本信念,酒店内员工只有相信酒店的精神文化,才能将酒店的精神文化传播出去,对他人产生影响。酒店精神文化的设定要符合酒店的实际,要根据实际需要及时对酒店的精神文化进行创新。台湾有一家薰衣草公园,公园刚开始主要的营业收入来自餐饮,但并未获得预期的效益,后该公园转变理念,通过向消费者售卖景观来传递幸福,而公园的工作人员则成为"传播幸福"的使者,在如今快速的生活节奏中,这种理念与薰衣草结合起来,对人们产生了很好的治愈效果,从而吸引了众多消费者。对于公园来讲,"播种幸福"的精神文化要比传统的"团结、进取、奋进"等精神文化更能打动人心。

服务理念是酒店为顾客提供服务的基本态度,是酒店内员工共有而内化的标准,不同的酒店由于其定位、观念、价值观等的不同,会体现出不同的服务理念。

行为准则是酒店员工在工作过程中遵守的行为准则、规范和标准,能够对酒店员工起到一定的约束作用。酒店在设定行为准则时,要将创意和新意考虑在内,要根据酒店的定位和员工的接受度来设定。只有合适的行为准则才能在酒店中充分发挥作用。

## 二、酒店文化的塑造途径

### (一)选择创意性酒店文化主题

文化能够表现出一个国家或民族的历史、地理、风土人情、生活方式、传统习俗等内容,它是在长期的发展过程中逐渐获得稳定发展的,并为特定人群所认可和传递。通过选择创意性酒店文化主题,能够使酒店获得更多的关注,增加酒店的核心竞争力。在选择创意性酒店文化主题时,要对酒店的目标市场进行分析,根据市场的需求,选择既能满足市场需求、获得市场认可,又能彰显酒店文化的创意主题。如绍兴咸亨酒店是以文学艺术为主题方向、上海奥林匹克俱乐部是以体育文化为主题等。酒店的文化主题可以通过其建筑、装饰、线条、画作、语言等特定的文化要素来表达,表达的文化越丰富、越多样,越能引起消费者的注意。好的创意主题能够使酒店社区化,甚至成为目标顾客的聚集场所,增加酒店的客流量。

### (二)提炼创意型的酒店文化口号

酒店的口号是酒店对外宣传酒店文化的内容,对外口号能够传递酒店的文化形象,对内口号能够规范员工的行为。酒店口号的设置要简洁生动、便于人们记忆,也要具有文化特色、充分彰显酒店的文化。酒店为人们所提供的产品主要是服务,因此其口号的设置应避免包含过多的商业内容,从而引起消费者的反感。例如以下的酒店文化口号就彰显了酒店的文化和特色。

金陵酒店集团广告语:细意浓情,体验金陵!

香格里拉酒店广告语:Where will you find your Shangri－la? 哪里是你的香格里拉?

雅高国际的广告语:We built smile! 我们创造微笑!

海逸国际酒店的广告语:A Experience to Remember! 一次值得记住的经历!

### (三)塑造创意酒店模范人物

通过塑造的典型人物、模范人物来实现对酒店价值观念的宣传,是现代管理中的重要手段,同时也是如今多数酒店表达自身文化形象的重要途径。模范人物的形成对内能够激励酒店其他员工的进步,起到榜样作用、凝聚作用;对外能够彰显酒店的文化特色,扩大酒店的宣传。在酒店中,模范人物往往具有重要的精神功能,通过宣传酒店的模范人物,能够有效地传递酒店的价值观念和文化习惯。当然,并不是谁都可以成为酒店的模范人物的,也不是只有酒店的董事、领导才能成为酒店的楷模,只要在某个领域、某项工作中表现突出,能够给他人带来积极影响的人,均可成为酒店的模范人物,如酒店的最佳员工、最受顾客欢迎的酒店员工等。

塑造创意的酒店模范人物是在塑造酒店模范人物的基础上,注重员工的创意发展,采用与传统的业绩、欢迎度等不同的因素来对酒店的模范人物进行评选,如最佳创意员工、最感动人心的员工等。对于酒店的模范人物,酒店应给予一定的精神和物质奖励,以此激励员工的发展,并通过适当的形式进行宣传。

### (四)打造创意范儿的酒店文化活动

酒店文化活动是酒店内举办的具有庆祝、表彰意义的仪式活动,能够彰显酒店的价值观。酒店在日常的工作中会有表彰会、例会等工作仪式活动,也有店庆、荣誉颁发等具有纪念意义的仪式活动。活动的举办能够激励员工,扩大酒店文化的影响力。但是就目前多数酒店所举办的仪式活动来看,要么仪式感较弱,让人感觉不隆重;要么太过于严肃,难以激发人们的参与意识,无法发挥仪式活动的作用。酒店如果只会一味地套用传统的仪式活动,就会明显落后于时代,因此,需要对酒店的仪式活动进行创新。比如,根据年轻人的兴趣,创办酒店内部员工的动感演唱会;设立酒店的员工日,通过设置各种福利、活动,让员工感受到酒店的温暖。

### (五)注重员工关怀文化的形成

根据马斯洛的需求层次理论,每个员工都具有不同层次的需求,包括生理需求、安全需求、社交需求、尊重需求和自我实现需求等,要想让员工踏踏实实为酒店工作、服务,酒店不仅要形成良好的工作、文化氛围,还要关心员工不同层次的需求,为员工的各层次需求的满足提供便利。比如,生活便利服务、工作便利关怀、车补房补属于生理需求层次;员工家属保险、入学入托、绩效辅导、安全教育属于安全需求层次;员工家庭关系、婚恋关怀、探亲假、生日关怀等属于社交需求层次;获得领导表扬、接待、沟通、意见反馈属于尊重需求层次;得到职业生涯规划、晋升通道、培训轮岗属于自我实现层次。除此之外,入职时间不同的员工、外地员工、出差员工分别具有不同类别的需求,要根据员工的情况为员工提供针对性的关怀和对待。关怀员工很多需要通过非正式渠道来沟通,要给员工提供情感交流的通道,以促进各类情绪的正常流通和宣泄。例如,海底捞给经理以上员工的父母每月提供200元补助,让员工父母感受到荣誉,因此自动成为海底捞的忠实拥趸,让员工离职多了一层温柔的阻力。

### (六)文化元素融入酒店形象识别系统

酒店形象识别系统是包括视觉识别(VI)、行为识别(BI)、理念识别(MI)等在内的形象标识系统,它是酒店对内和对外传递形象要素、传达酒店理念、形成市场认知的印象管理系统,良好的形象识别系统有助于酒店形成良好的市场形象,便于人们形成对酒店的深刻认识。如果将文化元素融入酒店的形象识别系统,有利于深刻地表达酒店的形象理念,形成酒店自身的竞争优势,促进酒店内文化氛围的形成。

文化氛围是酒店内各种文化元素的综合,包括环境、情调、格局等所表现出来,能够为顾客所感知的文化意境。打造酒店文化氛围的途径有四个,即物质文化、行为文化、管理文化和精神文化,酒店在打造和外显四个层次的文化要素时,要综合考虑进行设计。在氛围要素的元素选择、颜色选择、语言选择、徽标选择等方面都要与形象识别系统进行整合。

个性化、创意化表达是酒店形象识别系统应具备的重要特点,它是形成酒店的个性形象、个性理念和影响市场认知的重要方式。如迪拜帆船酒店的帆船形象是该酒店最佳的形象徽标,具有较高的可识别度。洲际、万豪等大酒店集团和麦当劳、肯德基、星巴克等餐饮连锁企业均有自己独特的形象识别系统,其风格的设计充分考虑了市场的偏好,也兼顾了文化要素的考量。

# 第十一章 基于智慧酒店的应用型本科酒店管理专业人才培养

## 第一节 人才培养模式的内涵

### 一、应用型本科酒店管理专业人才培养能力

#### (一)学习思维能力

学习思维能力是学生在学习过程中一种重要的思维能力,教学活动中所开展的学生思维能力的培养,主要是培养学生快速思考问题的能力,使学生能够快速、准确地解决学习中遇到的各种问题,能够将课堂活动中所学到的知识转换为思维训练活动,在实际分析问题的过程中,能够抓住事物的本质和规律,能够从整体出发去思考问题、解决问题,能够处理好部分与整体之间的关系,能够创造性地提出问题和解决问题。

在如今的社会中,创新是发展的核心动力,是酒店在行业中取胜的法宝,只有不断地对自己的产品进行创新,满足消费者的需求,才能赢得市场、赢得竞争。科学技术的发展、人们生活水平的提升对酒店行业提出了更高的要求,对酒店行业人才也提出了更高的要求。酒店人员只有不断积极主动地学习,才能掌握行业最新的技术,紧跟时代的发展潮流。学生作为人才培养的重要力量,也应积极主动地学习,及时了解行业中的新知识、新理念,才能满足社会的需求。而在现实生活中,多数学生缺乏自主学习能力,不愿花费大量的时间去接触新鲜事物。学生从小学到高中,对知识的获得几乎总是处于被动状态,习惯了接受教师的主动灌输,任由教师家长的安排,应试教育的特点已经在他们脑海中形成了思维定式。进入大学以后,学生获得了较多的自由,为他们发挥自身主动性提供了较大的发展空间,但是多数学生不知道该如何发挥自身的主动性,缺乏自我学习能力和逻辑思维能力,不愿花费大量时间和精力去创新。

学生在进入大学之后,校园生活较为丰富,学习氛围相对较为轻松,学生有更多的时间和精力参加社团活动、社会实践活动,但是目前多数高校所形成的创新氛围较差,为学生所提供的开展创新活动的设施相对较少,为创新创业活动所提供的创新平台和场地较为欠缺,缺乏一定的制度、措施来激励学生进行创新。另外,高校内部分教师缺乏一定的创新意识和创新思维,没有根据社会时代的发展对自己的教学方法进行更新,采用的依旧是传统的教学方法,甚至部分教师自身都缺乏一定的创新创业经历,无法有效地将理论知识与实践活动结

合起来,对学生开展创新教育也就无从谈起。

智慧酒店是随着社会的发展形成的新的酒店发展形式,无论是在技术还是在管理方面,都要求其工作人员具备较高的水平,能够及时掌握新的科学技术。大学生作为促进酒店行业发展的重要力量,应加强其思维能力的培养,不仅为酒店行业的发展提供高水平的人才,也能使学生拥有广阔的发展空间。在培养学生的学习思维能力时,首先要注重建设"双师型"教师队伍,邀请酒店中具备丰富经验的管理人员在学校兼职,同时也要积极鼓励高校教师到酒店中挂职练习,提升自身的实践能力,使教学队伍多元化,从而促进学生的多元发展,激发学生的创新思维;其次要优化教师的教学方法和课程体系,根据酒店行业的实际发展以及学生的学习能力,优化课程体系,采用案例教学、探讨式教学、启发式教学等多种教学方法,积极开设创新类课程,使学生逐渐树立创新意识和创新思维;最后要积极开展与酒店有关的创新实践活动,如酒店产品创新、服务创新等竞赛活动,以此激发学生的学习兴趣和创新意识,使学生主动地参与到学习中去。

### (二)职业素养能力

职业素养能力是学生在酒店行业中应具备的重要能力,包括职业道德、职业技能、职业习惯、职业意识等。科学技术的发展、生活水平的提升,使如今人们在入住酒店时有了新的要求,企业和酒店对从业者有了新的要求,对其职业素养也有了新的需求。然而,高校学生的实践经验有限,其职业素养也相对较为匮乏。

随着旅游业的发展,国内的酒店行业规模也不断扩大,国外酒店的入驻、新型酒店的出现,极大地丰富了如今的酒店行业,全行业开始由发展数量转向发展质量。在这种时代背景下,酒店行业面临着巨大的挑战,如何在充满竞争力的行业发展中生存下来、提高酒店的质量,其关键在于人。然而,根据酒店行业的调查发现,如今多数酒店普遍存在人才短缺的现象,酒店行业的人才供需矛盾较为突出。现如今,酒店行业内多数岗位存在空缺,员工频繁跳槽的现象已成常态,以往毕业后进入酒店的本科生的发展也往往存在较大的变动。尽管酒店行业存在较大的人才缺口,但是高校培养出来的人才却往往因缺乏一定的实践能力和创新能力而被业内专业人士诟病,甚至是酒店中基本的习惯、礼仪等基础内容都要在岗位上重新培训学习,使得很多酒店不敢高薪聘请刚步入社会的毕业生,对本科院校酒店管理专业人才的信心下降。

现如今多数高校的酒店管理专业的课程安排缺乏一定的前瞻性,课程系统设置缺乏一定的层次,学生所学习的知识与酒店实际需要的人才标准存在较大的差距。现如今,多数高校的酒店管理专业的课程体系和设置存在一定的不足,主要表现为:课程内容理论化,课程缺乏创新,课程主题不明显,课程设置与酒店实践活动有一定的偏差。学生在学完全部课程后,难以在头脑中形成完整、系统的知识。

尽管如今多数院校认识到不能局限于理论知识学习能力的培养,还应加强学生的实践能力的培养,并在提高学生的实践能力方面做出了一些尝试,如加强校企合作,让学生到酒店中参与真实的酒店运营。但是从整体来看,高校开展的教学仍侧重培养学生的理论知识、职业能力,而对于提高学生职业道德素养所开展的教学活动较为欠缺,这也导致部分学生缺乏一定的职业道德素养。职业道德素养的欠缺使得学生对自己的专业缺乏一定的认知,认为从事酒店行业就是只能从事简单的端盘子等较为机械的工作,难以在短时间内发挥学生的能力,因此,多数毕业生在从事一段时间酒店行业的相关工作后就不愿从事酒店行业的工作,同时酒店企业也认为本科学生缺乏最基本的职业素养。

### (三)社会交往能力

酒店行业作为一个综合性较强的服务业,社会交往能力是其岗位人员应具备的基本能力,在高校酒店管理专业中,培养学生的社会交往能力主要包括表达理解能力、人际融合能力、人际想象力。学生应掌握一定的礼仪、礼节,能够处理酒店管理中的各种复杂关系,能够灵活地应对意外情况的发生,从而给他人留下良好的印象。

社会交往能力是衡量一个人能否适应社会发展的重要标准,学生作为社会发展的主力军,应掌握一定的社会交往能力,包括人与人交往中的禁忌、与人交往的礼仪、如何与他人建立良好的关系等内容。要建立良好的人际关系,在交往中应掌握一定的技巧和方法,例如要保持热情、自信、真诚、端庄等。

酒店作为服务业的一种,其所提供的服务是酒店成功的关键。在酒店运营的过程中,为了能够为顾客提供更好的服务,工作人员需要具备较强的语言理解能力、表达能力、沟通能力,只有清楚地理解顾客的讲话内容,然后将自己的观点清楚地表达出去,才能实现彼此之间的成功沟通,进而为顾客提供良好的服务。此外,酒店人员还应具备灵活处理各种情况的能力,能够随机应变地为人们提供适当的服务,僵化的服务是无法感化顾客的。在酒店中,优秀的酒店服务往往是一个整体,需要不同部门的共同配合,员工在向其他部门的员工寻求服务时,要明确表达自己需要的帮助,只有这样才能实现高效工作。良好的交际能力还能使酒店内同事之间的关系更为融洽,形成良好的工作氛围。

通过对近年来酒店行业的招聘需求进行分析可以发现,酒店对毕业生的选择不再仅仅注重学生的学历,而是注重其沟通能力、协调能力、交往能力等综合能力。但是目前我国大多数酒店管理专业人才的培养仍侧重于理论,学生在学完管理、金融、法律等理论知识后,缺乏一定的平台,无法将自己的理论知识转换为实践。

受我国现行教育制度和从小生活环境的影响,学生在大学生活以及职业生涯中,缺乏一定的人际交往能力,难以较好地化解人际交往中的矛盾和冲突。社会交往能力对酒店管理专业的学生来讲是非常重要的,但是如今多数本科院校在开展酒店管理专业的课程时,采用的仍是传统的教学方式,没有注重学生人际交往能力的培养,只是将其寄托在学生课余参加的社团活动以及实习中,也没有对学生在职业生涯发展中可能遇到的社会交往问题进行积极的引导,从而使得学生在工作中遇到这些问题时不知所措,打击学生的自信心。

因此,本科院校酒店管理专业在培养人才时,要注重提升学生的人际交往能力,不仅要使学生具备分析、做事的能力,还要让学生能够处理学习、工作中的人际关系。为实现学生社会交往能力的提升,首先高校要针对性地开设相关课程,让学生掌握一定的沟通、交往技巧;其次要对人际交往能力课程的教学方法、考核方式进行一定的创新,如开展演讲比赛、增加学生日常表现在考核中的比例等;最后,英语在工作中的使用频率较高,要加强学生的英语口语能力,从而提高学生的社会交往能力。

### (四)实践操作能力

实践操作能力是指学生能够适应酒店的服务技能操作规范,妥善解决酒店运营中的各种问题,进一步提升自身管理技能的能力。酒店内不同的岗位由于其工作内容的不同,需要具备不同的实践操作能力,而不同等级的酒店由于其定位、标准的差异,对实践操作能力的要求也不相同。在酒店行业中,实践操作能力包含多方面的内容,包括服务技能、执行能力、管理能力等。熟练的服务技能能够帮助学生快速地适应酒店的工作,因此高校在日常的教学活动中要注重提升学生的服务能力。此外,酒店内的各种经营理念的执行要求其员工具备较强的执行能力,能够正确领会领导的意图,然后准确地执行,因此高校在培养酒店管理专业的人才时要注重学生执行能力的培养。酒店管理专业人才培养的最终目的是为酒店行业输入高质量的管理人才,因此在注重培养学生的服务能力和执行能力的同时,也要加强学生管理能力的培养,使学生懂得资源的利用。

从目前高校开展的酒店管理专业来看,多数本科院校酒店管理专业的设置仍以理论课程为主,而对于实践课程的安排较少。尽管多数高校致力于培养应用型管理人才,但是理论基础知识的学习仍旧是其中的学习重点,而对学生的实践操作能力培养较为欠缺。多数学生在学完理论课程之后,无法将理论应用于实践,无法胜任酒店中的工作。此外,还有部分学校过于注重学生职业道德素养、管理能力的提升,没有教学的重点,不利于学生实践操作能力的提升。

## 二、应用型本科酒店管理专业人才培养途径

### (一)课程体系科学化

酒店管理专业人才的培养是在课程体系各部分教学活动的基础上实现的。因此,课程体系的合理建构直接决定着酒店管理专业教学的质量,高校应注重构建合理的课程体系。虽然目前我国的酒店管理专业的规模得到了一定的发展,但是不可否认的是其人才培养课程的体系设置还存在一定的不足。主要表现为:首先,酒店管理专业缺乏明确的教育定位,从最初的注重培养学生的知识结构和理论素养,到如今的提升学生的实践操作能力,尽管我国高校的酒店管理专业有了较大的进步,但是高校的酒店管理专业人才的认可程度仍旧较低;其次,本科酒店管理专业培养的人才与该行业实际的需求不符,课程教学内容与酒店岗位能力的需求不匹配;最后,缺乏一定的实践操作能力的培养,酒店行业作为一个操作性较强的专业,学生在毕业后要能够快速地转入酒店的日常工作中,但是目前多数高校的教学仍旧以理论教学为主,学生缺乏锻炼专业技能的机会。

在本科酒店管理专业中,如何对课程体系进行优化,实现应用型人才培养理念,切实提高学生的学习思维能力、职业素养能力、社会交往能力和实践操作能力,是基于智慧酒店的应用型本科酒店管理专业教育亟须解决的问题。

高校应立足于如今的酒店发展,根据行业的发展需要,培养适应行业发展的高素质高技能的应用型人才,解决因教学内容与实际工作需要不匹配而出现的人才荒的问题。其中,首

先应对本科酒店管理专业的课程体系进行优化,构建一套与智慧酒店相关的特色专业和优势的课程体系,从而为行业发展输送高质量的人才。因此,课程体系的合理与否直接决定着其专业教学的质量,高校应注重优化其课程体系。例如以培养学生学习思维能力、职业素养能力、社会交往能力和实践操作能力为目标构建课程体系,如通过公共必修课培养大学生基本的文化素养和职业素养,通过部分专业必修课和选修课培养学生酒店行业的基本职业素养;通过专业理论课程培养学生的学习思维能力,同时增加管理沟通、社交礼仪等课程培养学生的言谈举止,提高使学生更快更好适应社会的人际交往能力;通过实践课程、专业实习指导等提高学生的实践操作能力。不同课程对学生能力的培养有交叉,但各有重点。

### (二)人才培养市场化

针对如今酒店管理专业的课程设置与行业所需人才不符的现象,上述论述了优化课程体系的重要性,但是课程体系的优化要以市场需求为导向,通过优化课程体系,改革教学内容,来提高学生的应用实践能力,满足如今酒店行业对应用型本科人才的需要。

大学生是促进社会发展的主要力量,促进大学生的就业对社会的经济发展具有重要的意义,然而近年来大学生的就业形势较为严峻。不同领域的学者分别从不同的角度对如今大学生的就业难问题进行了分析,部分经济学家认为这和我国放缓经济发展速度、经济体制改革有关,以往的传统行业正面临着转型,对人才的需求相应减少;政治学家认为国家应做好统筹决策,承担起解决就业问题的责任,为大学生创造更多的就业机会;还有学者认为如今大学生的世界观、人生观、价值观等的偏差,以及其职业素养、职业技能等方面的欠缺使其不能适应社会的发展;教育学家则是从教育制度、教育改革等角度来分析如今大学生就业难的问题,他们通过研究发现,高校培养的人才与如今社会对人才的需求存在一定的错位,毕业后的大学生由于其社会实践能力、学习思维能力等的欠缺,无法满足企业的需求,而企业则希望获得能够快速适应工作的人才。在此社会背景下,很多高校都开始对自己的教学模式、教学体系进行调整,提出培养应用型人才、创新型人才的培养目标,但在实行过程中由于定位模糊、缺乏对学生应具备能力的认识,培养的人才依旧与社会企业的需求存在脱节现象。

在近年来酒店行业扩张的情况下,酒店录取的大学生人员的比例却不足30%,出现这种问题的原因主要有两个:一是酒店行业的入行门槛低,本科生进入行业后所获得的回报与其自身的价值不对称;二是如今高校所培养的人才不能满足社会的需求。本科院校的学生是具备较高素养的人才,高校所开设的酒店管理专业的目的是培养高级的管理人才,因此极为重视培养学生的理论素质和实践能力,但是高校所开展的理论课程没有及时跟随市场的发展进行更新,存在一定的脱节现象。此外,酒店行业的岗位要求人们具备较强的实操性,即使是高级的酒店管理人才,也应具备一定的基础实践经验,如果没有体验过基层工作,就难以从员工的角度思考问题,难以推动酒店“家文化”的建设。而如今高校的酒店管理专业对学生实践能力的培养较为欠缺,使得学生毕业进入企业后,获得的认可度较低,被企业诟病缺乏实践意识、服务意识,基础操作能力差,还要重新培训学生最基本的操作和意识。之所以造成这种社会现象,主要原因是高校的人才培养与社会存在一定的脱节所致。

本科酒店管理专业教育若想实现管理人才市场化,必须要紧跟时代和社会发展的新潮流,掌握酒店行业的最新发展动向,打破以往传统的教学束缚,根据酒店行业的人才需求开展教学活动,为酒店行业输送更多符合市场要求的人才。因此本科酒店管理专业教育应以市场为导向,及时根据市场的发展对其人才培养模式进行创新,提高学生的实践操作能力,鼓励学生积极参与社会实践活动,关注酒店行业发展的最新动向,及时发现酒店市场的需求并对教学活动进行调整。酒店管理专业的人才培养,既要注重理论素养的培养,也要注重实践能力的提升,只有在实践过程中,学生的理论知识技能和实践能力才能获得提升,学生才能真正理解理论知识的含义。

### (三)双师队伍多元化

"双师型"教师队伍是促进高校酒店管理专业教育自身发展以及为培养符合社会需求的应用型、创新型人才的必然要求。现如今,虽然国家提出高校应构建"双师型"的教师队伍,各地制定了不同的建设目标,但是还未形成"双师型"评价的统一标准。总体来看,"双师型"教师除了要具备传统意义上的职业道德素养和教学能力外,还应具备较强的应用能力、丰富的实践经验、较强的科研能力。

然而,如今部分高校对"双师型"教师的理解存在一定的误差。首先,有部分院校将证书作为"双师型"教师的评判标准,使得在利益的驱使下出现部分教师为了考证而考证,甚至出现花钱买证的现象,部分高校还与培训机构合作,从中谋取利益。此外,多数职业资格证的获得多为书面的考核方式,以此来考察教师的技能水平,教师的水平是否可以用考试的方式体现出来还有待商榷,因此仅凭证书来衡量一个教师是不是"双师型"教师存在一定的片面性。其次,部分学校采用校内教师依旧从事理论教学,在教学活动中邀请有经验的业内专家讲解实际的操作问题,分享实践操作中可能遇到的问题。而"双师型"教师应能够将知识、技术、职业素养结合起来,能够将理论与实践充分结合起来,既能引导学生用理论来指导实践,也能指导学生在实践中分析理论。

在如今的高校中,一支既有扎实的专业理论基础知识,同时具备较强的实践操作能力的"双师型"教师队伍,是将酒店管理专业建设好的必要条件。然而在如今多数高校的实践中,建设一支高质量的"双师型"教师队伍,存在较多的障碍。各高校由于其实际情况的差异,在办校条件、教学质量、师资水平等方面存在较大的差异,从而各校的"双师型"教师队伍建设的水平参差不齐,在此过程中所面临的问题和困难也千差万别。整体来看,如今"双师型"教师队伍的建设所面临的问题主要有以下几种。

#### 1. 教师缺乏"双师型"发展的心理动力

"双师型"教师队伍建设是本科、高职教育对国家创新创业教育政策的积极响应,各高校也应积极响应国家的号召,在当地政策的支持下积极采取相应的措施促进"双师型"队伍的建设,但是如今部分高校的教师对此缺乏一定的积极性,究其原因,主要有以下几点:首先,高校教师由于年龄、科研、家庭等压力,缺乏一定的时间和精力来提升自身的实践技能,缺乏"双师型"发展的心理动机,从而产生思想上的抗拒;其次,社会对酒店管理专业存在较大的误解,学生不愿在本科院校中学习酒店管理专业,部分被调剂到该专业的学生,缺乏一定的学习兴趣,不愿配合教师教学活动的开展;最后,如今高校的教育教学与酒店行业存在一定的脱节现象,本科酒店管理专业的学生毕业后在岗位上难以发挥自己的价值,从而不愿从事酒店行业的工作。在以上种种束缚下,"双师型"教师缺乏良好的舆论环境,制约了本科酒店管理专业"双师型"教师队伍的建设。

2.专业教师数量不够、教师缺乏实践锻炼

近年来,经济水平的增长促进了旅游业的繁荣发展,酒店行业的规模也得到了扩大,社会对酒店人才的需求逐渐增加,很多院校都开始开设酒店管理专业,但是酒店管理专业的师资力量与学生的数量无法匹配,而本科院校教师的编制又少,从而导致高校师生比例失调,增加了酒店管理专业教师的压力。教师不仅要维持教学秩序的正常进行,还要面对科研所带来的压力,多数教师长期处于负荷工作状态,难以集中时间和精力来提升自身的实践能力,从而阻碍了"双师型"教师队伍的建设。此外,如今多数博士生在毕业后直接进入学校任教,缺乏一定的实践经验,无法承担该专业的教学活动。尽管《中华人民共和国职业教育法》规定,企业和社会都应支持职业教育,为职业学校的教师和学生的锻炼和实习创造条件,但实际上,多数酒店由于其内部管理程序以及软件保密等原因,并不欢迎教师到酒店内挂职锻炼,对在酒店内挂职锻炼的教师不愿透露酒店的过多经营细节,从而违背了教师到酒店挂职锻炼的初衷。

3.缺乏有效考评机制,教师队伍来源单一

在如今多数高校中,"双师型"教师的待遇并未得到实质性的提升,学校在开展教师评优评先、职务评聘等采用的仍旧是传统的考评教师的科研成果和教学质量等方式,而对于教师的实践经验、工作技能等方面获得的成就缺乏一定的奖励机制,从而导致如今高校的教师多注重科研成果、职称评定。此外,随着学校与酒店之间的合作发展,一些具备"双师型"能力的教师会成为酒店挖掘的对象,进而使高校酒店管理专业的教师队伍呈现出不稳定性。目前我国高校"双师型"教师队伍的建设主要以校内教师的培养为主,然而仅凭加强校内教师的培训,派教师到酒店中进行锻炼,极大地延长了"双师型"教师队伍的建设周期。因此,高校可以直接吸纳酒店中既有丰富工作经验,又有扎实理论基础的技术人员和管理人员,从而构建多元化的教师队伍。但需要注意的是,高校在选聘校外兼职教师时,应完善选聘机制,加强对其责任感和教学能力的考查。

### (四)学生考评机制过程化

考评也就是考核形式,包括谁来评、如何评、评价标准、成绩组成部分等问题。在酒店管理专业中,学生的考评机制是指由考评依据、考评内容、考评方式等众多要素组成的相对全面的评价系统。合理的考评机制有助于提升学生的学习积极性,树立自信,从而提升学生的学习效果。通过构建合理的考评机制,对学生的学习效果、综合能力等进行综合、全面的评价,有助于实现酒店的人才培养目标,提高酒店管理专业学生的学习效果,促进学生的全面发展。

现如今我国众多本科院校在酒店管理专业的人才培养方面所设置的目标是发展全面的应用型人才、高质量人才,但在学生的考评环节中,并未凸显这些内容,采用的依旧多为传统的考评方式。在考评内容上,选择的多为书本中的知识和教师在课堂PPT中展示的内容,未体现对学生实践操作能力的考评；在考评形式上，采用的多为期末成绩＋平时成绩的方式，其中期末成绩占据较大比例，学生最终的成绩好坏仍是由期末的笔试成绩决定的。由此可见，酒店管理专业对学生的综合能力都有较高的要求，包括实践操作能力、思维能力、服务能力等，然而通过如今高校普遍采用的考评机制，不能对学生的能力进行综合的评价，不能充分地体现出学生的能力。现如今酒店管理专业的考评机制主要存在以下三个方面的问题。

1. 考评标准与行业需求脱节

考评标准是实施评价的依据和制度保障。目前多数本科院校酒店管理专业的考评标准是在院校自身的特点和教学目标的基础上确定的，而不是根据酒店行业的实际情况确定的，从而导致高校酒店管理专业的考评机制与行业的需求脱节，学校所培养的人才不能满足企业的需求，不为企业所接受。与其他教育相比，本科教育侧重提升学生的文化素养和科研能力，其设置的考评标准亦是如此，然而酒店需要的是具备较强实践能力的应用型人才。此外，高校酒店管理专业教师队伍的建设注重教师理论素养水平的提升，缺乏具备一定专业背景知识的专业教师，从而使得酒店管理专业教师队伍的考评标准容易脱离实践。

2. 考核内容和方式单一

现如今我国多数本科院校的酒店管理专业开始注重培养创新型、应用型人才，但受传统知识本位的思想影响，多数高校对学生学习活动的考评方式采用的依旧是以理论、结构性知识为主的记忆型考试。尽管高校认识到实践操作能力在行业中的重要性，但是在考核方式和考核内容上依旧会忽视学生的实践操作能力、社会交往能力等内容。传统的注重理论知识的考核方式与酒店专业的实际需要脱节，从而导致学生的实践能力下降，创新思维能力较差，欠缺一定的人际交往能力，使得学生在毕业后无法胜任酒店的工作，打击学生的自信心。在高校的酒店管理专业中，无论是何种课程类型，最终采用的考评方式多为期末书面成绩＋平时成绩，期末考试主要采用闭卷考试，辅以开卷考试，考核的内容也多为书本中的知识，学生为了获得自己理想的成绩和奖学金，不得不死记硬背，来应对考试。平时成绩主要包括学生的出勤、课堂作答、平常作业完成情况等内容，但是起决定性的依旧是学生的期末成绩。

3. 考评结果导向错误

目前，学校的奖学金、三好学生、优秀毕业生的评定都与学生的成绩息息相关，学生只有获得好成绩，才有机会获得这些荣誉，这就导致学生在校期间没有心思参与社会实践活动。在学生的最终成绩中，学生的期末考试成绩占据很大比例，而学生的平时成绩没有发挥其应有的价值，即使教师在教学活动中安排了一些提升学生实践能力的任务，学生也会因为其与成绩无关而不愿参与，从而使得学生的发展与学校提倡的培养全面发展人才的目标背道而驰。因此，高校应改变其考评结果的导向，调整学生成绩的组成部分，增加学生平时成绩以及实践活动在成绩中的组成部分，让学生重视学习过程的重要性。

**（五）教学方法创新化**

华中师范大学等院校主编的《教育学》一书指出，教学方法是教师在课程讲授过程中为了完成教学任务所采用的手段;有相关学者认为,教学方法是指在师生共同的活动中,为了达到教学目的,完成教学内容,通过运用教学手段进行的一整套活动方式;《教育大辞典》中明确指出,教学方法是为了完成课程的教学目标,师生在同一个活动中所采用的包括教与学两个部分的方式、途径和手段。在不同的时间、时代、环境下,关于教育方法的界定呈现出不同的观点,将其归纳起来,主要包括以下几点内容:第一,应以教学目标为依据,选择和使用与之对应的教学方法;其次,通过教学方法的使用,能够以更简单、更直观的方式将教学内容展示给学生,使之成为提升教师教学效果的重要辅助手段;最后,教师所采用的教学方法应具有可操作性,是能够运用于实践的教学方法。

与普通专科院校相比,普通本科院校的教学方法相对较为新颖,会更容易对教学方法进行创新,如采用小组讨论法、案例分析法等多种教学方法。但是从本质上来看,教学方法仍旧是"教师讲,学生听",教师依旧是教学活动的主体,学生只是被动地接受知识,教学效果并未得到实质的提升。目前,我国高校的酒店管理专业采用的教学方法依旧存在一定的问题,主要表现为以下三个方面。

**1. 仍采用单向灌输的教学方法**

在如今的多数高校中,采用的仍旧为教师单向灌输的教学方式,教师是教学活动的主体,决定着教学内容和教学方法。通常情况下,教师在课堂上激情澎湃地讲授各种知识,但是学生却听得云里雾里,无法调动起学生的兴趣。这种教学方法能够在短时间内将更多的知识传授给学生,但是却忽略了学生的兴趣和需要,难以激发学生的学习积极性,整体的课堂活动也较为沉闷,学生与教师之间缺乏沟通交流,无法实现理想的教学效果。而且,灌输式的教学方式会使学生对教师产生一定的依赖,只会学习教师所讲授的内容,只要背会教师所讲授的内容就能够获得高分,长此以往,学生的自主学习能力和思维能力就会下降。那些只会机械式的操作和学习,缺乏一定创新能力和灵活应变能力的人,终究会湮没在社会的长期发展中。由此可见,高校所培养的并不是掌握一定知识、缺乏思维能力的"机器",而是善于主动学习和思考的高素质人才,只有这样才能满足社会发展对人才的需求。因此,高校老师在酒店管理专业的教学过程中,应加强与学生的交流,及时了解学生的需求,根据学生的情况对自己的教学方法进行创新,将网络教学、新媒体教学以及到酒店的实际教学引入课堂,丰富课堂内容,激发学生的学习热情和学习积极性。

**2. 教学案例不适宜**

案例教学是如今教学中常用的一种方法,能够丰富教学内容,提升教学的趣味性,为多数学科的教师所认可和采用。通过在教学中引入真实的案例,能够加深学生对知识的理解,提升教学效果。然而在实际的教学活动中,多数教师由于专业知识、从业经验、信息资源的获取受限等多方面的影响,所选择的教学案例质量参差不齐,有的可能与实际的酒店管理知识无关。学生学习了大量冗杂的理论知识后,却没有与之对应的案例帮助理解理论知识,即使选择了能够与之对应的案例,但是也未重视引导学生从中主动思考,从而导致学生在学完大量酒店管理相关的专业课程后,依旧无法形成对酒店的系统认识,无法有效激发学生的学习兴趣。因此,教师在选择酒店真实案例开展教学活动时,不仅要看案例是否能够体现出所讲授的知识,也要选择与学生的实际情况相符的案例,尽可能地将其与酒店行业的热点问题和学生所产生的疑惑结合起来,从而使学生产生共鸣,培养学生的忠诚度。

3.开展实践教学活动受限

理论与实践相结合一直是各个学科所倡导的教学模式,如何使学生更好地掌握科学的方法论,培养学生发现问题、解决问题的能力一直是教育界所探讨的问题。基于智慧酒店的应用型本科酒店管理人才的培养应加强其实践能力的培养,但是实际的教学活动中,由于场地、设施设备等的限制,难以开展有效的实践教学活动,多数高校开展的依旧主要为晦涩难懂的理论教学,然而单纯的理论教学已经无法满足学生和企业发展的需求。在本科酒店管理专业的教学中,实践教学发挥着重要的作用,是教学活动中的关键环节,但同时也是多数高校的薄弱环节。实践课程的缺失,使得学生难以将学习的理论知识转换为实践技能,无法通过实践提升学生的实际操作能力和学习思维能力,因此高校仍需积极探索通过创新教学的方法提升学生的综合能力。高校应加强校外实践基地的建设以及与酒店的合作,丰富学生的实践教学,使学生熟悉 Opera、Fedelio 等酒店主要使用的系统,提高学生的实践操作能力,满足酒店行业的需求。

### (六)酒店实践教学实战化

推进院校教育实战化是培养高素质酒店人才,提高本科生学习思维能力、实践操作能力等,以及实现本科人才培养目标的必然要求。社会经济的发展和酒店行业的发展对酒店的人才培养提出了更高的要求,传统的培养理论性人才的教学目标已经无法满足酒店行业的发展需求。实战化教学的开展能够极大地促进创新型人才、应用型人才的培养,因此各高校应大力开展教育实战化。

实战化教学是在市场需求的基础上,以满足市场的需求、提高学生的应用能力为目的,开展的贴近实战的教学方式。与实际的行业需求紧密联系是实战化教学的主要特点,因此实战化教学的教学理念、教学内容、教学手段、教学管理等内容,都应从市场需求出发,提高学生的应用能力,帮助学生能够更快地适应社会。高校酒店管理专业所开展的实战化教学,其开展的教学设计应以提升学生的应用能力为前提,通过真实的教学环境设计,将教师的教与学生的学联系起来,提高学生的技能水平,使学生能够满足社会发展的需要。

实践设施建设是实现实战化训练的基础,但是从整体来看,我国高校的实践设施建设相对落后,多数高校的酒店管理专业缺乏专业的实训室和教学酒店,即使有部分高校建设有酒店管理的实训室和教学酒店,但是使用情况不太乐观,并未发挥这些教学资源的真正价值。此外,在安排学生到酒店进行实习时,存在只是将学生派到酒店而没有专业的教师跟随进行引导的现象,学生在实习期间所从事的多数为机械性的基础工作,所进行的实习也只是模仿国外的一种教学方式,是扩大酒店影响力的一个工具,并未实现通过实习提高学生的实践操作能力的目标。尽管高校的酒店管理专业设计的培养目标是培养高素质、高水平、应用型、综合型的人才,但是在实际的教学活动中依旧存在"重理论,轻实践"的现象,在教学活动中,"教师教、学生听"的方式依旧普遍。

### 三、构建智慧酒店应用型本科人才培养管理模式

智慧酒店的应用型本科人才培养要坚持以培养学生思维能力、职业素养能力、社会交往能力、实践操作能力为理念,以课程体系科学化、人才培养市场化、双师队伍多元化、教学方法创新化、学生考评机制过程化、酒店实践教学实战化为具体途径,全方位地打造应用型本科人才管理模式,解决如今本科酒店教学中存在的重理论、轻实践,学生实践能力不足、职业素养水平不够的突出问题。

应用型本科人才培养模式符合全国教育大会提出"创新人才培养机制"的要求,即要提升教育服务经济社会发展能力,调整优化高校区域布局、学科结构、专业设置,建立健全学科专业动态调整机制,加快一流大学和一流学科建设,推进产学研协同创新,积极投身实施创新驱动发展战略,着重培养创新型、应用型人才。要扩大教育开放,同世界一流资源开展高水平合作办学。

高校在实施应用型人才培养模式中,要始终秉承将单纯掌握智慧酒店知识向学习思维能力、职业素养能力、社会交往能力和实践操作能力共同驱动的人才培养方向发展,为学生综合素养的提升创造各种有利的条件,积极构建具有中国特色的酒店教育机制,满足酒店行业发展的需求。酒店行业要求人才具有较强的实践能力,因此在人才培养的过程中,高校既要注重酒店理论知识的传授,也要着手帮助学生养成酒店的职业素养,提高学生的实践操作能力,担当国民素质教育和酒店职业教育双重职能。

# 第二节　人才培养方案

实现智慧酒店的应用型本科酒店管理专业人才培养模式,提高学生的实践操作能力,高校除了要构建一个校企合作的平台、培养双师型教师队伍、巩固校内外的实习基地外,还应根据智慧酒店的发展、学校的人才培养目标、学生的综合素质等因素制定科学、合理的人才培养方案,保障应用型人才培养方案的实施。

## 一、应用型本科人才的四大能力

在高校的酒店管理专业中,学生所学习的内容主要包括如今酒店管理的基本理论知识、酒店服务与管理的基本训练、酒店职业素养的训练、掌握酒店经营与管理的基本能力。将其概括为四大能力,也就是学习思维能力、职业素养能力、社会交往能力、实践操作能力。

### (一)学习思维能力

学习思维能力要求学生具备能够掌握一定与酒店管理相关的基本理论知识的能力,包括以下几个方面的内容:

第一,掌握与酒店管理相关的学科基础理论知识;

第二,系统、全面地掌握与酒店经营管理相关的基础理论知识,熟悉酒店的运作机制和各部门的经营流程;

第三,具备一定的自学能力和知识更新能力,能够根据社会的发展及时对自己的知识进行更新;

第四,具备一定的思维创新能力和初步的科学研究与实际工作能力。

### (二)职业素养能力

职业素养能力要求学生具备良好的职业道德和操守,了解酒店行业的基本工作内容,熟悉与之相关的法律、法规,具体包括以下几方面的内容:

第一,具备良好的人文素养,包括思想道德素养、文化修养、社会道德等;

第二,具备严谨务实的科学精神和实事求是的工作态度;

第三,熟悉我国与旅游和酒店相关的方针、政策和法规;

第四,熟悉基本的研究能力,能够熟练撰写可行性分析报告、实验报告、研究方案设计以及论文等。

### (三)社会交往能力

酒店行业作为服务业,社会交往能力是其岗位人员应具备的基本能力,要求学生具备良好的沟通能力和与人交流的能力,主要包括以下几个方面的内容:

第一,具备一定的外语水平,能够满足酒店工作过程中出现的外语交流需求;

第二,具备信息整理与归纳的能力,能够快速掌握他人的说话重点,清晰地表达自己的观点;

第三,具备团队协作能力,能够与其他部门的人员协作,顺利开展工作,具备组织能力、协调能力和沟通能力;

第四,具备良好的心理素质和身体素质,能够灵活应对各种意外情况的发生,适应快速发展的社会。

### (四)实践操作能力

实践操作能力在酒店行业中具有十分重要的作用,是酒店行业进行人才选聘的重要参考依据,要求学生具有酒店服务和管理的操作能力,主要包括以下几个方面的内容:

第一,熟悉酒店服务和管理的运作体系,具备一定的酒店管理的实际操作能力;

第二,能够将酒店管理与经营的理论知识运用于实践,掌握一定的技能;

第三,能够运用与酒店管理相关专业的基础知识来解决酒店行业中遇到的问题;

第四,掌握现代的服务理念,有意识地了解与酒店服务业相关的发展趋势。

## 二、人才培养方案设计

### (一)总体设计原则

在智慧酒店的应用型本科酒店管理专业的人才培养中,人才培养方案的设计是其中的核心内容,要坚持“以学生为本、教师引导、问题导向”的基本原则,通过分析智慧酒店的发展现状,对人才培养模式的理论依据进行梳理,以培养学生的学习思维能力、职业素养能力、社会交往能力、实践操作能力为培养理念,培养能够满足智慧酒店需求的应用型本科酒店管理人才。

**(二)课程体系结构和课程设置的原则**

本科酒店管理专业的学制设置为四年,课程内容主要包括管理类、运营类、技能类、语言类、创新创业等几方面,与普通的酒店不同的是,智慧酒店在运营管理过程中会使用到多种信息技术,因此,基于智慧酒店的应用型本科酒店管理人才培养的课程体系设置应在基础的本科酒店管理专业课程设置的基础上,增加信息技术应用类的课程。管理类的课程设置可以包括管理学、经济学、企业财务管理、市场营销、统计学、人力资源管理、战略管理、创业管理、创新学等;酒店运营类的课程设置可以包括酒店管理概论、旅游学概论、酒店前厅与客房管理、餐饮管理、酒店营销管理、收益管理、酒店设备管理等。如今多数等级较高的酒店都会承接国际业务,会为国外旅客办理入住、提供服务,因此还应通过语言类的课程来提高学生的英语听说能力。

酒店服务业是实践性较强的行业,要求学生掌握一定的实践技能,因此课程的设置要理论与实践相结合,在日常的理论学习中穿插实践,使学生能够将理论运用于实践,提高学生的就业优势。此外,高校还应在学生大学四年期间安排学生进行专业实习,使学生能够将自己在校期间所学知识运用于实践,提高学生的技能水平。

各高校应根据学校的实际情况制定培养目标,以培养目标为基础,培养符合社会需求的酒店管理专业的学生,提高学生的就业优势,在实行的过程中也应根据实际情况对教学内容进行调整。

## 三、人才培养方案

### (一)改革背景

1. 行业背景

经济水平的增长促进了旅游行业的发展,进而促进了酒店行业的发展。广阔的酒店行业产生了对专业酒店管理和服务人员的大量需求,目前我国酒店中高级管理人才具有较大的缺口。高校酒店管理专业作为培养酒店管理人才的专业,一度因人才培养与市场需求不同而被行业内的人诟病,酒店管理本科学生毕业后普遍存在对职业认同感不高、行业就业意愿不强等现象。如何改进我国高校本科酒店管理专业与行业发展之间的关系,提高人才的培养效果,仍需要进行诸多探索。

2. 企业背景

中国旅游业的发展,为酒店行业的发展提供了良好的外部环境。社会的进步以及科技的发展,给传统的酒店企业带来了巨大的挑战,运用现代技术对服务管理进行创新是未来酒店发展的必然趋势,智慧酒店便应运而生。酒店企业的转型,对酒店管理人员也提出了新的要求,需要综合素质高、创新能力强的专业人才,这也使得高校开展的酒店管理专业应根据时代的发展进行一定的改变。

### 3. 制定依据

依据由教育部《关于加快建设高水平本科教育全面提高人才培养能力的意见》(教高〔2018〕2 号)、全国教育大会提出的"创新人才培养机制"要求、《教育部办公厅关于做好 2018 年深化创新创业教育改革示范高校建设工作的通知》(教高厅函〔2018〕20 号)等。

### (二)专业分析

#### 1. 需求分析

(1)酒店管理专业人才需求

基于智慧酒店的应用型本科酒店管理的人才需求主要包括综合素质需求、管理人才需求、产品服务创新需求、供需之间的差距等内容,具体内容如下。

第一,综合素质需求。酒店作为服务行业,具有一定的综合性、波动性等特征,这也使得酒店行业具有较大竞争力,对人才的综合素质具有较高的需求。近年来,学历已经不是酒店选择求职者最主要的因素,综合素质以及职业素质的考核则是其中的重点。

第二,管理人才需求。近年来,我国的酒店行业发展迅速,除 2020 年受疫情影响外,2020 年以前均呈上升趋势。尽管酒店行业的发展使得酒店对管理人才具有较大的需求,但是酒店行业的岗位满足率却较低。通过对酒店行业的人才需求进行分析发现,高素质管理人才位于酒店管理岗位需求的前列,即既有扎实的酒店管理的基本理论知识又有丰富的实践经验和组织管理能力的中高级管理人才。

第三,产品服务创新需求。在快速发展的酒店市场中,创新是酒店获得竞争优势的关键,只有不断对酒店的产品和服务进行创新,以满足消费者的需求,才能在偌大的酒店市场中站稳、走远。在酒店行业中,主要的产品就是酒店的客房产品、餐饮产品以及服务,这也是酒店进行创新的核心,必须要通过开发新产品、提供创新服务来实施酒店的差异化战略,提升顾客对酒店的忠诚度。

第四,供需之间的差距。目前多数高校的酒店管理专业仍为注重传授基础的专业知识,而对学生综合素质的培养和实践能力的提升的关注相对较少,学生将理论知识转化为实践的能力较差。尽管部分高校在学生的大三、大四阶段安排有大约半年的酒店实习期,但也仅是提升了学生的基础操作能力,学生在心理素质、人际交往、职业修养等方面所获得的提升微乎其微,从而导致酒店行业对本科生酒店管理专业所产生的期望和需求具有较大的差距。这就要求高校的酒店管理专业对酒店的培养模式进行改革,通过对教学目标、教学方法的调整,切实提升学生的实践操作能力、管理能力、创新能力。

(2)酒店对管理人才的需求分析

酒店对管理人才的需求分析主要表现在两方面,一是缺乏酒店管理人才和技术人才,二是对人才的需求普遍呈现出"重素养,轻学历"的特点。

第一,缺乏酒店管理人才和技术人才。在酒店行业中,餐饮、客房、前厅等工作内容较为机械的一线部门员工充足,但是具备一定管理、运营、工程知识且具有较强实践能力的人才则较为缺乏。目前多数酒店需要具备丰富实践经验、语言能力和完备理论知识的高素质管理人才。但是在如今的教学模式下,高校的酒店管理专业的毕业生多仅具备良好的理论知识和文化素质,实践操作能力、职业素养则较为欠缺,难以直接胜任酒店的管理工作。

第二,对人才的需求普遍呈现出"重素养,轻学历"的特点。通过对酒店对求职者的选聘进行研究可以发现,仅有少数酒店在招聘时会注重求职者的学历,多数酒店不将学历作为酒店管理人员选聘的重要条件。不同的酒店由于其发展方向的差异,对管理人员也表现出不同的需求。

### 2. 专业定位与规划

#### (1)专业定位

酒店管理专业的定位是以厚基础、强能力的素质教育和实践教育为宗旨,以具有良好的酒店职业道德、职业心态和职业行为操守,使学生掌握企业管理、旅游学科及酒店专业的基础理论、专业知识和基本方法。培养能够将酒店经营管理的基础知识运用到实践,能够从事酒店管理工作的,适合酒店未来发展需要的应用型专业人才。

本专业应围绕酒店管理这一基本特点,注重培养学生的应用能力和综合素质,使学生具备酒店行业所需的职业道德和沟通能力,满足酒店行业的需求,为学生的就业打下基础。

#### (2)专业规划

高校酒店管理的专业规划主要包括五方面的内容,即建设目标、建设措施、培养目标、招生对象与学制、培养质量等。

第一,建设目标。紧密结合我国经济社会的发展对酒店管理人才的需要,主动将酒店行业的发展与人才培养结合起来,根据实际情况对教学内容进行适当的调整,形成高校自身特色的教学模式,为酒店行业输送高层次的管理人才,保障酒店管理专业的教学质量,提高教学效果,力争进入国内先进行列。

第二,建设措施。酒店管理专业人才培养的建设措施体现在师资结构、人才培养方案、课程设置、教育方法等方面。在师资结构上,通过引进具备丰厚理论知识和较高实践能力的酒店管理专业人才,优化高校的师资结构,在注重引进优秀人才的同时,也要加强本校青年教师的成长,构建完善的教师培养体系;在人才培养方案上,完善高校酒店管理专业人才培养方案,及时关注酒店行业的最新发展动向,积极对教学内容、教学方法和教学手段进行创新,在注重掌握基础理论知识的基础上,着重提升学生的实践能力、创新能力和思维能力,促进学生的全面发展;在课程设置上,要根据智慧酒店的应用型本科酒店管理人才培养的要求,根据酒店行业的实际需求,优化课程内容,适当增加实践课程和应用型课程的比例;在教育方法上,要发挥学生在学习中的主体作用,选择针对性较强的、能够满足学生需求的教学内容,激发学生的学习积极性,充分开发学生的潜能、发挥学生的优势、提高学生的职业素质,使学生成为能够满足酒店行业需求的具有较强实践能力的综合型管理人才。

第三,培养目标。酒店管理专业人才培养的目标是学习现代酒店经营与管理的基本理论知识,掌握酒店专业管理理论知识和酒店经营管理的基本能力,使学生具备如今酒店行业需求人才的能力。

第四,招生对象与学制。本科酒店管理专业人才的招生对象为普通高中毕业生与同等学力者,设置为四年学制,学生完成四年的学习并且考核合格后,可获得管理学学士学位。

第五,培养质量。酒店管理专业的毕业生应具备一定的知识结构,包括职业素养知识、专业课程知识、专业提升知识等(见图 11-1);毕业生应具有学习思维能力、职业素养能力、社会交往能力、实践操作能力等;毕业生应具有较强的素质结构,包括思想素质、道德素质、政治素质等(见图 11-2)。

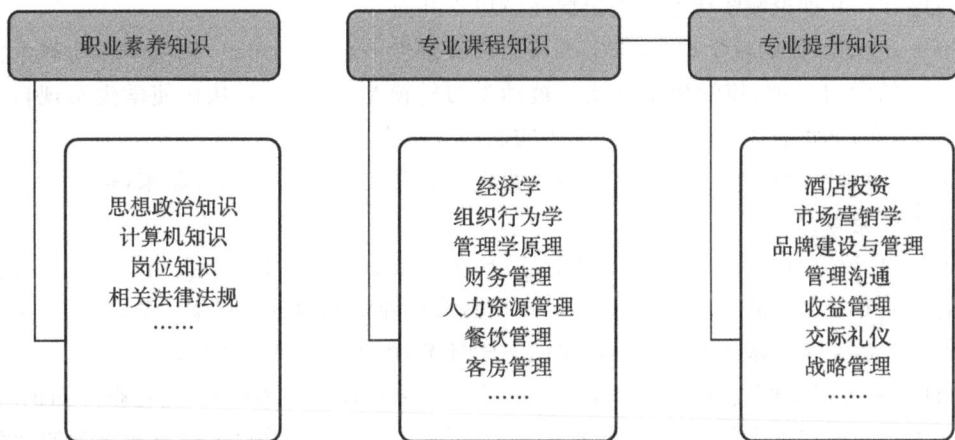

图 11-1　知识结构

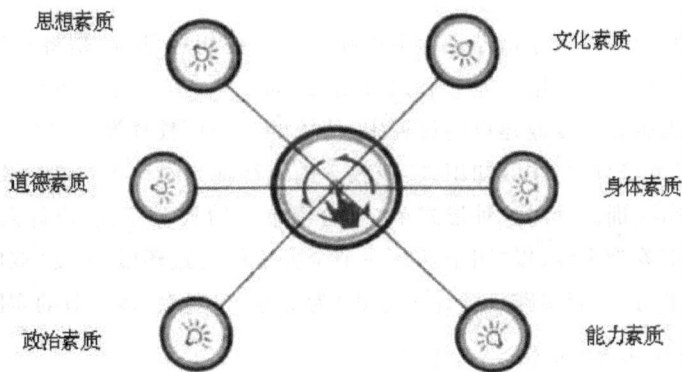

图 11-2　素质结构

## (三)指导思想

本科酒店管理专业应切实解决教什么、如何教等问题,引导学生解决怎么学的问题。酒店行业作为对实践操作要求较高的行业,其开展的教学活动要能切实提高学生的实践操作能力,培养适合智慧酒店发展的应用型人才,解决如今本科酒店管理专业教学中普遍存在的

"重理论、轻实践"的问题。

## 四、课程体系

智慧酒店的应用型本科酒店管理专业人才培养的课程体系设置主要分为两部分,即理论教学体系和实践教学体系。

### (一)理论教学体系

理论教学体系应以教育本源为指针,切实解决"教什么""如何教"的问题,引导学生参与教学活动,使学生掌握与酒店管理专业相关的理论知识,提高学生的综合素质,实现人格的完善与提升。其理论教学体系的确定要注意以下几点。

第一,改变以往的教学理念,夯实本科酒店管理专业的理论知识,采用多样的教学方式激发学生的学习兴趣,使学生由以往的被动学习转换为主动学习,从而使学生实现自我探寻、自我提炼、自我表达,全面地提升学生的酒店理论素养。

第二,构建校内校外的实践教学基地,将理论教学与实践活动结合起来,提高学生的酒店管理实践能力。

第三,高校应对酒店行业的资源进行整合,为学生职业素养的提升提供良好的环境。聘请酒店企业专家开设酒店职业素养课程;推出融合职业素养内容的课堂教学;组织学生参与学生社团和后期实习基地的专业酒店实践教学环节,解决学生缺乏酒店职业素养的问题。

第四,完善培养模式,提升学生酒店综合素质。采取以学生为中心、优化教师知识结构、完善人才培养模式等多种措施,回归教育本源,通过专业教育通识化、通识教育素质化的途径,解决学生酒店综合素养与素质不充分的问题。

### (二)实践教学体系

实践教学是实现高校人才培养目标不可缺少的重要组成部分,是将知识转化为能力的重要环节。酒店管理专业以培养能够面向市场、面向未来、懂经营、会管理的酒店经营管理人才为目标。在酒店管理专业建设的过程中,传统的"3+1"教育模式中存在很多问题:前三年学生在学校里学习理论与实践知识,实践教学内容往往是本科模式灌输式教育,最后一学年才进入酒店顶岗实训。针对这种形式单一、内容单一的教育模式,修订人才培养方案,逐步构建起以能力培养为主线、以"四个一"(一个全方位的实践环境、一支"双师型"师资队伍、一个创新的实践平台、一套实践成绩评定方式)为支撑,多层次、多环节的实践教学体系。

1. 实践教学体系以"四个一"为支撑

第一,一个全方位的实践环境。全方位的实践环境是酒店管理专业实施实践教育必不可少的硬性条件,其主要包括校内实验设施设备和校外实习基地两部分。建设好校内实践环境是开展实践教学的重要保障,主要有:利用现有的基础实验室和酒店管理信息系统软件,模拟前厅、客房、餐厅管理实训;运用多媒体条件开展案例、双语、情景教学;在校内实习基地(学校招待所)开展酒店各部门服务技能模拟实训。校外实践环境是建设实践教学环境的有机组成部分,主要有:与本土高星级酒店建立合作关系,发展其成为认知实习和专业实习基地;与全球知名酒店和集团建立长期合作关系,发展其成为毕业实习基地。全方位的实践环境建设可以保证不同阶段实施实践教学的需要,帮助学生逐步地了解酒店,熟悉酒店工作流程,将学过的专业理论转化为实践,将知识转化为能力。

第二,一支"双师型"师资队伍。"学者型"与"实践型"兼备的"双师型"教师队伍是实践教学质量的重要保证,应同等对待提高教师的实践能力和提高教师的教学科研能力。针对现有的问题可通过两种方式加以解决:一方面,在内部形成培训制度,或通过系统培训,或通过派教师去实习基地挂职实践提高专业教师的实践能力;另一方面,聘请掌握岗位核心能力的酒店管理人员参与实践教学,或随堂上课,或进行专题讲座,发挥他们懂业务、掌握专业前沿发展动态的优势,以保证实践教学的教学质量。

第三,一个创新的实践平台。鼓励学生多参加社会和政府、企业举办的各类演讲比赛、服务技能大赛等,并为其提供便利;鼓励学生考取相关旅游职业资格证书;高年级的酒店管理专业学生可适当参加一些科研工作。

第四,一套实践成绩评定方式。对学生实践成绩考核应采用自我考评、教师考评、酒店考评、实习作业等多层面的评定方式,主要以学生实践表现为依据来确定实践课的成绩,从而提高学生参与实践课的积极性和主动性。将考试与教学过程的阶段考察(作业、实践、项目训练、随堂测验)相结合,并确定阶段成绩占课程总成绩的比例,重点考核学生运用所学知识解决实际问题的能力。

对学生实践成绩的考核评定主要有两方面:①平时成绩。每次实践记单次成绩,是对该次实践的态度、技能、报告及考勤情况的综合评价,单次成绩汇总后作为平时成绩,占总成绩的50%。②期末成绩。要求学生独立完成课程或项目的设计报告,考查学生的文字表达能力、信息处理能力、实践动手能力和创新能力,这方面所占成绩比重为50%,对于有创新能力的学生,成绩从优。

毕业实习时,在完善对学生考核制度的同时,对指导教师和辅导员也应有相应的考核和必要的奖惩。

### 2. 多层次、多环节的实践教学体系

实践教学是实现理论与实践相结合、知识与能力相结合的重要手段。学院在酒店管理专业建设的探索与实践中,构建了"四个一"为支撑,多层次、多环节组成的实践教学体系,为培养具有酒店管理的基本理论知识和专业技能、能在酒店及相关行业从事经营管理工作的应用型专业人才起到了重要作用。

多层次就是将实践教学与理论教学同步,与能力培育同步,按照社会需求,将酒店管理专业实践教学的能力培养目标分为多个层次,由低到高呈金字塔形。将能力培养分为基本能力、专业技术能力、经营管理能力、社会适应能力和创新能力五个层次,如图11-3所示。

基本能力主要涉及学习知识和应用知识的能力。基本能力训练可以增强学生对专业知识的理性认识,掌握所学课程的基础理论。同时,对于酒店管理专业学生而言,良好的外语听说能力不可或缺,这一能力与较强的沟通交流能力密切相关。基本能力实践内容所涵盖的课程有经济学、统计学、财务管理、市场营销、英语听说、商务英语、酒店英语。

专业技术能力主要涉及酒店服务管理的能力。专业技术能力训练可以培养学生掌握本专业的基本操作技能，使学生了解酒店的运行规律，熟悉酒店环境，增强学生对酒店专业知识的感性认识，以对所学课程的基础理论有比较深入的理解。所涵盖的课程有前厅与客房管理、餐饮管理、酒店管理概论、组织行为学。

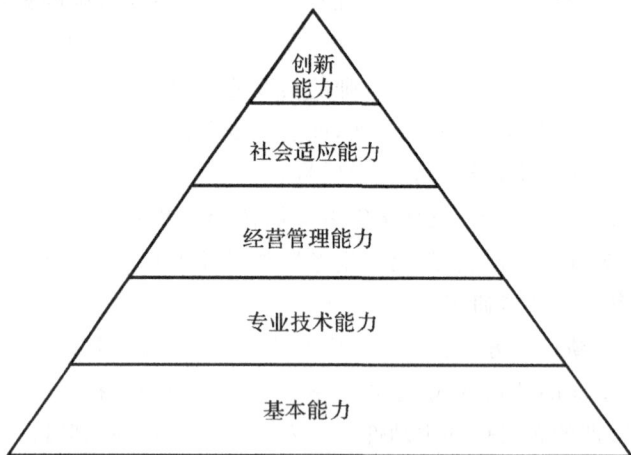

图 11-3  实践教学能力培养层次

经营管理能力主要涉及酒店经营管理的能力。经营管理能力训练承接专业技术能力训练，进行专业理论课程的学习，培养学生的经营管理能力，有助于学生理解和掌握相关管理理论，使学生更容易地参与到实践教学中来。主要涵盖的课程有酒店督导、企业战略管理、人力资源管理、酒店公共关系、酒店管理信息系统。

社会适应能力主要涉及综合设计能力。社会适应能力训练旨在培养学生对多门课程综合知识的应用能力，体现思维方式、知识应用和解决问题的综合能力。训练内容主要依托酒店的真实案例，仿真进行管理操作。主要涵盖的课程有酒店开业筹备、酒店运营实务、酒店运营效益评估。

创新能力主要涉及学生的科学研究能力。创新能力训练以课题研究小组为组织形式，以科研实践为主题，让学生在教师的指导下参与科研课题，较系统地掌握文献查阅、选题、研究方案设计与实现、论文撰写、报告与答辩、结题等全过程的各个环节，感受科学研究的全过程，得到独立科研能力的锻炼。主要涵盖的课程有酒店立项可行性研究和毕业设计。

以能力培养为核心的实践教学体系一体化课程结构设计如图 11-4 所示。

多环节：为保证课程计划的全面落实，高校酒店管理专业构建了"实训—实验—实习—毕业设计"多环节的实践教学体系。实训通过基本技能实训、专业技能实训和综合技能实训，主要培养学生的基本能力和专业技术能力。实验是指学生通过在实验室内模拟酒店经营管理的实践条件与实践环境，通过组织学生参加模拟条件与模拟环境下的酒店管理专业实践活动，培养学生的专业技术能力与经营管理能力；实习是实现应用型人才培养目标的最关键环节，是对已有知识的应用、探求问题的解决和寻求新知识的过程。通过建立和完善校内外综合实训和实习基地，有计划地将教师已完成的企业横向课题根据教学需要转化成为综合性、创新性的实践项目,或为学生提供企业现实环境中的真实项目开展实践教学,培养学生创新能力及分析解决实际问题的能力,从而提高学生的社会适应能力。毕业论文是学生运用在校学习的基本知识和基础理论,去分析、解决实际问题的实践锻炼过程,也是学生在校学习期间学习成果的综合性总结,对于培养学生初步的科学研究能力、创新能力有着重要意义。

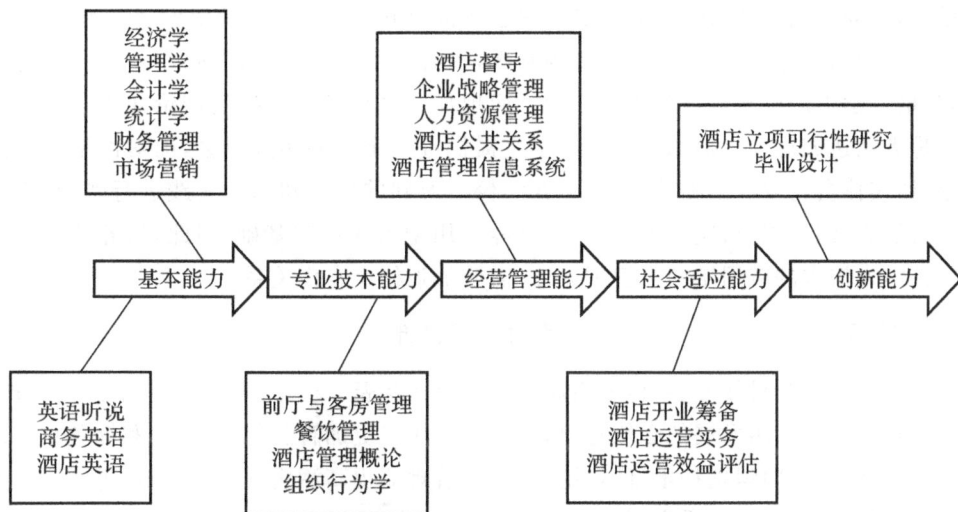

图 11-4　实践教学体系一体化课程结构

## 3. 主要实践性教学环节

第一,军事理论与训练安排 3 周;毕业论文安排 8 周。

第二,专业实习:酒店岗位职能的服务与管理实习。

第三,专业实验:酒店管理信息化软件实验、酒店服务管理综合实验。

# 第三节　人才培养的条件保障

## 一、校企合作建立保障机制

### (一)校企合作人才培养模式含义

校企合作人才培养模式指在协同论的指导下,高校和企业建立校企协同教学联合体,双方共同参与到人才培养和教学活动之中,通过合作的方式实现不同优质资源的共享,学校在培养学生时需要以企业的需求为参照,对学生进行针对性和全面性培养,提升学生的整体素养,为企业提供符合其需求的人才。双方在人才培养、教学开发、行业培训、挂职锻炼、学生实习实训等方面开展全方位合作,共同培养酒店创新创业人才。学生在学校学习各种专业理论知识的同时,也会被安排到企业实习,把专业知识与实践相结合,提升整体实践能力。

该模式注重信息之间的沟通与共享,即学校与企业之间通过有效的沟通,实现信息的共享,将学生的理论知识与实践相融合,培养成智慧酒店应用人才。

**(二)本科酒店管理专业校企合作的必要性**

### 1. 培养应用型酒店管理人才

目前,培养应用型酒店管理人才是国家教育部对酒店管理专业的学生制定的培养目标,要求学生以德、智、体、美四项全面发展为基本,提升学生实践能力,增强学生素质教育的建设,不断培养学生的创新意识与创新能力。而现如今高校教师讲授的理论知识及日常的实训训练是无法达成这个目标的。需要给学生提供进入企业的实践机会,面对面地与客人进行交流,切实体会行业所面临的压力,将在学校学习到的理论知识与实践进行融合,提升学生的实践能力、沟通能力、应变能力等,为培养应用型人才奠定基础,因此,培养符合行业需求与学校学术需求的应用型酒店管理人才,需要加强校企合作关系。

### 2. 促进高校教师和酒店管理者能力的共同提升

随着社会进步和科技发展,传统酒店面临着巨大挑战,运用现代科技等手段寻求产品、服务和管理创新是酒店发展的必然趋势,未来的酒店将更加智慧化、特色化和绿色化。高效运用现代科技,如人脸识别技术、区块链、大数据管理等提高酒店管理效率,促进酒店业的可持续健康发展,需要综合素质高、创新创业能力强的专业人才,即酒店行业的人才需要具有前瞻性的眼光和经营理念。校企合作的方式可以将学校的教师派去知名国际品牌酒店进行挂职锻炼,从而掌握行业最新资讯、了解行业发展趋势等,适时地调整授课内容。而对于酒店的各级管理人员而言,可以利用校企合作的机会学习各项理论性知识,充实自我理论知识体系,进而规范日常管理工作,更好地从事酒店管理工作。

### 3. 为毕业生提供更好的职业生涯规划

实训基地分专业对学生的基本技能进行实际训练,夯实学生的专业理论基础,并提供相关实践案例,针对学生的学习内容进行讲解,让学生从应用层面加深对所学知识的理解,为学生实践奠定基础。学生大一期间,通过邀请酒店高层、技术骨干进行创新创业、实践技能方面的讲座,激发学生的专业热情,营造良好的学习氛围;大二时,定期进入酒店参观、实习、培训、交流,了解酒店文化、酒店运行模式,让学生提前适应酒店环境;大三时,参与酒店的相关项目,让学生带着项目进行学习和实习工作;大四在毕业设计时,可以选择酒店实际课题进行研究与开发,同时基地提供相应的基金,支持和孵化具有广阔前景的项目。通过对大学生的全流程培养覆盖,让学生在实际项目开发过程中加深对校内所学内容的理解,真正做到学以致用、用以促学。

**(三)酒店管理校企合作模式现存的问题**

### 1. 人才培养定位不够精准

部分高校酒店管理专业为了培养专业的酒店应用人才,会将学生安排到酒店的前厅、客房、餐饮的一线岗位实习,锻炼学生的基本实操技能,但在几个月的实习训练结束,返校后没有进行后续的研究性、深入性学习。这种重视学生基础学习、忽略研究性学习的培养方法,类似于高职高专旅游院校的实习方式,对本科生的提升作用不大。因此,高校酒店管理专业在设计人才培养方案、精确人才培养定位时,不仅要考虑基础性学习能力的培养,还要重视学生管理能力、创造能力的培养与塑造,力求提升综合素质。

### 2. 课程体系尚待完善

提升综合教学质量的落脚点在于课程体系的设计,现阶段本科酒店管理的教学还是采用"公共基础课+学科基础课+专业课"的课程模式,学生的实训也有较明显的目的性,即学生参与实习获取相应的学分,高效完成本职工作,这并非是实际意义的实践性教学。另外,与专业理论知识课程相比,实训课程的课时占比较小,没有将现在行业的应用理念融入教学体系之中,课程的设计与酒店实际的市场需求存在脱节现象,不利于培养应用型的酒店应用人才。

### 3. 师资力量仍需提高

目前,很多高校不够重视"双师型"教师的培养,在对教师进行招聘时主要重视教师的学历,而对其他的职业技能并未做强制性要求。酒店管理作为实操性较强的专业,对教师的实际操作技能有一定要求,现阶段高校酒店管理专业的教师有部分是从旅游管理、企业管理等专业转向研究酒店管理的,缺少相应的工作经验,整体的水平参差不齐,对酒店行业的最新资讯及发展趋势不够了解,基本的实操能力不足,在给学生授课时无法将实践理念与理论知识进行有效融合,无法支撑应用型酒店管理人才的培养。

### 4. 实习基地建设亟须加强

酒店管理专业需要学生具备扎实的基本理论知识和较强的实际操作能力,而学生实训课程主要是通过课程实践、暑期实习、专业实习的方式。目前本科学校的校内实习实训场地相对于高职高专旅游院校,场地较小,且校外的实习实训基地偏少,或者没有与高水平、知名品牌的酒店建立长期、稳定的合作关系,没有较为确定的实习场所。而简单的实训基地建设仅能满足学生最基本的操作技能的训练,真正能提升学生能力的学习机会有限。

### (四)酒店管理校企合作人才培养模式改进措施

#### 1. 优化人才培养方案

为致力于培养具备扎实理论知识及熟练实践能力的应用型酒店管理人才,要坚持学习思维能力、职业素养能力、社会交往能力、实践操作能力的培养理念,将理论与实践相结合、知识讲授与技能训练密切结合,培养酒店管理专业学生的实践应用能力,增强学生的就业优势。要重点突出校企合作的作用,由酒店提供经典案例、设计方案、资料,校企共同编制专业人才教育的课程教材、教案与多媒体课件。通过对行业酒店的调查确定相应专业所需具备的实践技能,经过行业专家的论证,选择符合标准的实训项目,进行相关课程的整合及人才培养方案的确定,使培养方案符合酒店行业需求,为酒店管理专业提供最新的行业资讯、市场需求态势等。为学生提供全方位的指导,共同培养符合需求的应用型酒店应用人才。

### 2. 建立科学化课程体系

酒店管理专业要构建完整的课程结构体系,应注重"学思结合""知行统一""因材施教",以学习思维能力、职业素养能力、社会交往能力、实践操作能力为培养理念,通过设计应用型理念的课程体系及推行研讨式教学法、案例教学、竞赛式教学等举措,引导学生从被动灌输式学习到自主学习,从知识的死记硬背到知识的自我探寻、自我提炼、自我表达,培养学生的酒店理论素养。既有利于完成酒店理论知识的传授,又实现了酒店实务技能和酒店职业素养的养成,全面提高了酒店管理专业教育理论教学的实践性、实践教学的开放性、人才培养的综合性和学生就业的适应性。

对于操作性、实践性较强的课程,可要求教师打破传统的课堂教学模式,进行改革与创新。一方面,鼓励和支持教师进行课程实践,让学生在学习的过程中结合实践进行酒店管理理论的学习,也让教师在课堂教学的过程中结合实际进行酒店管理理论的教学。另一方面,积极支持和鼓励学生在课余时间参与专业实践活动。这样,既全面提高了学生的服务技能,锻炼了学生的实际操作能力,也让学生通过直接了解和参与酒店管理过程,从实践中学习酒店管理知识。

### 3. 构建"双师型"教师团队

目前高校教师大多属于教学型,在实践教学方面能力较弱,建议实行高校教师定期到酒店一线部门锻炼和酒店管理者到学校兼任指导教师的制度,大学教师与酒店管理者通过角色互换在人才培养、科学研究、产品开发等方面开展深度合作。建议教师参与酒店创业的市场实践和经营管理活动,增强教师的创业经验,并能将酒店中遇到的实际问题与授课内容结合,指导学生将理论运用于实践,以更好地加强学生对酒店行业的了解,培养学生自主思考的能力。还可以将优秀的酒店管理人员聘请为兼职教授,将实践带到学生的学习过程中,有效缓解教师实战经验缺乏的现状。

### 4. 加强实习基地建设

基地主要是用来培养学生基础职业技能、提升创新能力的场所,对于校内实习实训基地,学校应加强重视,加大资金投入对其进行建设和改善,或者引入外来企业投资,让教师与学生参与管理,通过真实的服务来提升实践经验与能力,以期能加深对理论知识的理解与运用。以酒店实践教学实战化为导向,对于校外实习实训基地,应本着"优势互补、资源共享、互惠互利、共同发展"的原则,校企双方建立长期、紧密的合作关系,酒店与高校共同制定培养目标、共同建设课程体系和教学内容,共同实施学生培养过程,共同评价培养质量,并承担学生在酒店学习期间的各项管理工作。主要包括两方面:一是注重加强校外实践环节,增加学生在酒店的实践学分,让学生在体验式学习中提升应用实践能力。二是强化校企深度合作,打破以学校和课堂为中心的教学模式,采取工学结合、工学交替的形式与酒店企业开展联合培养,增强学生的职业意识,提高他们的综合素质和管理水平。

## 二、构建双师结构教学团队

### (一)应用型酒店人才培养模式对师资队伍的要求

应用型酒店人才培养模式是为了培养出具备学习思维能力、职业素养能力、社会交往能力、实践操作能力,能够在高星级酒店、高级餐饮业机构、教育科研机构等从事酒店管理、接待服务及教学、科学研究工作的应用型专业人才。这就要求本专业学生不仅要学习现代酒店经营与管理的基本理论和基础知识,接受现代星级酒店服务与管理标准化职业素养方面的基本训练,还需掌握专业管理理论知识和酒店经营管理的基本能力。要想实现这一培养目标,需要建立一支强大的"双师型"教学队伍,培养年龄、学历与职称合理的酒店管理教师团队,一来能给学生提供专业的理论知识和较多的科研机会,提升学生的科研学术能力;二来可以指导学生将理论应用于实践,指导学生在酒店进行专业实习。

### (二)"双师型"教师的培养模式

#### 1. 挂职锻炼

部分酒店管理专业的教师之前没有接触过酒店或者是直接从学生角色转变成了教师角色,缺乏工作经验,目前高校教师会定期到酒店一线部门进行挂职锻炼,以了解业内动态,提升实践技能。

#### 2. 担任实习指导教师

高校一部分教师在学生实习期间担任实习指导教师,也就是实习生在酒店的班主任,负责实习生在酒店的相关事宜,同时加深自身对酒店尤其是一线部门的运营操作的了解。

#### 3. 聘请兼职教师

聘请部分知名酒店管理者或业内专家为酒店专业兼职教师,不仅突出了本专业特色,更能够给学生传递很多业内的最新知识和行业趋势,将理论学习与实际教学融合,保证教学质量。

#### 4. 参与酒店经营活动

高校鼓励教师参与酒店创业的市场实践和经营管理活动,增强教师的实践经验,并能将酒店的实际问题带回课堂,为更有效地指导学生做必要的知识及能力储备,以更好地服务于创新创业教育。

### (三)构建"双师型"教学队伍的培养建议

"双师型"教师队伍建设是实施应用型酒店人才培养模式的一条重要举措,且对酒店管理专业而言,建设"双师型队伍"是一个长期性的、艰难的过程,需要从以下多方面努力。

1. 将"引进来"和"走出去"原则相结合

为实施智慧酒店应用人才的培养目标,体现本科酒店管理专业的特色,应坚持"引进来"和"走出去"原则,即一方面聘请校外符合教师条件的人员,如企业高管、业内专家学者等兼任学校教师(即兼职教师);另一方面派校内教师在酒店兼职从事管理工作,从而提高专业实践能力。但在选拔聘请校外兼职教师时,应对其工作责任心、教育教学理论掌握情况等给予考察。同样,校内教师挂职锻炼时,应尽量安排在寒暑假或者安排专门的时间,避免精力分散,一方面影响教学效果,另一方面也会影响实践效果。

2. 健全"双师型"教师培养制度

高校需建立健全合理的实践制度,对"双师型"教师上岗前有一套合理的、循序渐进的培养体系,允许并鼓励专业教师出国访学或到酒店进行挂职锻炼,让专业教师多接触实践,并优化课程内容,将酒店中的收获带到教学中来,为培养应用型人才助力。学校可以通过实验室、实训基地等建设促进"双师型"教师的培养,为教师提供更多接触实践的机会和保障。

3. 建立健全职称评审机制

"双师型"教师的评审要有一定的导向作用,把技能考核作为教师职称评审的重要指标,可适当降低学术要求。"双师型"教师具有丰富的理论知识和较高的实践能力,承担着较为繁重的工作任务,应在职称、出国访学或培训、津贴方面给予一定的奖励,激励"双师型"师资队伍不断壮大。

4. 加强校企合作

加强与知名酒店的长期稳定合作,可以为教师提供更多、更合理、更全面的挂职锻炼和学生实习基地指导的机会,让教师更多地接触酒店的新方法、新理念,促使专业教师成长为"双师型"教师,并以酒店这个大市场为导向,优化和更新课程知识、课程设置和课程安排等,指导学生将理论应用于实际,这也是将学生培养为应用型酒店人才的重中之重。

5. 完善"双师型"教师绩效激励体系

想要实施智慧酒店应用型人才培养模式,需极大地调动教师的工作积极性和工作热情,这就需要完善"双师型"教师绩效激励体系。在考核过程中,将定性指标与定量指标相结合,如教师的出勤、工作量、科研成果等,并将考核结果与教师及时沟通,让教师在之后的教学过程中不断成长与改进。还可以成立"双师型"教师专业经费、开设专项奖励等,鼓励教师进行自我提升,为"双师型"教师队伍的发展和壮大创造条件。

## 三、建设校内校外实训基地

由于酒店管理专业的实践性强,酒店管理专业根据国内酒店高等教育和酒店产业发展实际情况,借鉴国外先进的理论-实践交叉教学模式,突出实践教学环节。

一是按照统一要求、灵活安排的原则,精心组织每次专业实习。根据不同方向的专业实习,分别制订严格的实习计划,并对实习目的和实习内容做出明确的规定。重点对实习学生多、就业面广的酒店实习内容进行周密安排,如酒店的前厅大堂、客房和餐厅的轮岗等。

二是建立了十个以上学生实践的教学实习基地。经过多年实践和合作,已有一批相对稳定的高质量的实习基地。这些实习基地对学生接触实际企业,了解实际操作流程,从中探索、发现问题并解决问题,具有重大帮助。

为了培养学生的实践技能,高校应将短期实习与长期实习结合起来,使每个学生都有实践的机会,使学生能够将课堂上所学的理论知识转换为实践,激发学生对酒店管理专业的热爱,同时在实践教学中检验酒店管理专业的办学思路和培养模式。

# 参 考 文 献

[1] 安仲宇,王月露,肖丽娜."互联网十"时代的酒店后场空间效率提升策略[J].当代建筑,2021(6):37-39.

[2] 曹佳.互联网时代下酒店服务创新的影响因素及发展策略探析[J].商讯,2020(22):143-144.

[3] 曹宇宁.杭州黄龙酒店智慧化服务提升研究[J].当代旅游(高尔夫旅行),2018(4):8-9.

[4] 陈枫艺.基于智慧旅游"互联网十酒店"高职院校人才培养模式研究[J].当代旅游(高尔夫旅行),2017(11):116.

[5] 陈琦.智慧酒店发展下的应用型本科酒店管理专业人才培养模式研究[J].商业经济,2020(1):192-194.

[6] 陈贤悦,彭森.大数据视域下的智慧酒店管理研究[J].西部旅游,2021(5):58-59.

[7] 陈雪晴.数据时代的智慧酒店现状及发展研究[J].信息记录材料,2017,18(12):6-8.

[8] 程娅鸣.基于互联网十的智能电视业务个性化的设计与实现[D].南京:南京邮电大学,2017.

[9] 迟艳阳,陈学清,崔涣然,等.酒店"智慧化"发展的创新思考[J].时代经贸,2020(25):102-103.

[10] 邓晴.大数据与智慧酒店管理的分析[J].中国集体经济,2018(11):54-55.

[11] 丁琳.旅游有"智慧" 出行更方便[J].科学之友(上半月),2018(7):12-15.

[12] 范会珍.浅析智慧酒店的服务与管理创新[J].山西农经,2020(19):110-111.

[13] 范进璐.智慧酒店客户信息管理系统的构建与应用研究[J].饮食科学,2018(4):250.

[14] 龚笑.智慧酒店与传统酒店大数据分析及未来展望[J].中国市场,2021(19):48-49.

[15] 郭红芳.基于智慧酒店发展需要的酒店管理专业人才培养初探[J].科技经济导刊,2018,26(24):173-174.

[16] 何开品.新时期大数据技术在酒店管理中的应用分析[J].信息记录材料,2020,21(12):159-160.

[17] 何紫薇.大数据在酒店管理系统中的应用[J].旅游纵览,2020(11):25-26,29.

[18] 胡俊.智慧酒店运营管理模式的创新[J].商讯,2019(29):184.

[19] 黄恒池.智慧酒店评价指标体系构建研究[J].住宅与房地产,2019(6):263.

[20] 黄荔桐,胡安安.智慧酒店数字化转型进行时[J].上海信息化,2021(6):38-41.

[21] 黄莉.基于顾客体验的智慧酒店发展与创新研究[J].商场现代化,2020(19):12-14.

[22] 黄崎,梁雅丽,余杨.基于智慧酒店综合技术应用的课程体系研究[J].电子商务,2018(6):87-90.

[23] 黄崎. 基于智慧旅游阈值的智慧酒店应用发展研究[J]. 电子商务,2017(9):1-3.

[24] 黄晓华. 智慧教育引领下高职酒店管理专业"三教"改革探析[J]. 现代职业教育,2021(23):116-117.

[25] 姜福明. 基于智慧酒店发展需要的管理专业人才培养分析[J]. 现代经济信息,2018(19):436.

[26] 冷艳. 大数据与智慧酒店管理的相关性分析[J]. 旅游纵览(下半月),2017(16):71.

[27] 李芳. 探究运用智慧酒店对酒店管理专业人才培养的影响[J]. 当代旅游,2019(6):95,102.

[28] 李国梁. 重构新一代智慧酒店[J]. 机电信息,2021(7):48-49.

[29] 李锦. 浅议智慧酒店新常态下的创新与发展[J]. 传播力研究,2018,2(29):208,210.

[30] 李丽萍. 互联网下智慧旅游酒店的发展研究[J]. 饮食科学,2017(18):205.

[31] 李玮,李丹丹,张柏. 河北省"智慧旅游"特色发展的思路研究[J]. 旅游纵览(下半月),2017(16):125.

[32] 李秀丽. 人工智能与智慧酒店的管理研究[J]. 科技经济导刊,2021,29(5):47-48.

[33] 梁锋,陈俊彦,黄龙,等. 基于智能云路由的智慧酒店系统设计[J]. 工业和信息化教育,2018(4):77-82.

[34] 廖晶晶. 基于顾客体验的智慧酒店发展与创新研究[J]. 科技视界,2019(23):237-238.

[35] 林冬. 大数据在酒店管理中的应用[J]. 数字技术与应用,2019,37(11):64-65.

[36] 林枫. 浅析当前国内智慧酒店建设策略及问题[J]. 科学技术创新,2017(36):127-128.

[37] 刘璐. 大数据与智慧酒店管理[J]. 家庭生活指南,2018(9):104.

[38] 刘鹏鲲. 智慧酒店运营管理模式研究[J]. 今日财富,2019(23):47,49.

[39] 刘彦兵. 以新媒体技术为主的酒店智能化服务研究[J]. 四川劳动保障,2017(增刊2):116-117.

[40] 罗君,邹湘. "互联网＋"背景下酒店个性化服务对策:以重庆富力艾美酒店为例[J]. 企业科技与发展,2020(11):209-212,215.

[41] 马军成. 互联网思维开启智慧酒店建设探讨[J]. 中国战略新兴产业,2018(16):124.

[42] 马明文. "互联网＋"背景下酒店信息化管理问题分析[J]. 数字通信世界,2021(1):236-237.

[43] 牛丽鑫,宋明. 基于顾客体验的智慧酒店发展对策研究[J]. 内蒙古煤炭经济,2020(12):105,106.

[44] 欧阳莉,杨戈. 大数据时代三亚高星级酒店营销策略分析[J]. 中国商论,2017(15):6-7.

[45] 宋丹,刘娜. "互联网＋"背景下经济型连锁酒店转型发展分析[J]. 福建茶叶,2020,42(3):64,65.

[46] 宋奕娴. 国内快捷酒店经营发展分析[J]. 旅游纵览(下半月),2018(14):73.

[47] 谭超. 互联网＋时代下酒店网络口碑营销策略探究[J]. 营销界,2020(7):187-188.

[48] 王爱娥. 智慧酒店建设现状和发展态势研究:以湖南省为例[J]. 旅游纵览(下半月),2018(22):75-76.

[49] 王爱娥. 智慧旅游背景下酒店的深度智慧化建设路径研究[J]. 中国集体经济,2019(4):59-60.

[50] 王建喜,林晓意. 现代科技与酒店发展国内研究动态与展望[J]. 特区经济,2019(6):104-107.

[51] 王依鹏. 基于万物互联的酒店智慧化发展研究[J]. 现代经济信息,2017(21):270.

[52] 王依鹏. 智慧旅游发展趋势研究[J]. 全国流通经济,2017(25):56-57.

[53] 王钰. 基于顾客体验的酒店智慧服务探析[J]. 现代营销(下旬刊),2019(9):34-35.

[54] 王泽宇,梁飞. 智慧文化旅游:"互联网＋文化旅游"的发展新趋势[J].电子技术与软件工程,2017(21):21.

[55] 魏彬. 基于体验品质的酒店客房智能音箱设计与研究[J]. 设计,2018(4):128-129.

[56] 闻涛. "互联网＋"背景下旅游酒店产品和服务升级策略探讨[J]. 中国商论,2020(19):93-94.

[57] 吴宏业. 智慧酒店运营系统的构建[D]. 昆明:云南大学,2016.

[58] 吴宏业. 供给侧视角下酒店产业发展路径研究[J]. 决策咨询,2018(1):63-65.

[59] 吴宏业. 我国智慧酒店产业的发展动力、现状、问题与对策[J]. 经营与管理,2019(4):95-99.

[60] 吴宏业. 智慧酒店产业发展路径探析[J]. 中国国情国力,2017(11):61-62.

[61] 吴宏业. 智慧酒店产业商业模式创新及其演进研究[J]. 天中学刊,2020,35(2):45-49.

[62] 香嘉豪,张河清,王蕾蕾. 我国智慧酒店建设研究:以杭州黄龙酒店为例[J]. 经济论坛,2017(6):121-123.

[63] 谢君. 互联网＋环境下的智慧酒店及其发展对策[J]. 企业改革与管理,2020(9):59-60.

[64] 熊伟,吴源媚. 智慧化对珠三角地区高星级酒店业绩的影响研究[J]. 旅游学刊,2018,33(11):75-86.

[65] 徐宝群. 大数据视域下的智慧酒店管理研究[J]. 市场论坛,2020(7):42-44.

[66] 徐林强. 互联网思维开启智慧酒店建设新路[J]. 旅游学刊,2016,31(6):7-8.

[67] 薛珠. 基于大数据下智慧酒店管理研究[J]. 大众投资指南,2017(9):137.

[68] 杨季. 天津市智慧旅游城市评价与发展研究[D]. 石家庄:河北地质大学,2017.

[69] 杨书帆. 体验至上 探讨真正的智慧酒店需遵循的原则[J]. 中国会展(中国会议),2019(8):58-61.

[70] 易文泉. 互联网下智慧旅游酒店的发展路径刍议[J]. 传播力研究,2018,2(30):

188 - 189.

[71] 于丽曼. 顾客体验下酒店智慧客房建设浅议[J]. 合作经济与科技,2019(11): 122 - 123.

[72] 岳凤. 酒店智慧化管理研究[D]. 昆明:云南财经大学,2015.

[73] 张晶晶. 酒店前厅服务智慧化实训教学之角色扮演浅谈[J]. 现代职业教育,2018 (13):223.

[74] 张美晨. 城市智慧旅游服务系统评价研究[D]. 贵阳:贵州财经大学,2019.

[75] 张闵清. 智慧酒店与高职酒店管理专业人才培养机制研究[J]. 商业文化,2020(30): 56 - 57.

[76] 张旭红. 大数据环境下智慧酒店管理探讨[J]. 现代营销(下旬刊),2020(11):30 - 31.

[77] 张雪迎. 大数据时代的数据与智慧酒店管理探究[J]. 度假旅游,2019(1):112.

[78] 张珣,权家运. 基于深度置信网络的酒店入住管理系统研究[J]. 软件导刊,2020,19 (6):125 - 129.

[79] 张莹. 大数据时代智慧酒店管理存在的问题及对策[J]. 投资与合作,2021(4): 139 - 140.

[80] 张瑜. 智慧酒店运营模式发展的创新[J]. 福建茶叶,2020,42(2):72 - 73.

[81] 赵卉. 智慧酒店的发展分析[J]. 旅游纵览,2020(15):18 - 20.

[82] 赵筱. 基于智慧旅游的中低端酒店发展与供给侧改进研究:以青海省为例[J]. 保山 学院学报,2017,36(4):101 - 108.

[83] 郑程挺. "互联网＋"背景下酒店财务管理中成本控制探讨[J]. 现代营销(下旬刊), 2021(3):182 - 183.

[84] 郑乃忱. 智慧酒店的现在与未来[J]. 中国外资,2018(9):64 - 65.

[85] 钟山. 探讨"互联网＋"背景下智慧酒店的建设[J]. 绿色环保建材,2020(6):208,212.

[86] 钟艳,高建飞. 国内智慧酒店建设问题及对策探讨[J]. 商业经济研究,2017(18): 174 - 178.

[87] 周楚迪,全继刚. 酒店智慧化管理研究[J]. 中国商论,2018(1):11 - 12.

[88] 周景昱. 互联网下智慧旅游酒店的发展路径初探[J]. 中国商论,2018(29):67 - 68.

[89] 周勇国. 互联网服务在智能酒店的应用探索[J]. 智能建筑与智慧城市,2019(5): 38 - 40.

[90] 邹明霞. 论智慧旅游时代智能技术在国际酒店中的应用及影响[J]. 中小企业管理与 科技(上旬刊),2021(4):178 - 179.